ŒUVRES
DE
J. B. ROUSSEAU.

NOUVELLE ÉDITION;

AVEC UN COMMENTAIRE HISTORIQUE ET LITTÉRAIRE,

PRÉCÉDÉ D'UN NOUVEL ESSAI
SUR LA VIE ET LES ÉCRITS DE L'AUTEUR.

*Hic, nobis patronis, calumniam
fortasse..... effugiet.*
CICER. *Pro Cluent.* 163.

A PARIS,

CHEZ LEFÈVRE, LIBRAIRE,
RUE DE L'ÉPERON, N° 6.

M. DCCC. XX.

ŒUVRES
DE
J. B. ROUSSEAU.
TOME IV.

A PARIS,
DE L'IMPRIMERIE DE CRAPELET.

1820.

MARIAMNE,

TRAGÉDIE,

DE TRISTAN L'HERMITE,

Représentée en 1636, au théâtre du Marais. Retouchée, en 1724, par J. B. Rousseau.

AVERTISSEMENT
DE J. B. ROUSSEAU.

Il n'y a rien de plus connu dans l'histoire que la mort de Mariamne. Les causes, les circonstances et les suites de ce tragique événement sont écrites fort au long par Josèphe, dans le quinzième livre de ses Antiquités. C'est là que Tristan, par un bonheur qui n'est peut-être jamais arrivé qu'à lui, a trouvé sa tragédie toute faite et toute digérée. L'historien l'a conduite, pour ainsi dire, pas à pas et de scène en scène, depuis l'exposition jusqu'à la catastrophe; et le poète, en laissant toutes les choses qui servent à son action dans la place où l'histoire les a mises, a trouvé non-seulement tous ses personnages, leurs intérêts, leurs caractères et leurs mouvements; mais, ce qu'il y a de plus merveilleux, l'économie même du poëme, et la distribution de toutes ses parties, selon les règles les plus étroites d'Aristote et du bon sens. En quoi ceux qui voudroient lui contester le mérite de l'invention, ne pourront au moins lui refuser celui d'un jugement exquis; puisque le devoir d'un poète tragique ne consiste pas tant à inventer, qu'à retrancher au contraire du sujet qu'il a choisi tout ce qui peut en altérer la simplicité, et distraire l'auditeur de son objet principal. L'auteur ne s'est permis aucune licence de ce côté-là, et son imagination, par cette sage conduite, s'est trouvée en pleine et entière liberté dans son véritable domaine, qui est la carrière des passions. En effet, depuis plus de cent ans que cette tragédie a été mise sur le théâtre, on n'en a point encore vu où les ressorts qui remuent le cœur humain soient employés avec plus d'art; ni où toutes les différentes faces que peut recevoir une passion démesurée soient mises dans un plus grand jour, et exprimées d'une manière plus propre à inspirer la terreur et la pitié, qui font le premier mobile de la tragédie [1]. Cependant,

---

[1] Il s'en faut de beaucoup que la tragédie de *Tristan* mérite l'éloge qu'en fait ici Rousseau : ce pouvoit être un ouvrage prodigieux, pour son temps ; mais ce n'étoit déjà plus, en 1724,

il faut l'avouer, quelque parfaite qu'elle soit dans toutes les parties essentielles du poëme dramatique, on ne pourroit plus la souffrir aujourd'hui sur le théâtre, dans le même état où on l'a autrefois si justement admirée. Les changements arrivés dans notre langage et dans nos manières de parler ont en quelque sorte obscurci son éclat et défiguré ses plus beaux traits. C'est un défaut de son temps ou peut-être du nôtre : mais rien ne prouve mieux que cet exemple, la vérité de ce que notre fameux Vaugelas, a avancé dans sa préface sur la langue françoise : *Qu'un mauvais mot, parce qu'il est aisé à remarquer, est capable de faire plus de tort qu'un mauvais raisonnement ou une fausse pensée, quoiqu'il n'y ait nulle comparaison de l'un à l'autre.* C'est par cette raison que nous voyons tant de pièces, qui n'ont d'autre avantage que celui d'une

---

qu'une longue et froide déclamation, en style tour à tour plat et barbare, trivial ou ridiculement ampoulé; et qui, malgré les éloges et les corrections de Rousseau, n'a jamais pu se rétablir au théâtre. Il n'y a guère plus d'équité ni de bonne foi, dans le jugement porté par le même critique, sur la *Mariamne* de Voltaire. Ce n'étoit, à ses yeux, qu'une merveilleuse *superfétation* dramatique; un avorton, *mis dans le ventre de sa mère*, etc. (Voyez la Correspondance.)

diction un peu soutenue [1], se maintenir avec quelque sorte d'honneur sur le théâtre; pendant que la *Mariamne*, avec tout ce qui peut rendre une tragédie admirable, n'ose plus y paroître, uniquement par le défaut de sa diction, qui, au milieu des expressions les plus sublimes, rampe véritablement en plusieurs endroits, et que nos oreilles ne pourroient plus supporter en ce temps-ci. Mais, à tout prendre, seroit-il juste de laisser périr un ouvrage, si accompli d'ailleurs, pour un petit nombre de défauts si aisés à corriger? et n'est-ce pas rendre un service à la nation que de lui conserver un original excellent, en le rétablissant, à l'aide de quelques légers changements, dans la place que ses copies ont usurpée [2]? Le travail n'a pas été fort pénible, puisqu'il ne consistoit que dans le retranchement, la correction ou le supplément de cent cinquante ou cent soixante vers tout au plus; aussi ne

[1] Allusion aux pièces de Voltaire, qui devoient en partie leur succès à l'éclat d'un style plus brillant quelquefois que correct, mais séduisant par ses défauts mêmes, et presque digne de Racine, dans la *Mariamne* dont il s'agit particulièrement ici.

[2] Indépendamment de la *Mariamne* de Voltaire, il y en a une autre de l'abbé Nadal, qui fut représentée au mois de février 1725.

compte-t-on pas pour beaucoup le mérite de l'exécution : mais peut-être que le zèle de l'entreprise sera compté pour quelque chose par ceux qui aiment véritablement le public, et qui ne se considèrent point eux-mêmes quand il s'agit de le servir et de lui plaire.

PERSONNAGES.

HÉRODE, roi de Judée.
MARIAMNE, épouse d'Hérode.
PHERORE, frère d'Hérode.
SALOME, sa sœur.
ALEXANDRA, mère de Mariamne.
Son Chevalier d'honneur.
DINA, dame d'honneur et confidente de Mariamne.
Deux Juges.
THARÉ, capitaine des gardes d'Hérode.
L'Échanson.
SOESME.
L'Huissier.
Le Concierge.
NARBAL, officier du palais.
Gardes.

La scène est à Jérusalem.

MARIAMNE,
TRAGÉDIE.

ACTE PREMIER.

SCÈNE PREMIÈRE.

HÉRODE, s'éveillant en sursaut.

Fantôme injurieux qui troubles mon repos,
Ne renouvelle plus tes insolents propos.
Va dans l'ombre éternelle, ombre pleine d'envie,
Et ne te mêle pas de censurer ma vie.
Je suis assez savant en l'art de bien régner,
Sans que ton vain courroux me le vienne enseigner;
Et j'ai trop sûrement affermi mon empire,
Pour craindre les malheurs que tu me viens prédire :
Je donnerai bon ordre à tous les accidents,
Qui n'étant point prévus perdent les imprudents.
Mais quoi! le front me sue et je suis hors d'haleine!
Mon âme en ce repos a trouvé tant de peine
(Pherore paroît avec le capitaine des gardes.)
A se désabuser d'une fâcheuse erreur,
Que j'en suis tout ému de colère et d'horreur.
Holà....

SCÈNE II.

THARÉ, capitaine des gardes; HÉRODE, PHERORE.

THARÉ.
Que vous plait-il, sire ?

HÉRODE.
                Ah! je vois Pherore. [1]

PHERORE.
Hé quoi ! votre réveil suit de si près l'aurore ? [2]

HÉRODE.
Tu m'as bien entendu, quand j'ai parlé tout haut;
Je me suis éveillé tout à l'heure en sursaut,
Après la vision la plus mélancolique,
Qui puisse devancer un accident tragique.

PHERORE.
Les songes les plus noirs que l'on puisse inventer,
Auroient-ils le pouvoir de vous épouvanter,
Vous qui savez braver des forces indomptables,
Et qui craignez si peu les périls véritables ?
Ce sont des visions qui n'ont jamais d'effet.

HÉRODE.
Mon esprit est troublé du songe que j'ai fait :
Il m'en revient sans cesse une idée importune,

VARIANTES.

[1] .... Ah ! voici Pherore !

PHERORE.
[2] On me disoit ici que vous dormiez encore.

Qui ne doit m'avertir que de quelque infortune :
C'est un avant-coureur de quelque adversité.
PHERORE.
On ne doit pas en faire une nécessité ;
Ces apparitions sont comme les images
Qu'un mélange confus forme dans les nuages ;
C'est un sombre tableau d'hommes et d'animaux,
Qui ne peut amener ni des biens ni des maux.
HÉRODE.
Quand tu nous fus ravi par un destin contraire,
Mon généreux aîné, brave et fidèle frère !
J'appris ton accident par un même rapport ;
Je fus par même voie averti de ta mort :
J'eus au bord du Jourdain des visions cruelles,
Qui prévinrent le bruit de ces tristes nouvelles.
PHERORE.
Pour moi, j'ai mille fois des songes observé,
Sans que de leur présage il soit rien arrivé. [3]
L'humeur qui dans nos corps incessamment domine,
A voir certains objets, en dormant nous incline :
Le flegme humide et froid, s'élevant au cerveau,
Y vient représenter des brouillards et de l'eau :

---

[3] Et, selon qu'un rabbin me fit un jour entendre,
C'est les prendre fort bien, que de n'en rien attendre.
HÉRODE.
Quelles fortes raisons apportoit ce docteur,
Qui soutient que le songe est toujours un menteur ?
PHERORE.
Il disoit que l'humeur, qui dans nos corps domine, etc.

La bile impatiente, aux qualités subtiles,
N'y dépeint que combats, qu'embrasements de villes:
Le sang, qui tient de l'air et répond au printemps,
Rend les moins fortunés en leurs songes contents;
Sa douce exhalaison ne forme que des roses,
Des objets égayés et d'agréables choses :
Et la mélancolie, à la noire vapeur,
Où se logent toujours la tristesse et la peur,
Ne pouvant figurer que des images sombres,
Nous fait voir des tombeaux, des spectres et des ombres.
C'est ainsi que chacun aperçoit en dormant
Les indices secrets de son tempérament.

HÉRODE.
Ainsi l'on songeroit toujours les mêmes choses?

PHERORE.
Les songes quelquefois viennent par d'autres causes;
De même que les uns expriment nos humeurs,
Les autres bien souvent représentent nos mœurs.
L'âme d'un homme noble, encore qu'il repose,
Méprise la fortune, et l'honneur se propose;
Et celle du voleur, prévenant son destin,
Rencontre des prévôts, ou fait quelque butin:
De même l'usurier en sommeillant repasse
Et les yeux et les mains sur l'argent qu'il amasse:
Et l'amant, prévenu de crainte ou de desirs,
Éprouve des rigueurs, ou goûte des plaisirs.

HÉRODE.
Ces expositions ne me contentent guères,

Ces principes communs ont des effets vulgaires ;
Et tu sais qu'autrefois l'Égypte remarquoit
Aux songes importants que Joseph expliquoit,
   (Salome entre.)
Qu'il en est dont l'image est heureuse ou funeste,
Nous annonçant la grâce ou le courroux céleste.
Quoi qu'il en soit, Pherore, écoute un peu le mien,
N'importe qu'il promette ou du mal ou du bien.

SCÈNE III.

SALOME, HÉRODE, PHERORE, SOESME.

SALOME.

Vous plaît-il que j'entende aussi cette aventure,
Qui n'est à bien parler qu'une vaine peinture,
Qu'un énigme confus, sur le sable tracé ?

HÉRODE.

Ne m'interromps donc pas quand j'aurai commencé.
   La lumière et le bruit s'épandoient par le monde ;
Et lorsque le soleil qui se lève de l'onde,
Élevant au cerveau de légères vapeurs,
Rend les songes qu'on fait plus clairs et moins trompeurs :
Après mille embarras d'espèces incertaines,
De rencontres sans suite, et de chimères vaines,
Je me suis trouvé seul dans un bois écarté,
Où l'horreur habitoit avec l'obscurité ;
Lorsqu'une voix plaintive a percé les ténèbres,
Appelant Mariamne avec des tons funèbres :

J'ai couru vers le lieu d'où le bruit s'épandoit,
Suivant dans ce transport l'Amour qui me guidoit,
Et qui sembloit encor m'avoir prêté ses ailes,
Pour atteindre plus tôt ce miracle des belles.
Mes pas m'ont amené sur le bord d'un étang,
Dont j'ai trouvé les eaux toutes rouges de sang;
Le ciel a retenti d'un éclat de tonnerre : [4]
Un mouvement affreux a fait trembler la terre;
Et parmi ces objets d'épouvante et d'effroi,
Le jeune Aristobule a paru devant moi.

SALOME.

O cieux! je serois morte étant en votre place;
Le sang à ce récit dans mes veines se glace.

PHERORE.

Je sens la même horreur dans mes os se couler.

HÉRODE.

Écoutez donc le reste, et me laissez parler.
Il n'avoit point ici la tiare à la tête,
Comme aux jours solennels de notre grande fête,
Où tirant trop d'éclat d'un riche vêtement,
Il obligeoit les Juifs à dire hautement,
Qu'une si glorieuse et si noble personne
Méritoit de porter la mitre et la couronne.
Les flots avoient éteint la clarté de ses yeux,
Qui s'étoient en mourant tournés devers les cieux;

---

[4] Il est tombé dessus un éclat de tonnerre.
  J'ai senti sous mes pieds un tremblement de terre;
  Et dessus ce rivage, environné d'effroi, etc.

ACTE I, SCÈNE III.

Il sembloit que l'effort d'une cruelle rage
En eût laissé l'horreur peinte sur son visage,
Et que de sang meurtri tout son teint se couvrît;
Et sa bouche étoit morte, encor qu'elle s'ouvrît.
Ses propos, dès l'abord, ont été des injures,
Des reproches sanglants, mais tout pleins d'impostures.
Il a fait contre moi mille imprécations,
Il m'est venu charger de malédictions;
M'a parlé des rigueurs sur son père exercées,
M'imputant tous les maux de nos guerres passées.
Bref, voyant qu'il osoit ainsi s'émanciper,
A la fin j'ai levé le bras pour le frapper :
Mais pensant de la main repousser cet outrage,
Je n'ai trouvé que l'air au lieu de son visage.
Ainsi, de violence et d'horreur travaillé,
Avec un cri fort haut je me suis éveillé.
Voilà quel est mon songe. Eh bien ! que vous en semble ?
Salome, qu'en dis-tu ?

SALOMÉ.
Moi ? je dis que j'en tremble.
PHERORE.
Je ne célerai pas que j'en suis effrayé.
SALOME.
C'est quelque avis du ciel qui vous est envoyé.
HÉRODE.
L'avis à déchiffrer est si fort difficile,
Qu'il n'eût pu m'obliger d'un soin plus inutile.
SALOME.
L'État d'un changement peut être menacé.

HÉRODE.

Ce qu'écrit le destin, ne peut être effacé.
Il faut, bon gré, mal gré, que l'âme résolue
Suive ce qu'a marqué sa puissance absolue :
De ses piéges secrets on ne peut s'exempter,[5]
Nous y courons plus droit, pensant les éviter.
Mais qui me peut choquer? et qu'ai-je plus à craindre,
Au faîte du bonheur où l'on me voit atteindre?
Rien n'est assez puissant pour me perdre aujourd'hui,
Si le ciel en tombant ne m'accable sous lui :
Je ne puis succomber que par une aventure,
Dont le coup soit fatal à toute la nature.
Les fiers Asmonéens sont tous dans le tombeau,[6]
Et l'on voit sur le trône un monarque nouveau,
Qui tient, sous les lauriers, sa couronne et sa tête,
Pour jamais à l'abri des coups de la tempête.
Je sais bien quel support Auguste m'a promis,
Me voulant recevoir au rang de ses amis ;
Et j'ai tant de faveur auprès de son génie,
Que j'y suis assuré contre la calomnie :
Ceux qu'il aime le mieux d'entre ses courtisans,
Font cas de ma vertu comme de mes présents ;
Et j'ai mille secrets par où le Jourdain libre,
N'a point à redouter la colère du Tibre.

---

[5] De ses piéges secrets on ne peut s'affranchir :
Nous y courons plus droit, en pensant les gauchir.

[6] Tous les Asmonéans sont dedans le tombeau.
On voit dessus le trône, etc.

ACTE I, SCÈNE III.

De tout autre côté, pour braver le malheur,
Je suis assez muni de force et de valeur.
Que l'Arabe, le Parthe, et l'Arménie entière,
De trente légions menacent la frontière,
Avec un camp volant j'irai les affronter,
Et ferai leurs desseins à leur honte avorter :
J'irai les repousser au fond de leurs provinces ;
Et par tant de progrès humilier leurs princes, [7]
Qu'ils viendront confesser, en recevant ma loi,
Qu'on ne profite guère à s'attaquer à moi.

SALOME.

Les princes, vos voisins, savent votre courage,
Ils en ont fait l'essai dès votre plus bas âge :
Ils prêteront l'oreille à des conseils meilleurs,
Et leur ambition prendra son cours ailleurs.

HÉRODE.

Je n'avois pas quinze ans, lorsque je pris les armes,
Lorsque j'allai chercher la mort dans les alarmes ; [8]

---

[7] Et partant de progrès humilirai leurs princes, etc.

[8] Et si, dès ce temps-là, mon bras par mille exploits,
Domptoit les nations et soumettoit les rois.
Que j'ai fait de combats, et gagné de batailles !
Que j'ai surpris de forts, et forcé de murailles !
Dans un champ spacieux quand le fruit de Cérès
De ses tuyaux dorés enrichit les guérets,
On ne voit guère plus de javelles pressées,
Que j'ai vu contre moi de lances hérissées,
Qui voloient en éclats, partout où je donnois,
Dans la brûlante ardeur dont je les moissonnois.
SALOME.
Vos belles actions se trouvent sans pareilles.

Et dès lors on a vu mon bras par mille exploits
Dompter les nations et soumettre les rois.
Enfin, toute ma vie est pleine de miracles,
Et j'ai su triompher des plus fâcheux obstacles.
Dans ma condition je serois trop heureux,
Si je n'étois pressé d'un tourment amoureux,
D'un feu continuel, d'une ardeur sans mesure,
Qui tient incessamment mon âme à la torture :
Ou si je pouvois vaincre une sévérité
Qui s'oppose au courant de ma prospérité.
O bonheur imparfait! O rigueur importune!
J'ai pour mes compagnons l'amour et la fortune;
Ils ne me quittent point, ils suivent tous mes pas:
Mais l'un m'est favorable, et l'autre ne l'est pas.
L'un fait qu'à tout un peuple aujourd'hui je commande,
Et l'autre me refuse un cœur que je demande :
Un cœur que je ne puis ranger sous mon pouvoir,
En possédant le corps où je le sens mouvoir.
Aveugles déités, égalez mieux les choses;
Mêlez moins de lauriers avecque plus de roses;
Faites qu'avec plus d'heur, je sois moins renommé,
Et n'étant point si craint, que je sois plus aimé.

  Jules, quoi que l'on die, avec plus de merveilles,
  Et par moins de combats et de travaux divers,
  S'étoit fait appeler maître de l'univers.
  Vous avez surmonté mille fâcheux obstacles,
  Et toute votre vie est pleine de miracles.
      HÉRODE.
Dans ma condition je serois trop heureux, etc.

C'est avecque raison que mon humeur est sombre;
Ma gloire n'est qu'un songe et ma grandeur qu'une ombre,
Si lorsque tout le monde en redoute l'effet,
Je brûle d'un desir qui n'est point satisfait.

SALOME.

Depuis qu'en votre lit Mariamne est entrée,
Et que par tant de soins elle est idolâtrée,
Votre maison sans cesse est ouverte aux douleurs;
On n'observe en vous deux que plaintes et que pleurs.

HÉRODE.

Mes plaintes sont toujours plus justes que ses larmes.
Pourquoi me parut-elle avecque tant de charmes,
Tant de rares vertus, et de divins appas,
Pour entrer dans ma couche, et pour ne m'aimer pas!
Faut-il que deux moitiés soient si mal assorties;
Qu'un tout soit composé de contraires parties!
Que je sois si sensible, elle l'étant si peu!
Que son cœur soit de glace, et le mien soit de feu! [9]

PHERORE.

Après avoir acquis des honneurs à la guerre,
Qui vous font envier aux deux bouts de la terre,

---

9 Que son cœur soit de glace, et le mien soit de feu!

On ne se doute guère que Racine ait emprunté de Tristan ce vers, si justement condamné dans un chef-d'œuvre tel que Phèdre, acte v, scène première :

Quand je suis tout de *feu*, d'où vous vient cette *glace*?

Aucun commentateur de ce grand poète n'en a, jusqu'ici, fait la remarque.

Succombant dans la paix à d'invisibles coups,
Vous voulez que partout on ait pitié de vous?

HÉRODE.

L'erreur dont on m'accuse a troublé de grands hommes,
Soit aux siècles passés, soit au temps où nous sommes:
L'amour est tellement fatal à la valeur,
Qu'il n'est point de héros exempts de ce malheur.[10]
Antoine sous ce joug abaissant son courage,
A de moindres clartés s'éblouit davantage.
Pour suivre Cléopâtre il quitta son bonheur,
Et s'embarquant ainsi, fit périr son honneur.[11]
Pour moi tous mes desseins sont sans honte et sans crime:[12]
Le feu qui me consume est un feu légitime:
Je n'ai pas des desirs que l'on puisse blamer,
Et j'aime seulement ce que je dois aimer.

PHERORE.

Si dans la passion d'une amour conjugale,
De la reine et de vous l'ardeur étoit égale,
Qui pourroit condamner votre ressentiment,
Ou voudroit s'opposer à cet embrasement?
Mais quoi! votre raison est vraiment endormie:
Vous faites vanité d'aimer une ennemie

---

[10] Celui qui de son poil tenoit toute sa force,
Ne sut se détourner de cette douce amorce;
Et ce petit berger, qui devint un grand roi,
Fut en ses derniers jours plus insensé que moi.

[11] . . . . Fit naufrage d'honneur.

[12] De moi, tous mes desseins, etc.

ACTE I, SCÈNE III.

Qui, pour récompenser un traitement si doux,
N'applique son esprit qu'à médire de vous.
SALOME.
Sans mentir, cette erreur est digne de reproche.
Quel plaisir prenez-vous de chérir une roche,
Dont les sources de pleurs coulent incessamment,
Et qui pour votre amour n'a point de sentiment?
La beauté, croyez-moi, doit être dédaignée,
Qui de bon naturel n'est point accompagnée.
HÉRODE.
Toute cette rigueur vient de sa chasteté :
Mais son humeur hautaine est pleine de bonté. [13]
Quand le Parthe inhumain prit Hyrcane et Phaselle,
Je dus ma délivrance à son conseil fidèle;
Sans cet insigne effet de sa secrète amour,
Je perdois à la fois et le sceptre et le jour;
C'étoit fait de ma vie, et le traître Antigone,
En me foulant aux pieds, remontoit sur le trône.
Cette obligation me touche tendrement,
Et me fait excuser ses dédains aisément.
Je vois beaucoup d'orgueil en ses beautés divines :

---

[13] HÉRODE.
Si le divin objet dont je suis idolâtre,
Passe pour un rocher, c'est un rocher d'albâtre,
Un écueil agréable, où l'on voit éclater
Tout ce que la nature a fait pour me tenter.
Il n'est point de rubis vermeils comme sa bouche,
Qui mêle un esprit d'ambre à tout ce qui la touche;
Et l'éclat de ses yeux veut que mes sentiments
La mettent pour le moins au rang des diamants.

MARIAMNE,

Mais on voit rarement des roses sans épines.
Et puis il est bien juste, à dire vérité,
Qu'elle garde entre vous un peu de majesté :
Mille rois glorieux sont ses dignes ancêtres,
Et l'on peut la nommer la fille de nos maîtres.

SALOME.

Elle en use donc bien, car chacun est surpris
De l'opprobre où nous tient l'orgueil de ses mépris; [14]
Et c'est de quoi pourtant nous ne ferions que rire,
N'étoit mille discours que l'on nous vient redire,
Par où son cœur ingrat, avec émotion,
Témoigne contre vous sa noire intention.

HÉRODE.

Nous ne pouvons jamais avecque bienséance,
A de vils serviteurs donner tant de créance : [15]
Comme leur intérêt les a rendus flatteurs,
Notre facilité les peut rendre menteurs;
Et même le mensonge est assez ordinaire
A ces petites gens, dont l'âme est mercenaire.

SALOME.

Les miens n'ont pas le cœur ni l'esprit d'inventer
Tout ce que de la reine ils me viennent conter.

HÉRODE.

Apprends-nous quelque trait de cette violence.

SALOME.

Elle parle de vous avec une insolence,

---

[14] Elle en use donc bien, car on sait au palais,
Qu'elle parle de nous comme de ses valets.

[15] Aux rapports des valets, etc.

Que sans beaucoup d'horreur on ne peut révéler,
Et que sans crime aussi l'on ne sauroit céler :
Vous nomme à tous propos l'auteur de ses misères,
Le tyran de l'état, l'assassin de ses pères ; [16]
Et de mille raisons anime son courroux,
Pour faire soulever les peuples contre vous.

HÉRODE.

La Judée aujourd'hui soumise à ma puissance,
Ne trouve son bonheur qu'en son obéissance :
On ne peut l'émouvoir ainsi facilement,
Et je ne crois pas tout aussi légèrement.
Je connois Mariamne, et sais qu'elle est trop sage
Pour s'être abandonnée à tenir ce langage.
Si les grands s'arrêtoient à tout ce qu'on leur dit,
L'imposture, auprès d'eux, auroit trop de crédit ;
On verroit dans les cours une guerre éternelle
Et toujours des sujets de discorde nouvelle. [17]

PHERORE.

En fait de tels avis, pour se gouverner bien, [18]
Il faut ne pas tout croire et ne négliger rien.

HÉRODE. [19]

Soesme, écoute un mot.
(Il appelle Soesme et lui parle à l'oreille.)

[16] . . . . Le meurtrier de ses pères.
[17] Il faudroit chaque jour faire maison nouvelle.
[18] En cas de ces avis, etc.
[19]   HÉRODE.
Je la verrai bientôt, cette belle indiscrète,
Je lui reprocherai cette injure secrète :

SALOME *parlant à Pherore.*

.... O foiblesse incroyable ! [20]
D'un charme séduisant, effet inconcevable !
Mais il faut s'employer à faire adroitement
Dissiper la vertu de cet enchantement.

PHERORE.

Madame, cette amour est une maladie,
A laquelle il faudra que le temps remédie.
Nos avis aujourd'hui ne sont pas de saison :
Ce mal envenimé résiste à la raison.

HÉRODE, *achevant d'instruire Soesme.*

Observe bien surtout, en faisant ce message,
Et le ton de sa voix, et l'air de son visage :
Si son teint devient pâle, ou s'il devient vermeil.
J'en saurai la réponse en sortant du conseil.

<blockquote>
Et sa bouche pourtant, avec un seul baiser,
Quand elle auroit tout dit, pourra tout apaiser.

[20] SALOME.

.... O foiblesse indicible !
Il est ensorcelé, le charme est tout visible.
</blockquote>

FIN DU PREMIER ACTE.

ACTE II.

SCÈNE PREMIÈRE.

MARIAMNE, DINA.

MARIAMNE.

Je croirois ton conseil, s'il étoit raisonnable :
Mais quoi ! veux-tu que j'aime un monstre abominable,
Qui du trépas des miens me paroît tout sanglant?

DINA.

Si vous ne l'aimez pas, faites-en le semblant.
En cette occasion vous devez vous contraindre.
C'est un art excellent, que de savoir bien feindre,
Lorsque l'on est réduit à cette extrémité,
De ne pouvoir agir avecque liberté.

MARIAMNE.

Moi, que je me contraigne ! étant d'une naissance
Qui peut impunément prendre toute licence;
Et qui, sans abuser de cette autorité,
Ne règle mes desirs que par l'honnêteté?
Que mon cœur se démente, et trouve du mérite
A plaire au sentiment d'un barbare, d'un Scythe,
Meurtrier de mes parents !

DINA.

Madame, parlez bas.

MARIAMNE.

Si mon corps est captif, mon âme ne l'est pas.
Je laisse la contrainte aux serviles personnes :
Je sors de trop d'aïeux qui portoient des couronnes,
Pour avoir la pensée et le front différents,
Et devenir esclave en faveur des tyrans.
Qu'Hérode m'importune, ou d'amour ou de haine,
On me verra toujours vivre et mourir en reine.

DINA.

Madame, le palais est tout plein d'espions,
Qui veillent jour et nuit toutes vos actions ; [1]
Depuis un certain temps, Salome tient à gages,
Pour cet office seul, des filles et des pages ;
Sans cesse à cette porte ils viennent écouter
Quels sont tous vos propos, qu'ils lui vont rapporter.

MARIAMNE.

N'importe : laissons-les écouter à leur aise,
Ils n'auront pas le bien d'ouïr rien qui lui plaise.

DINA.

Le roi vous a-t-il fait quelque nouvel ennui,
Pour causer ces dédains que vous avez pour lui ?

MARIAMNE.

Quoi ! t'imagines-tu que la tragique histoire
De mes plus chers parents sorte de ma mémoire ?

VARIANTES.

[1] Qui veillent jour et nuit dessus vos actions.

ACTE II, SCÈNE I.

Toujours le vieux Hircan et mon frère meurtris, [2]
Me viennent affliger de pitoyables cris;
Soit lorsque je repose, ou soit lorsque je veille,
Leur plainte, à tous moments, vient frapper mon oreille :
Ils s'offrent à toute heure à mes yeux éplorés,
Je les vois tout sanglants et tout défigurés;
Ils me viennent conter leurs tristes aventures,
Ils me viennent montrer leurs mortelles blessures;
Et me vont reprochant, pour me combler d'ennuis,
Qu'avecque leur bourreau je dors toutes les nuits.
Il faut que le perfide achève ma disgrâce;
Il en veut à mon sang, il en veut à ma race;
Il n'est pas satisfait pour avoir massacré
Un vieillard vénérable, un pontife sacré,
Qui le mit dans ses droits et dans son alliance,
Logeant en son appui toute sa confiance;
Ni pour avoir, le lâche, abîmé dans les flots [3]
Un innocent beau-frère, un aimable héros,
Le jeune Aristobule; hélas! lorsque j'y pense,
Le cours de la douleur emporte ma constance;
J'ai le cœur si serré que je ne puis parler,
Et mon âme affligée est prête à s'envoler.

[2] Toujours le vieux Hircan, et mon frère *meurtris*.

Encore une expression heureuse; dérobée et embellie par Racine :

Allez, sacrés vengeurs de vos princes *meurtris*.

[3] Ni pour avoir éteint, d'une étrange façon,
Un innocent beau-frère, un aimable garçon.

A peine il atteignoit son quatrième lustre, [4]
Et l'on voyoit en lui je ne sais quoi d'illustre ;
Sa grâce, sa beauté, sa parole et son port,
Ravissoient les esprits dès le premier abord.
On voyoit dans ses traits, les traits de mon visage, [5]
Il étoit ma peinture, ou j'étois son image ; [6]
Mais les cieux, en son âme, avoient mis des trésors,
Qui répondoient encore à ceux d'un si beau corps ;
Et leurs grâces sur lui sembloient être tombées
Pour relever l'honneur des braves Machabées.
Le peuple, que sa vue au temple ravissoit,
Admirant ses appas, tout haut le bénisssoit ;
Et ce tyran cruel en conçut tant d'envie,
Qu'il fit soudain trancher le beau fil de sa vie. [7]
Et puis, qu'après cela je flatte l'inhumain,
Qui ne vient que d'ôter la vie à mon germain !
Plutôt le feu me brûle, ou l'onde son contraire
Rende mon sort pareil à celui de mon frère.

[4]   Car à peine il touchoit en son quatrième lustre,
      Que l'on voyoit, etc.

[5]   Il étoit de mon poil, il avoit mon visage.

[6]   Celui qui vers le Nil en porta les portraits,
      Confessoit, tout ravi de ses charmants attraits,
      Que dans la Palestine on élevoit un homme
      Qui valoit bien les Dieux qu'on adoroit à Rome.

[7]   Ce clair soleil levant, adoré de la cour,
      Se plongea dans les eaux, comme l'astre du jour ;
      Et n'en ressortit pas en sa beauté première,
      Car il en fut tiré sans force et sans lumière.

ACTE II, SCÈNE I.

DINA.

Tous ces traits de malheur, depuis long-temps passés,
De votre souvenir doivent être effacés. [8]
Faut-il qu'à tous propos cette triste peinture
Renouvelle vos pleurs sur une vieille injure?
Que toujours votre esprit, en vos ans les plus beaux,
Erre si tristement à l'entour des tombeaux?
Le temps et la raison, madame, vous invitent
A bannir ses ennuis qui vos jours précipitent.
On vous a fait des maux : mais, à ne rien céler,
On prend beaucoup de soin pour vous en consoler.

MARIAMNE.

Comment!

DINA.

      Le roi vous aime.

MARIAMNE.

              Il m'aime! ô l'imprudente! [9]

DINA.

Il soupire toujours quand vous êtes absente,
Il vous nomme à toute heure, il compte tous vos pas;
N'est-ce pas vous aimer?

MARIAMNE.

           Eh quoi! ne sais-tu pas
Que cette âme infidèle est pleine d'artifice;

---

[8]   Madame, faites trève avecque ces pensées :
    Vos célestes beautés y sont intéressées ;
    Votre teint, composé des plus aimables fleurs,
    Sert trop long-temps de lit à des ruisseaux de pleurs.

[9]   .... Il m'aime! ô l'innocente!

Que ma perte dépend de ses premiers caprices ;
Et qu'au moindre hasard qu'il s'attend de courir,
Il ordonne aussitôt qu'on me fasse mourir ?
C'est le soin principal de cette amour extrême ;
Et c'est à quoi naguère il obligeoit Soesme,
Lorsque tout effrayé, pour Rhodes il partoit,
Redoutant d'y trouver la mort qu'il méritoit.

DINA.

Ce trait est sans mentir cruel et tyrannique :
Je ne demande plus quelle offense vous pique ; [10]
Les ordres inhumains de cet esprit jaloux,
Font voir qu'en vous aimant il s'aime mieux que vous. [11]
Mais quoi ! vous trouvant hors de ce péril extrême,
Vous aimant mieux que lui, dissimulez de même ;
Vous verrez quelque jour vos aimables enfants,
Les tiares au front, heureux et triomphants ;
Au moins si par un trait de mauvaise conduite,
Votre mépris ne rend leur fortune détruite,
Ne perdez pas le soin qui les doit conserver :
Si le roi vous attend, il faut l'aller trouver.

MARIAMNE.

J'irai, mais ce sera pour lui faire paroître
Qu'il est un parricide, un scélérat, un traître ;
Et que je ne sais point de loi, ni de devoir,
Qui me puisse obliger désormais à le voir :
Le conseil en est pris.

[10] . . . . Quelle chose vous pique.
[11] Font voir qu'en cet endroit, etc.

DINA.

O cieux! je tremble toute.

(Salome se montre à l'entrée de la chambre.)

MARIAMNE.

Pourquoi?

DINA.

Tout est perdu : Salome nous écoute.
Que je hais ces esprits méchants et curieux!

SCÈNE II.

MARIAMNE, SALOME, DINA.

MARIAMNE.

Approchez-vous plus près, vous nous entendrez mieux.

SALOME.

Je craignois que pour moi l'heure ne fût indue;[12]
Et je vois, en effet, que votre âme est émue.

MARIAMNE.

Une juste colère animoit mon discours.

SALOME.

C'est une passion qui vous émeut toujours.

MARIAMNE.

Je souffre aussi toujours une rigueur insigne.

SALOME.

Vous avez des malheurs dont vous n'êtes pas digne.

---

[12] Je m'allois retirer, vous croyant empêchée;
Et l'on diroit aussi que vous êtes fâchée.

MARIAMNE.

Je crois qu'on ne voit rien dans mes déportements,
Qui puisse mériter ces mauvais traitements.

SALOME.

Vous êtes fort à plaindre en l'état où vous êtes :
Mais toutes les beautés ne sont pas satisfaites.

MARIAMNE.

Pour vous, en vos destins vous n'avez que du bien.

SALOME.

Vous sentez votre mal, et moi je sens le mien.

MARIAMNE.

Votre cœur relevé se plaint de la fortune?

SALOME.

J'ai bien d'autres ennuis dont le cours m'importune!
Mais ainsi que j'entrois, que disiez-vous du roi?

MARIAMNE.

Je me plaignois de lui, comme il se plaint de moi.

SALOME.

Je ne puis deviner ces grands sujets de plainte.

MARIAMNE.

C'est que ses espions me tiennent en contrainte.

SALOME.

L'innocence partout peut avoir des témoins.

MARIAMNE.

J'aurois plus de repos, s'ils m'importunoient moins.

SALOME.

Vous devriez dire au roi combien cela vous blesse.

MARIAMNE.

Vous devriez l'avertir aussi de sa foiblesse.

ACTE II, SCÈNE II.

SALOME.

S'il a de la foiblesse, à votre jugement,
On ne l'aperçoit guère à son gouvernement.

MARIAMNE.

Le déplorable état où l'on me voit réduite
Est le plus rare effet de sa grande conduite.

SALOME.

Vous y remarqueriez moins d'imperfection,
Si vous n'aviez pour lui beaucoup d'aversion.

MARIAMNE.

Je n'ai d'aversion que pour l'horreur du crime ;
Mais tous les gens de bien l'ont en la même estime.

SALOME.

S'ils ont ces sentiments, ils en parlent bien bas.

MARIAMNE.

C'est qu'ils craignent la mort, et je ne la crains pas.

SALOME.

C'est en dire un peu trop ; vous devez, ce me semble,
Porter plus de respect au nœud qui vous assemble.

MARIAMNE.

Les respects qu'on lui doit me sont assez connus,
Car je n'ignore pas d'où vous êtes venus.

SALOME.

Moi, j'ignore d'où vient cette haine apparente.

MARIAMNE.

Cette mauvaise humeur vous est indifférente.

SALOME.

Si vous aviez pourtant quelque division,

Je m'offrirois à vous en cette occasion,
Et vous présenterois mes très-humbles services.
MARIAMNE.
Vous me rendez toujours assez de bons offices.
SALOME.
Je vous en rends bien moins que vous n'en méritez.
MARIAMNE.
Le ciel reconnoîtra toutes ces charités.
SALOME.
L'honneur de vous servir m'est trop de récompense.
MARIAMNE.
Chacune de nous deux sait bien ce qu'elle en pense.
SALOME.
Vous allez voir le roi ?
MARIAMNE.
Oui; je vais de ce pas
Lui tenir un discours qui ne lui plaira pas.
SALOME.
Vous ne lui direz rien qui lui puisse déplaire ;
Il aime tout de vous, jusqu'à votre colère.
MARIAMNE.
Et moi, qu'il a rendue un objet de pitié,
J'abhorre tout de lui, jusqu'à son amitié.
SALOME, seule.
Superbe, dédaigneuse, au courage invincible,
Ne t'imagine pas que je sois insensible :
Non, non, je ne suis pas de ces lâches esprits
Qui peuvent aisément supporter un mépris.
Souviens-toi que le mien ne reçoit point d'injure,

Qu'il ne rende aussitôt avec beaucoup d'usure :
Salome sait fort bien comme il faut obliger,
Et n'est pas ignorante en l'art de se venger.
Nous n'aurons pas long-temps à souffrir ses caprices :
Mon intrigue est fatale à tous ses artifices.
Le chef des échansons, par mes soins suborné, [13]
Contre elle doit lancer un trait empoisonné ;
Un trait noir qui, portant la tristesse et la crainte,
Donne à l'âme crédule une mortelle atteinte,
Trouble les sentiments, et fait qu'en un instant,
L'ardente amour se change en courroux éclatant.
Cet homme en est capable ; il est ma créature,
Et veut mettre pour moi sa vie à l'aventure.
Il faut hâter l'effet de ce juste dessein,
De peur que ce secret lui pèse sur le sein,
Qu'il n'en aille avertir un tiers qui nous trahisse,
Ou qu'en raisonnant trop, il ne se refroidisse.
Mais ne le vois-je pas qui s'en vient droit à moi ?
Déjà sur ce projet la peur lui fait la loi ;
Il porte sur le front une morne tristesse.

SCÈNE III.

L'ÉCHANSON, SALOME.

L'ÉCHANSON.

Pourrai-je dire encore un mot à votre altesse,
Sur l'exécution de son commandement?

---

[13] J'ai gagné depuis peu le premier échanson,
Qui doit lancer contre elle un trait de ma façon.

SALOME.

Oui, je l'écouterai ; parle-moi hardiment.

L'ÉCHANSON.

Madame, en vous servant, j'affronte des supplices,
Et je vais me conduire entre des précipices, ¹⁴
Dans un sentier glissant où, faisant un faux pas,
Je suis tout assuré d'arriver au trépas.
Il ne faudroit au roi qu'une seule pensée,
Pour rallumer le feu de son amour passée.
Un doux ressouvenir de sa tendre amitié,
Un regard tout chargé des traits de la pitié ;
La moindre émotion qui vient à la traverse,
Une larme, un soupir me choque et me renverse.
J'y vois mille périls, mais je les brave tous,
Car mon obéissance est aveugle pour vous :
Et puis, vous m'assurez que par cette industrie,
Je m'expose à la mort pour sauver ma patrie.

SALOME.

Si tu fermes les yeux pour m'exprimer ta foi,
Je le veux reconnoître, ouvrant la main pour toi ;
Mais tu fais ta fortune, et t'acquiers une gloire
Qui pourroit égaler l'honneur d'une victoire :
Tu préserves ton roi d'un funeste accident,
Tu nous retires tous d'un naufrage évident ;
Et dans cette entreprise, où je te sers de guide,
Le péril est léger, et le prix est solide. ¹⁵

¹⁴ Je m'en vais me conduire, etc.
¹⁵ Le labeur est léger, etc.

ACTE II, SCÈNE III.

Tu vas en cet exploit par ma commission :
Tu n'avances du tien que sous ma caution ;
C'est moi qui te présente, et c'est moi qui t'avoue,
Qui vais donner le branle, et pousser à la roue.
Tu sais bien que le roi croit assez de léger,
Et que c'est un esprit que je sais ménager.
Ton rapport va surprendre une âme défiante,
Crédule, furieuse, altière, impatiente.
Dans ce trouble excité, si tu fais ton devoir,
Il mordra l'hameçon sans s'en apercevoir ;
C'est un appât subtil que je lui ferai prendre,
Sans qu'il ait le moyen de s'en pouvoir défendre.
Puis, pour ta sûreté, tu seras averti
Que Mariamne même est de notre parti.
Son cœur, envenimé d'une rage nouvelle,
S'entend avecque nous pour conspirer contre elle ;
Tout à l'heure en deux mots elle m'a fait juger
Qu'elle va voir le roi pour le désobliger.
Tu sais de quelle sorte il supporte une injure :
Sers toi donc à propos de cette conjoncture.
Au succès de nos vœux tout semble concourir ; [16]
Prenons l'occasion, puisqu'elle vient s'offrir.

L'ÉCHANSON.

Ces puissantes raisons mettroient en assurance
L'âme la plus timide et la plus en balance ;
Mais puisque votre altesse et les cieux l'ont voulu,

---

[16] Tout rit à nos desseins, tout répond à nos vœux ;
L'occasion paroît : prends-la par les cheveux.

Mon cœur sur ce sujet est assez résolu.
Tout ce qui me retient, c'est que je vais paroître,
Et devant un grand prince et devant un grand maître,
Qui sait ce qu'on veut dire avant qu'on ait parlé,
Et qui peut découvrir un cœur dissimulé.
Madame, en peu de mots vous plaît-il de m'apprendre
La meilleure façon dont je puis le surprendre?
Ajoutez à mon ordre un peu d'enseignement,
Afin que mon effort succède heureusement.

SALOME.

Il faut dans ce rapport, par une adresse extrême,
Que, pour le mieux tromper, tu te trompes toi-même.
Figure-toi le fait d'un penser ingénu,
Comme si sans mensonge il était avenu;
Puis ayant en ton âme imprimé cette image,
Laisse agir là-dessus ta langue et ton visage.
Je ne puis te donner de meilleure leçon :
Mais dis toujours le fait de la même façon.
Crois toi-même l'horreur que tu veux faire croire,
Et prends garde en parlant de manquer de mémoire.
Dis ces mots à peu près : « Sire, de jour en jour,
» La reine m'entretient sur un philtre d'amour,
» Qu'elle voudroit mêler parmi votre breuvage,
» Afin de vous porter à l'aimer davantage :
» Mais connoissant assez tout l'excès de vos feux, [17]
» Ce philtre me paroît suspect et dangereux;

---

[17] Mais connoissant assez l'excès de votre ardeur,
Je trouve que ce philtre est de mauvaise odeur.

ACTE II, SCÈNE III.

» Vû même que tandis qu'elle me sollicite,
» Elle est mal assurée et paroît interdite.
» Là-dessus, mû de zèle et de fidélité,
» J'en viens donner avis à votre majesté,
» De peur que par l'emploi de quelqu'autre ministre,
» Vous soyez prévenu d'un accident sinistre. »

L'ÉCHANSON.

Je trouve ce discours fort propre à l'émouvoir,
Et j'espère, madame, y faire mon devoir.

SALOME.

La reine en son quartier se sera retirée ;
Porte donc ce propos d'une voix assurée.
Je m'y rencontrerai : feras-tu cet effort ?

L'ÉCHANSON.

Oui, madame, dussé-je y rencontrer la mort.

SCÈNE IV.

HÉRODE, MARIAMNE.

HÉRODE, chassant Mariamne de sa chambre. [18]

VA, fuis de ma présence, implacable ennemie !
Fuis, dis-je : mon amour se transforme en furie,

---

[18]   HÉRODE, chassant Mariamne de sa chambre.
Va, va, je te tiendrai ce que je te promets.
Sors vite de ma chambre, et n'y rentre jamais.
Te rendre inexorable, alors que je te prie !
Ingrate, mon amour se transforme en furie ;
Et déjà, etc.

Et déjà tous ces traits qui sortent de mon cœur,
Se changent en serpents pour punir ta rigueur.
Ce mépris me découvre un desir de vengeance
Que je veux observer avecque diligence.
Désormais de ta part tout me sera suspect :
Je n'aurai plus pour toi ni bonté, ni respect ;
Et s'il avient jamais que dans cette humeur noire,
Tu lances quelque trait qui ternisse ma gloire,
Je le repousserai d'un air qui fera foi
Qu'on ne doit pas manquer de respect à son roi.
(Salome entre.)

SCÈNE V.

SALOME, HÉRODE.

SALOME.

Quel est donc le sujet qui vous met en colère ?

HÉRODE.

Celui qui tous les jours ne fait que me déplaire.

SALOME.

C'est sans doute la reine avec sa cruauté : [19]
Car ses traits de rigueur n'ont point de nouveauté.

HÉRODE.

Tu l'as bien deviné ; oui, c'est cette cruelle,
Et le dernier affront que je recevrai d'elle.

SALOME.

Vous en direz de même encore au premier jour.

---

[19] C'est possible la reine, etc.

ACTE II, SCÈNE V.

HÉRODE.

Nullement. Son mépris a détruit mon amour,
Je la hais maintenant; oui, mon cœur la déteste, [20]
Et trouve que pour moi c'est un fléau céleste.

SALOME.

Puis-je savoir quel est ce mécontentement?

HÉRODE.

Je m'en vais te l'apprendre : écoute seulement. [21]
Desirant de la voir, non sans impatience,
Je l'avois demandée avec beaucoup d'instance,
Quand cet esprit ingrat, qui s'est senti presser,
M'a rendu ce devoir afin de m'offenser.
En vain je l'ai traitée avec toute l'adresse
Dont un parfait amant oblige une maîtresse :
Sans honneur, sans succès dans le soin que j'ai pris, [22]
Mes faveurs ont toujours irrité ses mépris.
Toutes mes passions n'ont fait que lui déplaire,
Ses yeux étinceloient d'une injuste colère;
Et dans ces mouvements cruels et furieux,
Elle m'a dit des mots si fort injurieux,
Que ne pouvant souffrir une telle insolence,
Enfin je l'ai chassée avecque violence.
Voilà ce qui me pique et me trouble si fort.
Vois quelle est sa manie, et me dis si j'ai tort.

[20] Je la hais maintenant, à l'égal de la peste.
[21] ....assis-toi seulement.
[22] Car travaillant sans fruit, etc.

SALOME.
Oui, vous avez grand tort; et son ingratitude
Devoit vous affliger d'un traitement plus rude,
Puisque, sans redouter ses dangereux effets,
Vous l'irritez sans cesse, à force de bienfaits.
C'est un monstre d'orgueil et de méconnoissance,
A qui votre bonté donne trop de licence.
Si la faveur du ciel ne détourne ses coups,
Sa malice à la fin se défera de vous.
HÉRODE.
Étant assez instruit de sa mauvaise envie,
Je l'empêcherai bien d'attenter sur ma vie.
SALOME.
J'en doute : notre sexe est fort vindicatif,
Et dans ses trahisons se rend bien inventif !
La tigresse qui voit enlever sa portée,
Est moins à redouter qu'une femme irritée.
Veuillez considérer que dans un juste effroi,
Pour votre sûreté je parle contre moi.
HÉRODE.
Je mettrai tant de gens à veiller autour d'elle,
Que son âme offensée, après cette querelle,
N'aura pas le moyen de prendre aucun parti,
Sans que tout à l'instant on m'en tienne averti.
Son meilleur est d'avoir toujours la bouche close ;
(L'Huissier s'avance vers la chaise du roi.)
Autrement.... Qu'est-ce ?
SALOME.
. On vient vous dire quelque chose.

SCÈNE VI.

L'HUISSIER, HÉRODE, SALOME, L'ÉCHANSON,
LE CAPITAINE DES GARDES.

L'HUISSIER.
Un de vos échansons, à la porte arrêté,
Desire de parler à votre majesté,
Et proteste que c'est un avis d'importance,
Dont il doit tout soudain vous donner connoissance.

HÉRODE.
Un avis d'importance? hé bien, fais-le avancer.
Quel seroit cet avis?

SALOME.
Je n'en sais que penser.

HÉRODE.
Il est tout interdit. — Qu'as-tu donc à me dire?

L'ÉCHANSON.
Un complot qui regarde et vous et votre empire.

HÉRODE.
Viens me conter ici le tout distinctement.

SALOME, à part.
Si la fin se rapporte à son commencement,
La victoire est à nous; et pour cette orgueilleuse
Cette nouvelle ruse est assez périlleuse.
Nous courrons dans la lice, et le moment est près [23]
Où je dois voir changer ses lauriers en cyprès.

---

[23] .... Et nos fronts, à peu près,
Ont, le mien, du laurier; et le sien, du cyprès.

HÉRODE.

O noire perfidie! ô trahison damnable!
O femme dangereuse! ô peste abominable!
Elle t'a pratiqué pour me faire périr,
Moi qui voulois tout perdre afin de l'acquérir!
Il s'en faut assurer, ou mon sort se hasarde. ²⁴
Holà! qu'on vienne à moi!
(parlant à part à son capitaine des gardes.)
      Commandant de ma garde,
Prenez vos compagnons sans bruit, et promptement
Allez trouver la reine en son appartement.
Dites-lui qu'il s'agit au conseil d'une affaire
Où je tiens sa présence être fort nécessaire.
(Pherore entre.)
Ne perdez point de temps : allez-y de ce pas,
Conduisez-la vous-même, et ne la quittez pas;
Car si vous y manquez, vous me répondrez d'elle.

LE CAPITAINE DES GARDES.

Je ferai le devoir d'un serviteur fidèle.

SCÈNE VII.

PHERORE, SALOME, HÉRODE.

PHERORE.

Madame, qu'a le roi? qu'il paroît interdit!

SALOME.

Nous le saurons tantôt : il ne m'en a rien dit.

---

²⁴ Il s'en faut assurer, ou bien tu te hasardes.

ACTE II, SCÈNE VII.

PHERORE.
...ilà qu'il vient à nous, tout changé de visage.
HÉRODE.
...reine pour me perdre a mis tout en usage.
SALOME.
...us rebutiez toujours nos fidèles avis.
HÉRODE.
...i beaucoup de regret qu'ils n'aient été suivis ;
...ais voyant le péril, j'ose bien me promettre
...e vous approuverez l'ordre que j'y vais mettre.
...faut prévenir ceux qui se veulent venger,
...courir de bonne heure au-devant du danger.
...sistez au procès qu'aujourd'hui je veux faire :
(se tournant vers l'échanson.)
...oi ne t'éloigne pas : ton soin m'est nécessaire.[25]

[25] .... Car tu m'es nécessaire.

FIN DU SECOND ACTE.

ACTE III.

SCÈNE PREMIÈRE.

HÉRODE, au conseil.

Observant de l'état la blessure inhumaine,
Otons-en la partie où paroît la gangrène :
Opposons sagement l'antidote au poison,
Et gardons la rigueur contre la trahison.
Quoi ! n'amène-t-on point encor la criminelle ?[1]
Pour la faire hâter, qu'on aille au-devant d'elle.
En cette occasion je veux l'interroger,
Et mettre son procès en état de juger.
Mais la voici qui vient avec autant d'audace
Que si je l'attendois pour implorer sa grâce :
On diroit que l'altière, en mesurant ses pas,
Insulte à ma justice, et brave le trépas.[2]

VARIANTES.

[1] .... Ma criminelle.
[2] Dépite ma justice, etc.

SCÈNE II.

HÉRODE, MARIAMNE, L'ÉCHANSON, PHERORE, SALOME, DEUX JUGES, LE GRAND-PRÉVÔT, LE CAPITAINE DES GARDES.

HÉRODE.
Avance, malheureuse. Hé bien, femme infidèle,[3]
Qui tenois de mon cœur la moitié la plus belle,
Et qui, par le seul droit de cette sainte ardeur,
Partageois avec moi ma gloire et ma grandeur :
Dès sa conception ta rage est avortée,
Ton piége est découvert, ta mine est éventée ;
Et m'ayant pris pour but, par une juste loi,
La pointe de tes dards retourne contre toi.
Voudrois-tu pallier ce crime manifeste,
Que nous a découvert la justice céleste ?

MARIAMNE.
Ces discours ambigus ont des obscurités
Qui se rapportent fort au sang dont vous sortez.

HÉRODE.
Insolente, oses-tu me dire ces paroles ?

MARIAMNE.
Osez-vous m'accuser de ces crimes frivoles ?

HÉRODE.
Ce n'est que sur son roi simplement attenter.

---

² .... Hé bien, méchante femme,
A qui j'avois donné la moitié de mon âme, etc.

MARIAMNE.

Ce crime est fort nouveau, l'on vient de l'inventer.
Mais jamais votre esprit n'a manqué d'artifice,
Pour perdre l'innocent, sous couleur de justice.

HÉRODE.

La mort émoussera tous ces piquants propos,
Qui, blessant mon honneur, traversent mon repos.
Au lieu de s'excuser, l'ingrate, en sa défense,
Ne sauroit proférer un mot qui ne m'offense.
Mais voici le témoin de ce noir attentat,
Formé contre ma tête et le corps de l'état.
Aux yeux de la perfide il faut qu'on le confronte.
Déjà l'apercevant elle rougit de honte.
Viens confirmer ici ton fidèle rapport,
Et dis de quelle adresse on désignoit ma mort.
Mais que la vérité se montre toute nue :
Ne fais pas que le crime ou croisse ou diminue.

L'ÉCHANSON.

Sire, que sur ma tête un foudre soit lancé,
Si je n'ai dit le tout, ainsi qu'il s'est passé.

HÉRODE.

Viens donc lui soutenir, et mettre en évidence
Un fait qu'elle dénie avec tant d'impudence.
Parle.

L'ÉCHANSON.

Si le devoir d'un fidèle sujet
Permettoit de céler cet important projet,
Madame, je serois encore à me produire :

Mais le salut du roi me force de vous nuire.
Veuillez me pardonner si j'ai tout révélé.

MARIAMNE.

Quoi, méchant?

L'ÉCHANSON.

Le poison, dont vous m'avez parlé.

MARIAMNE.

Monstre issu de l'enfer pour nuire à l'innocence,
Oses-tu bien mentir avec tant d'assurance?
De ta noire action tu recevrois le fruit,
Si tu n'étois porté par ceux qui t'ont instruit :
Ce témoignage faux est digne du supplice;
Mais pour t'en garantir, mon juge est ton complice.
De bon cœur je pardonne à ta mauvaise foi,
Tu sers par intérêt de plus méchants que toi :
Cette injure est contrainte et n'a rien qui me fâche;
De tous mes ennemis tu n'es pas le plus lâche.

HÉRODE.

Tu devrois t'efforcer de te défendre mieux,
Sur un crime abhorré de la terre et des cieux :
Car répondant au fait que ce témoin dépose,
Il faut ou dénier, ou confesser la chose.

MARIAMNE.

Par force ou par adresse il sera malaisé
Qu'on me fasse avouer un crime supposé;
Et n'étoit mes malheurs, je suis assez bien née
Pour n'appréhender pas d'en être soupçonnée.
Mon esprit, que le sort afflige au dernier point,

Souffre les trahisons, mais il n'en commet point;
Encore qu'il en eût un sujet assez ample,
S'il étoit obligé de faillir par exemple.
HÉRODE.
Quels exemples as-tu de ces déloyautés?
MARIAMNE.
J'ai mille trahisons, et mille cruautés :
Le meurtre d'un aïeul, l'assassinat d'un frère.
HÉRODE.
A peine en cet endroit je retiens ma colère.
Ah! cerbère inhumain,[4] fatal à ma maison,
Tu peux bien contre moi produire le poison;
Mais inutilement ta bouche envenimée
Jette son aconit contre ma renommée :
Elle est d'une candeur que rien ne peut tacher,
Et sans impiété l'on n'y sauroit toucher.
Je me ris de ta rage; et par ces vains blasphèmes,
En pensant me piquer, tu te blesses toi-même.
Ce reproche insolent choque la vérité,
Et fait voir clairement ton animosité;
Par là, ta perfidie est assez découverte;
Cette confession suffira pour ta perte.
Mes amis....

(Il fait signe au capitaine des gardes d'éloigner Mariamne tandis qu'il recueille les voix.)

        Prononcez ce qu'ordonnent les lois
Contre les attentats qui regardent les rois.

[4] Ah! cerbère têtu, etc.

ACTE III, SCÈNE II.

Dépêchez: c'est un droit qu'il faut que l'on me rende;
La justice le veut, et je vous le demande.

PHERORE.

Je trouve que ce crime est sans rémission.

SALOME.

C'est trop peu qu'une mort pour sa punition.

PHALEG, premier juge.

Si votre majesté ne lui fait point de grâce,
Le crime est capital, la loi veut qu'elle passe.

SADOC, second juge.

Ou qu'elle soit au moins confinée en prison,
En cas que l'on ne puisse avérer le poison.

HÉRODE.

Il semble que la chose est assez avérée:
Quoi! n'en avons-nous pas une preuve assurée?
(Regardant en colère le second juge.)
Les attentats passés, et les discours présents,
Pour éclaircir ce fait sont-ils pas suffisants?
Le témoin qui l'accuse est homme irréprochable;
C'est un vieil officier qui me sert à la table.
Quel ministre plus propre eût-elle pu choisir,
Pour faire exécuter son horrible desir?
Falloit-il, pour tramer cette lâche pratique,
Qu'elle en parlât tout haut, en la place publique?
Et n'avoit-elle pas assez de cet agent,
Si sa rage l'eût pu corrompre par l'argent?

MARIAMNE.

Poursuis, poursuis, barbare, et sois inexorable:

Tu me rends un devoir qui m'est fort agréable;
Et ta haine, obstinée à me priver du jour,
M'oblige beaucoup plus que n'a fait ton amour.
Ici ta passion répond à mon envie :
Tu flattes mon desir en menaçant ma vie.
Je dois bénir l'excès de ta sévérité,
Car je vais de la mort à l'immortalité ;
Ma tête, bondissant du coup que tu lui donnes,
Va recevoir au ciel de nouvelles couronnes,
Dont les riches brillants n'ont point de pesanteur,
Et que ne peut ravir un lâche usurpateur.
Si je me plains encor d'un arrêt si sévère,
Si je verse des pleurs, ce sont des pleurs de mère : [5]
Je laisse des enfants, et m'afflige pour eux !
Ces malheureux enfants d'un père malheureux
Qu'une rude marâtre, ainsi qu'il est croyable, [6]
Maltraitera bientôt d'un air impitoyable.

HÉRODE.

Au point que mon courroux étoit le plus aigri,
Par le cours de ses pleurs mon cœur s'est attendri.
Il semble que l'Amour qui se rend son complice,
Déchire le bandeau que porte ma justice ;
Afin qu'en la voyant je lui puisse accorder

---

[5] C'est à cause que j'ai des sentiments de mère.

[6] Ils sortent d'une couche, en gloire si féconde,
Qu'elle a fait de l'ombrage aux quatre coins du monde.
Ces petits orphelins sont dignes de pitié,
Ces aimables objets d'une tendre amitié,
Qu'une rude marâtre, etc.

Le pardon que pour elle il me vient demander.
Déjà mon âme incline à la miséricorde.
Tu demandes sa grâce, Amour! je te l'accorde :
Mais veuille agir près d'elle, et me faire accorder
Un bien qu'en même temps je lui veux demander.
Fais qu'à jamais son cœur, repentant de son crime,
Réponde à mes bontés avecque plus d'estime;
Qu'elle quitte pour moi cet insolent orgueil,
Qui pourroit quelque jour nous ouvrir le cercueil;
Fais-lui voir que je l'aime à l'égal de moi-même;
Et, s'il se peut encore, Amour, fais qu'elle m'aime.
(Il fait signe à ceux qui sont du conseil qu'ils se retirent.)
Veuille essuyer tes yeux, objet rare et charmant.
La qualité de roi cède à celle d'amant.
Ma justice pouvoit à mes lois te soumettre;
Mais mon affection ne le sauroit permettre :
Je me sens trop touché de tes moindres douleurs,
Je trouve que mon sang coule parmi tes pleurs;
J'interromps cet arrêt que ma colère extrême,
Te faisant ton procès, dictoit contre moi-même; [7]
Et si dans un moment je n'arrêtois ton deuil,
Je sens bien qu'avec toi j'irois dans le cercueil :
Je mourrois de ta mort; et les mêmes supplices
Traiteroient ta partie, ainsi que tes complices.
Vois de quelle façon mon sort dépend du tien!
Et si je t'importune, en te voulant du bien!
Si tu conçois pour moi quelque cruelle envie,

[7] .... Me le fait à moi-même.

N'use plus de poison pour abréger ma vie.
S'il te prend un desir d'avancer mon trépas,
Tu n'as rien qu'à montrer que tu ne m'aimes pas :
Tu n'as qu'à m'exprimer cette haine secrète,
Et bientôt mes ennuis te rendront satisfaite.
Mais confesse-moi tout, afin de faire voir
Que tu veux aujourd'hui rentrer en ton devoir;
Et que ton cœur, touché d'un remords véritable,
Déteste avec horreur un crime détestable.

MARIAMNE.

On connoît à ce style, et doux, et décevant,
Comme en l'art de trahir ton esprit est savant.
C'est avec trop de soin m'ouvrir la sépulture :
Pour me perdre, il suffit d'une seule imposture.

HÉRODE.

Cruelle, tu crois donc que je suis un trompeur,
Et toute cette audace est l'effet de ta peur?
Ne crains point pour ta grâce : elle est entérinée,
Je tiendrai ma parole, après l'avoir donnée ;
Cesse de m'affliger avecque tes douleurs.

MARIAMNE.

Mais fais plutôt cesser ma vie et mes malheurs.
Tous les miens sont passés, je brûle de les suivre.

HÉRODE.

Comment! veux-tu mourir pour m'empêcher de vivre?
Et violant encor toutes sortes de droits,
Attenter sur ton roi pour la seconde fois?
Bien que tu sois de glace et que je sois de flamme,

Les cieux ont attaché mon esprit à ton âme;
Le beau fil de tes jours ne peut être accourci,
Sans que du même temps le mien le soit aussi.

MARIAMNE.

Lorsque ta vie au moins finira sa durée,
La mienne, il est certain, sera mal assurée;
Car les précautions de ta soigneuse amour
Me feront, s'il se peut, partir le même jour.
Certes, ce sont des traits d'une amitié bien tendre!

HÉRODE.

Ce propos est obscur, je ne saurois l'entendre.

MARIAMNE.

Ne perdons point le temps en discours superflus :
La chose est trop récente.

HÉRODE.

    Il ne m'en souvient plus.

MARIAMNE.

Quand tu crains lâchement la justice d'Auguste,
Ma mort est résolue, et tu la trouves juste.

HÉRODE.

D'Auguste? Ah! par ce mot je suis assez instruit,
Et de ce qui t'anime, et de ce qui me nuit;
Je connois les raisons qui tes dédains aigrissent,
Et l'ingrate façon dont mes gens me trahissent.
Soesme t'en a fait un secret entretien.

MARIAMNE.

Il ne m'en a rien dit, mais je le sais fort bien.

HÉRODE.

Ah! perfide Soesme, avoir trompé ton maître!
<small>(à un officier de ses gardes.)</small>
Allez diligemment vous saisir de ce traître;
Que tout chargé de fers il me vienne trouver;
Mais ne lui donnez pas le temps de se sauver. [8]
O maudite aventure! ô dures destinées!
Pourquoi ne suis-je mort en mes jeunes années!
Voyant pour mon malheur tant de maux assemblés,
De colère et d'horreur tous mes sens sont troublés.
La fureur me saisit, et ce cruel outrage,
Me mettant hors de moi, m'abandonne à la rage.
<small>(Parlant à Mariamne.)</small>
Soesme sur ce point t'a dit la vérité.
Mais quel prix a reçu son infidélité?
Il étoit dans ma cour en fort bonne posture;
Il n'a pas mis pour rien sa vie à l'aventure. [9]

---

[8] Qu'en de divers cachots à même heure on dévale
Ceux qui seront suspects d'être de sa cabale:
Vite; et que les bourreaux ne les épargnent point.
LE GRAND PRÉVOST.
Sire, j'accomplirai le tout de point en point.
HÉRODE.
L'eunuque de la reine est de l'intelligence:
Faites qu'on me l'amène avecque diligence.
Ce fut à sa faveur que je fus offensé;
Mais il me répondra de ce qui s'est passé.
O maudite aventure etc.

[9] Tu n'as pu l'éblouir par l'éclat des trésors;
Tu n'as pu le tenter que par ceux de ton corps.
Il en fut possesseur, comme dépositaire,

ACTE III, SCÈNE II.

Par l'éclat des trésors tu n'as pu l'éblouir :
L'amour seul l'a porté sans doute à me trahir.
Parle donc, hâte-toi : dis-moi ses récompenses.

MARIAMNE.
Crois tout ce que tu dis, et tout ce que tu penses.

HÉRODE.
Oui, oui, je le veux croire, et te faire sentir
De cette perfidie un cuisant repentir.

MARIAMNE.
Tu peux m'ôter la vie et non pas l'innocence.

HÉRODE.
Ah ! le crime est certain, j'en ai trop d'évidence.
Tu ne te riras plus de m'avoir outragé :
J'en ai reçu l'affront, mais j'en serai vengé.
Tu m'as mis dans les fers, tu m'as mis dans la flamme,
Tu m'as percé le cœur, tu m'as arraché l'âme ;
Mais ne te flatte pas de cette vanité,
D'avoir fait tant de maux avec impunité :
La mort pour t'enlever est déjà préparée.

MARIAMNE.
Elle viendra plus tard qu'elle n'est desirée ;
Et me la proposant pour finir ma langueur,

Lorsqu'il te révéla cet important mystère :
Tes faveurs ont été les biens qu'il a reçus.
Ne baisse point les yeux, et réponds là-dessus.
L'aurois-tu satisfait par d'autres récompenses ?

10 Ah ! je suis assuré de cette jouissance !

Je n'en puis redouter que la seule longueur.
HÉRODE.
On verra ta constance au milieu des supplices.
Mais voici le perfide, objet de tes délices.
Ah! traître, à ma fureur tu n'échapperas pas.
(Parlant au capitaine des gardes.)
Conduis-la dans la tour, et ne la quitte pas.

SCÈNE III.

HÉRODE, SOESME, LE GRAND-PRÉVOST.

HÉRODE.
EXÉCRABLE sujet de mon impatience,
Qui t'a fait lâchement trahir ma confiance,
Et porter ton audace au mépris de la mort,
Découvrant un secret qui m'importoit si fort?
Réponds : tu connois bien l'atteinte qui me blesse?
SOESME.
Ah! sire, j'ai commis ce crime par foiblesse;
Ce fut par imprudence et par légèreté,
Que je fis cette offense à votre majesté :
Mais le vif repentir qui dans mon cœur s'imprime,
Devroit bien effacer l'image de mon crime.
Prince rare en clémence aussi-bien qu'en valeur,
Excusez un défaut arrivé par malheur.
HÉRODE.
Ce n'est donc pas un trait d'une âme déloyale,

ACTE III, SCÈNE III.

Que semer le divorce en la maison royale :
Et porter une femme à perdre son époux,
N'est qu'une erreur légère, indigne de courroux !
Oses-tu dire encore un mot pour ta défense ?
Ton excuse, perfide, aggrave ton offense ;
Tu ferois mieux pour toi de ne rien déguiser.

SOESME.

Sire, j'ai trop failli pour vouloir m'excuser.
Je suis trop criminel, ayant pu vous déplaire ;
Je n'ai point de raison contre votre colère :
Aussi, dans le péril où je me suis jeté,
Je n'attends mon salut que de votre bonté.

HÉRODE.

Oui, mais par un moyen qui n'est pas ordinaire,
J'ai bien su le secret de toute cette affaire.
Si tu veux excuser cet acte plein d'horreur,
Confesse que l'amour a causé ton erreur.
On sait de quels appas Mariamne est pourvue :
L'éclat de sa beauté te donna dans la vue ;
Tu ne pus soutenir ses regards tout-puissants,
Et voilà le sujet qui te troubla le sens.
C'est ainsi que la reine est cause de ton crime :
Mais afin que ma grâce en ta faveur s'exprime,
Apprends-moi bien au long, par ta confession,
La naissance et le cours de cette passion.
Trouvas-tu dans son âme un peu de résistance ?
Parle : quel prix enfin reçut ta confidence ?[11]

---

[11] Et quels progrès fis-tu devant la jouissance ?

SOESME.

Cet étrange propos m'étonne tellement,
Que j'en perds la parole avec le sentiment.
J'y voudrois repartir, mais il m'est impossible.

HÉRODE.

Pour un amant discret cette atteinte est sensible;
Mais reprends tes esprits, et m'en fais le discours.

SOESME.

O prince! la merveille et l'honneur de nos jours,
Peut-on croire qu'une âme et si noble et si belle,
Conçoive des soupçons qui sont indignes d'elle;
Et qu'un roi, dont l'esprit agit si sagement,
Pour troubler son repos trompe son jugement?
Ce qui m'est imputé rend mon sort pitoyable;
Puis-je m'en accuser et me rendre croyable?
Soesme à ces desseins peut-il avoir pensé,
Sans être devenu tout-à-fait insensé?
Et s'il étoit tombé dans cette maladie,
Qui croira qu'un esclave eut l'âme assez hardie
Pour aimer une reine, et pour lui découvrir
Une témérité qui le feroit mourir?
Mais une reine encore, et si chaste et si sage,
Qu'elle sert de miroir à celles de son âge?
Vous lui faites grand tort de prendre ces soupçons.

HÉRODE.

Traître, je suis lassé d'entendre tes leçons:
Crois-tu donc t'excuser en louant ta complice,
Et d'un charme subtil endormir ma justice?

SOESME.
Si je parle autrement, je paroîtrai menteur.
HÉRODE.
Qu'on égorge à l'instant ce lâche séducteur. [12]
SOESME.
On répandra du sang qui doit crier vengeance.
HÉRODE.
Allez, exécutez mon ordre en diligence. [13]

[12] Que l'on aille égorger ce fâcheux orateur.

[13] Dépêchez ce perfide avecque diligence.
Et l'eunuque, est-il là ?
LE GRAND PRÉVOST.
Oui, sire : le voici.
HÉRODE.
Il faut en même temps qu'on l'expédie aussi ;
Il étoit du complot, cet animal infâme,
Qui ne sauroit passer pour homme ni pour femme.
(à l'eunuque qui entre.)
Horreur de la nature et le mépris des cieux !
Monstre sans jugement ! dragon pernicieux !
Je t'avois confié le trésor le plus rare
Dont avecque raison je pouvois être avare.
Tu donnas cependant assistance au voleur :
Tu servis de ministre à mon dernier malheur.
Tu fus le confident de ce bel adultère ;
Tu connus cette intrigue, et me la sus bien taire.
Quand Soesme en mon lit contentoit son amour,
Tu fermois les rideaux, et veillois à l'entour.
Ainsi tu ménageois le temps de mon absence !
L'EUNUQUE.
Sire, un Dieu tout-puissant, qui connoît l'innocence,
Pourra faire connoître à votre majesté
Comme je l'ai servie avec fidélité.

Grâces au ciel, mes yeux commencent à s'ouvrir !
Le charme est dissipé. Traîtres, allez mourir.

HÉRODE.

Avec fidélité, méchant! que l'on l'entraîne;
Et que jusqu'à la mort on l'applique à la gêne.
Il découvrira tout, au plus fort du tourment,
S'il n'est fortifié par quelque enchantement.

FIN DU TROISIÈME ACTE.

ACTE IV.

SCÈNE PREMIÈRE.

HÉRODE, SALOME, PHERORE.

HÉRODE.

Un démon diligent, qui sans cesse regarde
Les dépôts que le ciel a commis à sa garde,
Veille pour mon salut, et me fait dissiper
Les malheurs où le sort me veut envelopper.
Ce ministre céleste à toute heure m'inspire
Ce qui doit résulter au bien de mon empire;
Et lorsque je me trouve au plus fort d'un danger,
Il s'avance à mon aide, et me vient dégager;
Il préserve ma tête, il soutient ma couronne.
Au milieu des combats son aile m'environne;
Et d'un secours fatal qui n'est point attendu,
Me fait voir triomphant, lorsqu'on me tient perdu.
Oui, le fidèle soin qu'il a de me conduire,
Me garantit toujours lorsqu'on me veut détruire,
Soit par la guerre ouverte, ou par la trahison,
A Rome, à la campagne, ou bien dans ma maison.
Mais j'ai nouvellement des grâces à lui rendre,
Sur ce lâche attentat que vous venez d'apprendre.

C'est le plus rare effet du soin qu'il a de moi ;
Sans lui, vous n'auriez plus de frère ni de roi :
S'il n'eût point inspiré cet officier fidèle,
Je me trouvois surpris d'une embûche mortelle.
L'amour qui m'aveugloit, m'auroit fait ignorer
Cet autre embrasement qui m'alloit dévorer ;
Et riant de ma mort, une femme perfide [1]
Eût partagé mon sceptre avec un parricide.
Sans cet heureux avis, Hérode étoit perdu.

SALOME.

Déjà pour cet effet le piége étoit tendu.

PHERORE.

Si l'avertissement eût tardé davantage,
Mariamne eût fini son malheureux ouvrage.

HÉRODE.

Ah! que je suis outré de ce cruel affront !
J'en ai la rage au cœur, comme la honte au front ;
Et de quelque façon que ma rigueur la traite,
Jamais ma passion n'en sera satisfaite.
Cependant le desir que j'ai de me venger,
Va mettre mon salut dans un autre danger.
Je m'aigris contre moi, lorsque je la menace :
Ma perte est enchaînée avecque sa disgrâce ;
Je puis bien m'assurer qu'éteignant ce flambeau,
Je ne verrai plus rien d'aimable ni de beau.

VARIANTES.

[1] Et riant de ma mort, une méchante femme
Eût partagé mon sceptre avecque cet infâme.

ACTE IV, SCÈNE I.

Bien que l'on me console, et qu'on me divertisse,
Mon âme en tout endroit portera son supplice;
A toute heure un remords me viendra tourmenter;
Un vautour, sans repos, me viendra becqueter.
O cieux! pourquoi faut-il qu'elle soit infidèle!
Vous deviez la former moins perfide, ou moins belle,
Et les traits de sa grâce; ou ceux de sa rigueur,
Ne devoient point trouver de place dans mon cœur :
Je ne devois point voir, au fort de ces misères,
Mes pensers divisés en deux partis contraires.
Je voudrois que mon nom fût encore inconnu,
Ne me voir point au rang où je suis parvenu,
Être encore à monter au temple de la gloire;
Être encore à gagner la première victoire,
Me trouver en l'état où j'étois en naissant,
Et que ce cœur ingrat se trouvât innocent.

SALOME.

Ce vif ressentiment d'une amour véritable,
Aggrave son offense et la rend plus coupable;
Et son ingratitude est une lâcheté,
Pire que l'homicide et l'infidélité.
Apprenant la noirceur de cette âme rebelle,
Tout le monde vous plaint et murmure contre elle.
Mais, sans vous consumer en tous ces vains regrets,
Il faut l'ôter du monde; et la raison après,
Vous faisant voir sa rage et son hypocrisie,
Otera ces ennuis de votre fantaisie.

HÉRODE.

Je suis à la punir justement animé :
Mais quoi ! faire périr ce que j'ai tant aimé !
Pourrai-je me résoudre à foudroyer un temple,
Que j'ai tenu si cher, et qui n'a point d'exemple ?
Mon esprit y résiste et se trouve étonné.

SALOME.

Respectez-vous si fort un temple profané ?
Le meurtre, l'adultère et l'ingrate arrogance,
N'en ont-ils pas ôté toute la révérence ?

HÉRODE.

L'adultère n'est pas trop bien vérifié :
Soesme, en expirant, s'en est justifié.

PHERORE.

Il a cru, le niant, avoir plus d'espérance
De recevoir de vous quelque trait de clémence.

SALOME.

Quoi ! ce trait déloyal ne peut vous étonner ?
Vous ne l'examinez que pour le pardonner ?

(Elle fait semblant de pleurer.)

Vous voulez que sa haine enfin se satisfasse,
Et qu'elle vous détruise et toute votre race ?
Suivez vos sentiments : nous les approuvons tous :
Il faut bien se résoudre à périr avec vous.

PHERORE.

Votre esprit est contraint par un charme effroyable,
De prendre contre vous ce dessein pitoyable.

ACTE IV, SCÈNE I.

HÉRODE.

Nullement : le biais que j'y voudrois tenir,
Ne la conserveroit que pour la mieux punir.
En lui donnant la mort, je finis sa misère ;
Une longue prison lui seroit plus sévère :
Là, toujours le dépit, la honte et le regret,
Donneroit à son âme un châtiment secret ;
A jamais sa mémoire offrant à ses pensées
Sa disgrâce présente et mes faveurs passées,
Et lui représentant son crime et mon amour,
La tiendroit à la gêne et la nuit et le jour.

PHERORE.

Avec cette pitié, qui nous paroît suspecte,
Vous tentez des bontés dignes qu'on les respecte.
Croyez-vous qu'à jamais les desseins qu'elle fait
Pour vous priver du jour, demeurent sans effet ;
Et que toujours le ciel y mettant des obstacles,
Pour votre sûreté produise des miracles ?
Sachez que bien souvent ses avis négligés
Lui font abandonner ceux qu'il a protégés.

SALOME.

Puisque de vos malheurs vous aimez tant la cause,
Vous ne deviez donc pas faire éclater la chose.
Ce procédé nouveau ne fait rien qu'animer
Un esprit qui, flatté, n'avoit pu vous aimer :
Que ne fera-t-il point, après ce grand outrage,
Si même vos bontés ont excité sa rage ?

PHERORE.

Lorsque l'on veut choquer un puissant ennemi,
Il ne faut pas penser le détruire à demi :
En ces occasions l'indiscrète indulgence
Expose notre vie au cours de sa vengeance.
Si dès lors qu'on offense on ne pardonne point,
Lorsqu'on est offensé, l'on hait au dernier point ;
Et sous quelque serment qu'on se réconcilie,
L'affront demeure au cœur, jamais on ne l'oublie.
Hircane, le parjure, a pu vous l'enseigner.
Ce malheureux vieillard, inhabile à régner,
Le dernier déshonneur de cette race ingrate,
Qui vivoit relégué sur les bords de l'Euphrate,
Et que votre bonté, par un pieux souci,
Avecque tant d'honneur fit revenir ici :
Tous vos bons traitements le purent-ils distraire
Du desir de venger ses neveux et son frère ?
Et si quelqu'un des siens ne vous eût averti,
Comme avec Malicus il formoit un parti,
N'auroit-il pas enfin d'une embûche traîtresse,
Impitoyablement payé votre tendresse ?

SALOME.

Pourriez-vous conserver sans appréhension,
Ce levain de révolte et de sédition,
Dont l'esprit offensé ne pense qu'à vous nuire,
Et dont le cœur outré brûle de vous détruire ?
S'il arrivoit qu'Auguste entrât au monument,
Que le peuple vît jour à quelque changement,

ACTE IV, SCÈNE I.

Ce seroit un prétexte à sa mutinerie;
Il viendroit de vos mains tirer cette furie :
On la verroit marcher avecque le flambeau,
Pour brûler le palais et vous mettre au tombeau.
Quand pour votre malheur cette Érynne infernale
Auroit fait dans l'état une forte cabale,
Vous auriez du regret de voir que vous deviez
Prévenir ces desseins, lorsque vous le pouviez.
Un repentir tardif vous saisiroit sur l'heure....[2]
Mais, seigneur.....

HÉRODE.

Eh bien donc, c'en est fait; qu'elle meure.
Il sera nécessaire, incontinent après,
D'en avertir César par un courrier exprès,
De crainte que l'envie, avec ses artifices,
Me rende près de lui quelques mauvais offices.
Qu'on s'assure du peuple ; et que dans le moment
On la fasse passer par cet appartement[3]

PHERORE.

J'y cours.

HÉRODE.

Oui, je me rends. Mon sceptre, ma couronne,
Mes jours, ma sûreté, tout le veut, tout l'ordonne.

---

[2] Vous vous repentiriez d'en avoir fait la faute;
Mais ce seroit trop tard !
   HÉRODE.
      Bien ! qu'on l'ôte, qu'on l'ôte !

[3] Et me fasse passer, la vérité célant,
Pour un prince ombrageux, injuste, violent.

O trône! ô de l'état intérêts absolus!
Vous triomphez enfin, que voulez-vous de plus?

SCÈNE II.

MARIAMNE, GARDES.

MARIAMNE.

Pour augmenter l'affront que l'injuste licence
  A fait à l'innocence,
Un absolu pouvoir rend mon corps prisonnier :
Mais en quelque péril que le malheur m'engage,
  J'aurai cet avantage
Que mon cœur pour le moins se rendra le dernier.
Ce jour s'en va borner la longueur de ma vie :
  Je vois bien que l'envie
Travaille puissamment à creuser mon tombeau ;
Et que la cruauté du tyran qui m'opprime
  Ne me suppose un crime,
Que pour avoir sujet d'en commettre un nouveau.
Qu'il en use à son gré, me voilà toute prête
  De payer de ma tête,
Afin de contenter ce cœur dénaturé.
Quelque horreur qu'en la mort on puisse reconnoître,
  Elle n'a qu'à paroître,
J'irai la recevoir d'un visage assuré.
Auteur de l'univers, souveraine puissance,
  Qui depuis ma naissance
M'as toujours envoyé des matières de pleurs ;

ACTE IV, SCÈNE II.

Mon âme n'a recours qu'à tes bontés divines :
Au milieu des épines,
Seigneur, fais que bientôt je marche sur les fleurs.
Mais j'entends quelque bruit : suis-je point exaucée ?
De ce dernier espoir je flatte ma pensée,
Après avoir passé les plus beaux de mes ans,
A porter des liens si durs et si pesans.

SCÈNE III.

LE CONCIERGE, MARIAMNE.

LE CONCIERGE, pleurant.

Madame, on vous attend dans cette salle basse :
C'est de la part du roi.

MARIAMNE.

Grand Dieu ! je te rends grâce.
D'où vient qu'en me parlant tu parois si troublé ?

LE CONCIERGE.

D'avoir vu là dehors tout le peuple assemblé,
Dont les cris et les pleurs sont un triste présage
Pour votre majesté.

MARIAMNE.

Le peuple n'est pas sage,
D'affliger son esprit et de se tourmenter
D'un bien que mes amis me doivent souhaiter.
Mais ils pourroient là bas s'ennuyer de m'attendre ;
Dis-leur donc de ma part que je m'en vais descendre.

Avant que de les voir, je veux parler aux miens,
Et départir entre eux si peu que j'ai de biens.

SCÈNE IV.

ALEXANDRA ET SON CHEVALIER D'HONNEUR.

ALEXANDRA.

On te mène égorger, innocente victime !
Tu vas donc au supplice, et n'as point fait de crime !
On t'a donc vu sortir du sang de tant de rois,
Pour te voir opprimer par ces injustes lois !
O sentence cruelle ! ô jugement inique !
O dure violence ! ô pouvoir tyrannique !
Lâche et cruel Arabe, aujourd'hui sans pitié,
Tu fais sentir ta rage à ta chaste moitié.
Mais la bonté du ciel en courroux convertie,
Saura dans peu de temps frapper l'autre partie :
Un Dieu, qui de là-haut voit les secrets des cœurs,
Te punira bientôt de ces lâches rigueurs.
Un jour, qui n'est pas loin, sa justice animée
Saura venger sur toi l'innocence opprimée.
S'il a les pieds de laine, il a le bras de fer ;
Et c'est pour tes pareils qu'il a bâti l'enfer.
O grand Dieu ! je t'invoque au fort de ma misère,
Veuille prendre la fille et consoler la mère. 4

LE CHEVALIER D'HONNEUR.

Madame, c'est ici qu'on la fera passer.

---

4 .... Et conserver la mère !

ALEXANDRA.

J'aperçois bien l'endroit où je me dois placer.
Prends garde seulement que tes yeux ne produisent,
Voyant ce triste objet, des larmes qui me nuisent.
Ayons à sa rencontre un visage assuré,
Et qui ne montre pas que nous ayons pleuré;
Car il faut aujourd'hui, pour éviter l'orage,
Trahir ses sentiments, et cacher son courage.
O contrainte! ô rigueur! dont le fatal effort
Pour conserver mes jours, me fait chercher la mort!

SCÈNE V.

LE CAPITAINE DES GARDES, MARIAMNE, DINA.

LE CAPITAINE DES GARDES.

MADAME, avec regret je sers à cet office;
Je vous rends malgré moi ce funeste service:
Mais mon obéissance et ma fidélité,
Me tiennent ici lieu d'une nécessité.

MARIAMNE.

Cette compassion m'est fort peu nécessaire:
Ma mort est à la fois contrainte et volontaire.
Mène-moi sans scrupule affronter le trépas:
Hérode le desire, et je ne le crains pas.
En cet heureux départ si quelque ennui me presse,
Il vient de la pitié des enfants que je laisse,
Qui, dans la défaveur et l'abandonnement,
Seront, pour mon sujet, traités indignement.

Ils restent sans appui ; mais, ô grand Dieu ! j'espère
Que tu leur serviras de support et de père ;
Et que pour les conduire en ces temps dangereux,
Ta haute Providence ouvrira l'œil sur eux.
Imprime dans leurs cœurs ton amour et ta crainte :
Fais qu'ils brûlent toujours d'une ardeur toute sainte,
Qu'ils conçoivent sans cesse un résolu penser,
De mourir mille fois, plutôt que t'offenser :
Que jamais nul excès de tristesse ou de joie,
Ne détourne leurs pas de ta céleste voie ;
Et s'ils sont opprimés en observant ta loi,
Que vivant sans reproche, ils meurent comme moi.
Et toi, monstre cruel, pour abréger tes peines, [5]
Je m'en vais te donner tout le sang de mes veines ;
Bois-le, tigre inhumain : mais ne présume pas,
Qu'un reproche honteux survive à mon trépas ;
Que le débordement de cette humeur si noire,
En éteignant ma vie, éteigne aussi ma gloire ;
Et qu'un jour nos neveux m'accusent d'un forfait,
Où je n'ai point trempé de penser ni d'effet.
Le temps, qui met au jour la vérité cachée,
Fera voir ma vertu qui ne s'est point tachée ;
Et qu'en précipitant mon funeste procès,
Ton injuste rigueur faillit avec excès.
L'aveugle cruauté dont tu me fais la guerre,
Va détruire de moi ce qui n'est rien que terre :

---

[5] Et toi, monstre cruel, âme dénaturée,
Qui de sang innocent es toujours altérée, etc.

ACTE IV, SCÈNE V.

Mais mon âme immortelle, et mon nom glorieux,
Malgré les mouvements de ton cœur furieux,
Et toute ta maison contre moi conjurée,
Obtiendront un éclat d'éternelle durée.
Mais j'aperçois ma mère, elle attend en ce lieu
Afin de m'honorer d'un éternel adieu.
Je voudrois que son cœur pût borner sa tristesse,
Et que, pour mon sujet, elle eût moins de tendresse.
Souffre que je lui donne, en l'allant apaiser,
Et la dernière larme, et le dernier baiser. [6]

SCÈNE VI.

MARIAMNE, ALEXANDRA, LE CAPITAINE
DES GARDES, DINA.

MARIAMNE.

MADAME, on me contraint de changer de demeure :
Mais j'en vais habiter une beaucoup meilleure,
Où les vents ni l'envie, avecque leurs rigueurs,
N'excitent point d'orage en l'air ni dans les cœurs;
Où sans aveuglement on connoît l'innocence;
Où la main des tyrans n'étend point sa puissance;

---

[6] Ce sera bientôt fait.
LE CAPITAINE DES GARDES.
Dépêchez donc, madame;
Car de cette longueur je porterois le blâme.
Mon ordre est fort exprès, et doit être observé.
MARIAMNE.
Tu verras ce discours en trois mots achevé.

Où l'âme, pour le prix de sa fidélité,
Goûte en repos la gloire et l'immortalité.
Toute cette disgrâce est à mon avantage :
Je me résous sans peine à franchir ce passage ;
Consolez-vous-en donc, et veuillez m'embrasser.
Adieu, madame, adieu, je m'en vais vous laisser.

ALEXANDRA.[7]

O fille malheureuse ! ô mère infortunée !
A cet affront cruel étois-je destinée,
De voir déshonorer mon sang par des fureurs
Plus noires que la mort, qui venge leurs horreurs ?
De ces forfaits, hélas ! t'aurois-je cru capable ?

MARIAMNE.

Vous vivrez innocente, et je mourrai coupable.

LE CAPITAINE DES GARDES.

Allons, madame, allons.....

[7] ALEXANDRA.
Achève tes destins, méchante et malheureuse !
Cette mort pour ton crime est trop peu rigoureuse :
Il falloit que la flamme expiât ton péché,
Ou que sur une croix ton corps fût attaché.
Un monstre plus cruel que tous ceux de l'Afrique,
Va recevoir le prix de ta noire pratique.
Vouloir empoisonner ainsi cruellement
Un mari qui toujours t'aima si chèrement !
Femme sans piété, nouvelle Danaïde,
Inhumaine, traîtresse, assassine, perfide,
Qui voulus lâchement attenter sur son roi !
Je ne te connois point, tu ne viens pas de moi,
Car de ces trahisons je ne suis pas capable.

ACTE IV, SCÈNE VI.

MARIAMNE.
>Par où ?

LE CAPITAINE DES GARDES.
>De ce côté.

DINA.
O cieux! quelle constance, et quelle cruauté!

ALEXANDRA, seule.
O lâche stratagème ! ô cruel artifice !
Je devois bien plutôt passer pour sa complice.
Pour éviter la mort falloit-il recourir
A ce fâcheux secret qui me fera mourir ?
Mon cœur triste et glacé, qu'une horreur environne,
Est tout meurtri des coups que la douleur lui donne ;
Il s'éteint, il succombe à l'excès de son deuil ; [8]
Et, pour s'en garantir, n'a plus que le cercueil.

[8] Mon âme va se rendre à l'excès de ce deuil ;
Je vais me mettre au lit, ou plutôt au cercueil.

FIN DU QUATRIÈME ACTE.

ACTE V.

SCÈNE PREMIÈRE.

HÉRODE, seul.[1]

Vautour insatiable, horrible jalousie,
Qui de cent faux objets brouilles ma fantaisie,
N'as-tu pas pleinement satisfait ta rigueur,
Et n'as-tu point encore assez rongé mon cœur?
Ne m'importune plus, conseillère indiscrète,
Infidèle espionne, et mauvaise interprète,
Qui troubles mon repos, en me troublant le sens;
Et me fais sans horreur perdre des innocents.
T'ai-je pas satisfaite en t'immolant Soesme,
En donnant des terreurs à Mariamne même?
Mais donné des terreurs.... ah! ne t'abuse pas!
Ta bouche a prononcé l'arrêt de son trépas;
Et comme criminelle, et comme condamnée,

VARIANTES.

La scène commence ainsi :

[1] Serpent couvert de fleurs, dangereuse vipère,
Jeune fille d'amour, qui fais mourir ton père,
Dragon toujours veillant, avec cent yeux ouverts,
Qui prends tout à rebours, et vois tout de travers;
Vautour insatiable, etc.

ACTE V, SCÈNE I.

On l'aura promptement au supplice menée.
Elle n'est plus au monde, ou bien l'on m'a trahi;
Et c'est m'avoir perdu, que m'avoir obéi.
Ma vie est en péril, s'il est vrai qu'elle vive;
Et si la belle est morte, il faut que je la suive.
O tourment sans égal! ô dures cruautés!
Le malheur à mes yeux s'offre de tous côtés;
Et par quelque sentier que mon penser s'adresse,
J'y rencontre toujours la crainte ou la tristesse.
Allons nous enquérir du cours de son destin;
Et si cette beauté tire encore à sa fin,
Changeons, par un effet d'une bonté célèbre,
En triomphe d'honneur, cette pompe funèbre.
Mais un des miens s'avance, et je vois mes malheurs
Tracés sur son visage avec l'eau de ses pleurs;
Il en parle tout seul.

SCÈNE II.

NARBAL, HÉRODE.

NARBAL.

O cieux! cette aventure
A mis dans le tombeau la vertu la plus pure.[a]
La constance et l'honneur, comme la piété,
Viennent de rendre l'âme avec cette beauté.

HÉRODE.

Quel accident t'oblige à pleurer de la sorte?

---

[a] Met de grandes vertus dans une sépulture.

NARBAL.

Un grand sujet de deuil.

HÉRODE.

Quoi ! Mariamne est morte ?

NARBAL.

Oui, sire ; cette reine est au nombre des morts ;
On vient de séparer sa tête de son corps.
Il devient tout changé ! le voilà qui succombe !
(Hérode tombe en foiblesse.)
Le coup de cette mort le mettra dans la tombe :
Voici le triste effet qui fut prévu de tous.
Eh ! sire, ouvrez les yeux, et revenez à vous.

HÉRODE.

Mariamne a des morts accru le triste nombre !
Le flambeau de mes jours ne seroit plus qu'une ombre ![3]
Quoi ! dans si peu de temps on auroit abattu
Le temple le plus beau qu'eut jamais la vertu !
Non, non ; c'est un discours qui, privé d'apparence,
Ne doit jamais trouver de place en ma créance.
Tu dis qu'on a détruit ce chef-d'œuvre des cieux ?

NARBAL.

Sire, ce triste coup s'est fait devant mes yeux.

HÉRODE.

Retrace-m'en ici la pitoyable histoire ;[4]

---

[3] Ce qui fut mon soleil, n'est donc plus rien qu'une ombre !
Quoi ! dans son orient cet astre de beauté,
En éclairant mon âme, a perdu sa clarté ! etc.

[4] Viens m'en conter au long la pitoyable histoire.

ACTE V, SCÈNE II.

Je n'en saurois douter, et ne la saurois croire.

NARBAL.

Sire, lorsqu'en la tour on la vint avertir
Qu'un rigoureux arrêt la pressoit d'en sortir,
Le funeste récit de sa triste sentence
Ébranla tous les cœurs, mais non pas sa constance.
Elle marche, et jamais dans un plus noble orgueil
On ne vit sur un front le mépris du cercueil.
Tout le peuple, attendri par l'éclat de ses charmes,
Pleuroit son innocence, et prévoyoit vos larmes,
Dès que de son trépas vous seriez averti.

HÉRODE.

Ah! que n'ai-je évité ce qu'ils ont pressenti!

NARBAL.

Sa mère, en l'abordant, changea par quelque crainte,
Sa pitié véritable en une rigueur feinte;
Mais notre grande reine affligée à ce point,
Connut son artifice et ne s'en émut point;
Et passant, repartit à cette vaine offense,
D'un modeste souris et d'un humble silence.[5]

HÉRODE.

Ah! je suis tout percé des traits de la pitié!
Mon cœur, à ce discours, se fend par la moitié.
Quoi! dans ce triste état sa mère la querelle;
Et sa seule vertu se déclare pour elle!
Achève tout le reste.

---

[5] D'un modeste souris, et d'une révérence.

NARBAL.

Étant sur l'échafaud,
Elle joignit les mains, leva les yeux en haut,
Conjurant à genoux la divine puissance,
De rendre manifeste à tous son innocence ;
S'assura que le ciel viendroit vous inspirer :
Qu'un regret de sa mort vous feroit soupirer ;
Et que vous montreriez encor quelque tendresse
Aux jeunes orphelins d'une grande princesse,
Qui dans le mauvais sort sut constamment souffrir,
Et, vivant sans reproche, apprit à bien mourir.[6]
Elle s'incline alors d'un air noble et modeste,
Et soudain, ô spectacle ! ô coup vraiment funeste ![7]
Sous le mortel acier succombant à nos yeux,
Son âme, avec nos cris, s'envole dans les cieux.

HÉRODE.

Avoir ôté la vie à des beautés si rares !
O rigueur inconnue aux cœurs les plus barbares !
Un Sarmate inhumain ne pourroit l'exercer,
Un Scythe sans horreur ne pourroit y penser.
Quel fleuve ou quelle mer sera jamais capable
D'effacer la noirceur de ce crime exécrable ?
Quelle affreuse montagne, et quel antre écarté,
Pourront servir d'asile à mon impiété ?
Trouverai-je un refuge au centre de la terre,

---

[6] Qui vécut sans reproche, et sut fort bien mourir.

[7] Là-dessus, un grand cri tout autour s'entendit,
Qui pénétra les airs, que son âme fendit.

ACTE V, SCÈNE II.

Où mon crime se trouve à couvert du tonnerre?
Où je me puisse voir sans peine et sans effroi,
Où je ne traîne point mon enfer après moi?
Mais attends-je en mon deuil que rien me reconforte?
Comment, je vis encore, et Mariamne est morte!
Cette belle est partie, et je ne la suis pas,
Comme si j'ignorois les chemins du trépas!
 (Il se jette sur son épée, et Narbal la lui arrache.)
Ah! voici le plus court; il faut que cette lame
D'un coup blesse mon cœur, et guérisse mon âme.
Laisse-la moi de grâce en ce juste dessein;
Ou si tu l'aimes mieux, pousse-la dans mon sein.

NARBAL.

Eh, sire! revenez de ce transport extrême.

HÉRODE.

C'est empêcher l'arrêt que tu donnes toi-même;
Ne m'as-tu pas déjà frappé mortellement?
Tu m'as dit que la reine est dans le monument:
Penses-tu que sans elle ici-bas je demeure?
Fais qu'elle ressuscite, ou souffre que je meure.
Je ne puis supporter un remords si pressant,
Je veux faire justice à mon sang innocent;
Ne me diffère point la peine qui m'est due:
 (Il veut encore prendre son épée.)
Il faut que je me perde, après l'avoir perdue.

NARBAL.

Sire.....

HÉRODE.

Ah ! je suis l'auteur de ce meurtre inhumain.
Ma bouche, à son bourreau, mit le fer à la main :
Funeste truchement de mon âme insensée,
Qui sus pour mon malheur exprimer ma pensée,
Sers-moi dans ton office avec plus de raison,
Et produis le remède ensuite du poison.
Vous, peuples oppressés, spectateurs de mes crimes,
Qui portez tant d'amour à vos rois légitimes,
Montrez de cette ardeur un véritable effet,
Employant votre zèle à punir mon forfait!
Venez, venez venger sur un tyran profane,
La mort de votre belle et chaste Mariamne ;
Punissez aujourd'hui mon injuste rigueur :
Accourez me plonger des poignards dans le cœur,
Apaisez de mon sang votre innocente reine
Que je viens d'immoler à ma cruelle haine !
Mais vous n'en ferez rien, timide nation,
Qui n'osez entreprendre une belle action ;
Vous avez trop de peur d'acquérir de la gloire;
Vous auriez du regret de vivre dans l'histoire,
Et qu'un trait de courage et de noble équité
Vous rendît remarquable à la postérité.
Témoins de sa bassesse et de ma violence,
Cieux, qui voyez le tort que souffre l'innocence,
Versez sur ce climat un malheur infini !
Punissez ces ingrats qui ne m'ont point puni ;
Donnez-les pour matière à la fureur des armes :

Qu'ils flottent dans le sang, qu'ils nagent dans les larmes;
Faites marcher contre eux des Scythes, des Gelons,
Et s'il se peut, encor des monstres plus félons,
Qui mettent sans horreur, en les venant surprendre,
Et leurs troupes en sang, et leurs maisons en cendre;
Qu'on leur vienne enlever leurs enfants les plus chers,
Et qu'une main barbare en frappe les rochers;
Qu'on force devant eux leurs femmes et leurs filles,
Que la peste et la faim consomment leurs familles;
Que leur temple orgueilleux, parmi ces mouvements,
Se trouve renversé jusqu'à ses fondements :
Et si rien doit rester de leur maudite race, *
Que ce soit seulement des sujets de disgrâce,
Des gens que la fortune abandonne aux malheurs :
Qu'ils vivent dans la honte et parmi les douleurs;
Qu'ils se trouvent toujours couverts d'ignominie,
Qu'on les traite partout avecque tyrannie;

* Voltaire avoit emprunté de Tristan ces imprécations contre le peuple juif, dans la première édition de sa *Mariamne*. Il les supprima dans la suite, et l'édition de M. Palissot est la seule qui les ait rétablies dans le texte, ainsi que le rôle de Varus, mal à propos remplacé depuis par celui de Soesme.

> Temple, que pour jamais tes voûtes se renversent :
> Que d'Israël détruit les enfants se dispersent :
> Que, sans temple, sans rois, errants, persécutés,
> Fugitifs en tous lieux, et partout détestés,
> Sur leurs fronts égarés, portant dans leur misère,
> Des vengeances de Dieu l'effrayant caractère,
> Ce peuple aux nations transmette avec terreur,
> Et l'horreur de mon nom, et la honte du leur.

Que sans fin par le monde ils errent dispersés :
Qu'ils soient en tous endroits et maudits et chassés ;
Qu'également partout on leur fasse la guerre,
Qu'ils ne possèdent plus ni provinces ni terre;
Et que, servant d'objet à votre inimitié,
L'on apprenne leurs maux sans en avoir pitié.
Faites pleuvoir sur eux et la flamme et le soufre :
De tout Jérusalem ne faites rien qu'un gouffre,
Qu'un abîme infernal, qu'un marais plein d'horreur,
Dont le nom seulement donne de la terreur.
Mariamne est donc morte, on me l'a donc ravie !
Et pour mon désespoir on me laisse la vie !
O mort ! en mes ennuis j'implore ta pitié ;
Viens enlever le tout, dont tu pris la moitié.

(Il se jette sur un fauteuil.)

SCÈNE III.

SALOME, NARBAL, PHERORE, HÉRODE, THARÉ.

SALOME.

Narbal, que fait le roi ?

NARBAL.

Madame, il se tourmente;
Sa douleur est si vive et si fort véhémente,
Que si vos bons conseils n'en détournent le cours,
Vous le verrez bientôt à la fin de ses jours.

ACTE V, SCÈNE III.

SALOME.

Lui seroit-il venu des nouvelles d'Auguste,
Où quelque changement rendît ce trouble juste ?

NARBAL.

Non, madame.....

SALOME.

Quoi donc! qui le rend affligé ?

NARBAL.

Le trépas de la reine.

PHERORE.

Ah! je l'ai bien jugé !

SALOME.

Il conçoit trop d'ennui d'un sujet d'allégresse.

PHERORE.

Il faudra l'aborder avec beaucoup d'adresse :
Son courroux là-dessus doit être appréhendé.

SALOME.

Nullement : son esprit veut être gourmandé.

PHERORE.

Le voici qui revient troublé de sa manie :
Mille tristes pensers lui tiennent compagnie,
Il a le teint tout pâle, et les yeux égarés.
Observez sa démarche, et le considérez.

SALOME.

Seigneur, vos sentiments sont bien mélancoliques !

HÉRODE.

C'est que j'ai trop de soin des affaires publiques ;
Mais je veux aujourd'hui prendre un peu de repos.

SALOME.

Vous le devez, seigneur.

PHERORE.

Rien n'est plus à propos.

HÉRODE.

A parler librement, ce qui me tient en peine,
C'est que depuis hier je n'ai point vu la reine.
Commandez de ma part qu'on la fasse venir. *

SALOME, à Pherore.

Son jugement s'égare, il perd le souvenir.

HÉRODE.

Envoyez-la querir, faites-moi cette grâce.

PHERORE.

Eh ! seigneur, le moyen que l'on vous satisfasse ?

HÉRODE.

Qu'on aille l'avertir que je veux lui parler ;
Est-il si malaisé ? n'y veut-on pas aller ?

SALOME.

Vous peut-elle parler, et vous peut-elle entendre ?
C'est un corps sans chaleur qui se réduit en cendre.

HÉRODE.

Quoi ! Mariamne est morte ? O destins ennemis !
La parque l'a ravie, et vous l'avez permis ?

---

* Ce mouvement est sublime, dans la situation ; aussi Voltaire s'en est-il emparé :

Qu'on cherche Mariamne, et qu'on l'amène ici.

Mais il s'est bien gardé de l'affoiblir en l'exagérant, comme a fait Tristan, en y revenant deux et trois fois.

ACTE V, SCÈNE III.

Vous avez donc souffert cette triste aventure,
Sans imposer le deuil à toute la nature?
Quoi! son corps sans chaleur est donc enseveli,
Et l'univers n'est point encore démoli?
Vous avez donc rompu l'agréable harmonie
Que vous aviez commise à son divin génie?
Vous avez donc fermé sa bouche et ses beaux yeux,
Et n'avez point détruit la structure des cieux?
Cruels, dans cette perte, à nulle autre seconde,
Vous deviez faire entrer celle de tout le monde :
Enlever l'univers hors de ses fondements,
Et confondre les cieux avec les éléments;
Rompre le frein des mers, éteindre la lumière,
Et remettre ce tout en sa masse première.
Mariamne est en cendre, et l'ombre du tombeau
Reçoit donc le débris d'un chef-d'œuvre si beau!
Laisse agir ta douleur, mets tes mains en usage,
Arrache tes cheveux, déchire ton visage,
Oblige tous les tiens à te faire périr;
Ou bien, meurs du regret de ne pouvoir mourir.
Ne te console point, monarque misérable!

PHERORE.

Oubliez cette perte, elle est irréparable;
Et, vous employant mieux à la considérer,
Vous ne la voudriez pas vous-même réparer.

SALOME.

Vous direz quelque jour, que ce trait exemplaire,
Étoit pour votre état un mal fort nécessaire.

HÉRODE.

Ministres de mes maux, à me nuire obstinés,
Vous m'osez consoler, vous qui m'assassinez !
Vous m'avez fait donner par vos mauvais offices,
Cette atteinte mortelle à toutes mes délices ;
Vous m'avez inspiré ce funeste dessein ;
Vous m'avez fait entrer des bourreaux dans le sein.
Allez couple infernal, sortez race maudite,
Ou je vous traiterai selon votre mérite !
(S'adressant à Narbal et à son capitaine des gardes.)
Et vous, mes vrais amis, et mes chers serviteurs,
Qui n'êtes point, comme eux, ni traîtres ni flatteurs :
Qui, séparant de moi l'éclat de ma couronne,
Attachez votre zèle à ma seule personne ;
Vous qui m'avez toujours aimé sincèrement,
Joignez à ma douleur votre ressentiment ;
Mêlons nos pleurs ensemble, et regrettons sans cesse
La mort de cette belle et divine princesse.
Mais elle n'est point morte, elle vit dans les cieux,
Et ses rares vertus l'ont mise au rang des Dieux.
Il faut que l'on construise un temple à cette belle,
Qui soit de son mérite une marque éternelle ;
Un temple, qui paroisse un ouvrage immortel ;
Et que sa belle image y soit sur un autel.
Oui, je veux que sa fête en ces lieux s'établisse,
Et qu'on la solennise, ou bien que l'on périsse.

NARBAL, s'adressant à Tharé.

La douleur de ce prince est sans comparaison :

ACTE V, SCÈNE III.

Le trouble de son âme offusque sa raison.

THARÉ, capitaine des gardes.

On voit à ses propos qu'il perd la connoissance.

HÉRODE.

Je ne saurois souffrir plus long-temps son absence :
Ce long éloignement me met au désespoir.
Dites-lui de ma part qu'elle me vienne voir ;
Par sa seule présence elle cause ma joie :
Je lui pardonne tout, pourvu que je la voie.
On remettra Soesme en pleine liberté,
Quand j'aurai là-dessus appris sa volonté.

NARBAL.

L'excès de cet ennui brouille sa fantaisie.

THARÉ.

En effet, l'on diroit qu'il est en frénésie.

HÉRODE.

Alors que je commande on ne m'obéit pas!
Quoi! pour me faire entendre ai-je parlé trop bas?

NARBAL.

Sire, que vous plaît-il?

HÉRODE.

    Qu'on aille en diligence,
Faire venir la reine. Ah! j'ai trop d'indulgence.

NARBAL.

Vous demandez la reine! eh, sire!....

HÉRODE.

      Pourquoi non?

NARBAL.

Il ne reste plus rien d'elle, que son beau nom.

HÉRODE.

Son nom seul est resté? seroit-elle expirée?

NARBAL.

Je vous en ai porté la nouvelle assurée.

HÉRODE.

Ah! Narbal, je commence à m'en ressouvenir.
Cet objet affligeant revient pour me punir;
Et ma triste mémoire en m'offrant son image,
Devient en cet endroit fidèle à mon dommage:
Elle est trop diligente à me représenter
Ce qui ne me paroît que pour me tourmenter.
Erreurs, qui me causez des remords si sensibles,
Procédés violents, vous m'êtes trop visibles,
Et faites trop bien voir à mes sens confondus,
Dans les maux que j'ai faits, les biens que j'ai perdus.
Mais j'aperçois la reine, elle est dans cette nue;
On voit un tour de sang dessus sa gorge nue;
Elle s'élève au ciel pleine de majesté;
Sa grâce est augmentée ainsi que sa beauté.
Des esprits bienheureux la troupe l'environne,
L'un lui tend une palme, et l'autre une couronne;
Elle tourne sur moi ses regards innocents,
Pour observer l'excès des peines que je sens.
O belle Mariamne! écoute ma parole,
Toi, dont l'aspect divin me trouble et me console,
Sujet de mes pensers, objet de mes desirs,

ACTE V, SCÈNE III.

Ministre de ma joie, et de mes déplaisirs :
Malgré tant d'ennemis qui te firent la guerre,
Doux et puissant esprit, tu vainquis sur la terre ;
Et dans un char de feu te perdant à nos yeux,
Tu vas donc aujourd'hui triompher dans les cieux !
Goûte en paix le doux fruit, que parmi tant d'alarmes,
Je te fis arroser et de sang et de larmes ;
Mais oubliant tes maux de qui je fus l'auteur,
O bel ange ! pardonne à ton persécuteur.
Si mon forfait est grand, si mon crime est horrible,
J'en conçois un regret bien vif et bien sensible.
Merveille de beauté ! rare exemple d'honneur !
Qui t'élevant là-haut, y portes mon bonheur,
Chaste hôtesse du ciel, cher sujet de mes plaintes,
Ne t'imagine pas que mes douleurs soient feintes.
Pour t'aller témoigner quel est mon repentir,
Mon âme, avec mes pleurs, s'efforce de sortir.
Vois l'excès de l'ennui dont elle est désolée,
Et comment, pour te suivre, elle prend sa volée !
Je me meurs.

THARÉ.

Juste ciel ! il cède à sa douleur :[8]

---

[8] La force lui défaut, et le teint lui pâlit.
Il est évanoui ; portons-le sur un lit ;
Possible que des sens il reprendra l'usage,
Quand on aura jeté de l'eau sur son visage.
NARBAL.
O prince, pitoyable en tes grandes douleurs,
Toi-même es l'artisan de tes propres malheurs :

Ses yeux sont obscurcis, son corps est sans chaleur.
Cherchons-lui du secours.

NARBAL.

O prince déplorable !
Toi-même es l'artisan du malheur qui t'accable.
Tu sais donner des lois à tant de nations,
Et ne sais pas dompter tes propres passions !
Mais les meilleurs esprits font des fautes extrêmes,
Et les rois bien souvent sont esclaves d'eux-mêmes.

Ton amour, tes soupçons, ta crainte et ta colère,
Ont offusqué ta gloire et causé ta misère !
Tu sais donner des lois, etc.

FIN DE MARIAMNE.

LE CAFÉ,

COMÉDIE EN UN ACTE ET EN PROSE,

Représentée, pour la première fois, le 2 août 1694.

PRÉFACE.

Les comédies d'un acte sont aussi anciennes que le théâtre. Celles des Grecs se représentoient tout de suite; et la méthode de les partager en cinq actes est une pratique ingénieuse, inconnue aux premiers poètes, et dont l'honneur n'est proprement dû qu'à leurs scholiastes. Le chant des chœurs, dont les derniers se sont servis pour marquer le repos de l'action, et qui faisoient une des plus grandes beautés de l'ancienne comédie, n'y fut d'abord conservé que par respect pour l'origine du poëme dramatique, qui, comme tout le monde sait, n'étoit autre chose, dans ses commencements, qu'une ou plusieurs chansons rustiques à l'honneur de Bacchus, auxquelles on joignit avec le temps des épisodes, qui, en se perfectionnant peu à peu, y introduisirent l'action qui y manquoit.

Nos petites comédies ont commencé en France à peu près de la même manière. Ce n'étoit d'abord qu'une chanson grossière, dont quelque acteur enfariné venoit régaler le peuple après la représentation d'une pièce sérieuse. Les Gros-Guillaume, les Jodelet, les Guillot-Gorjus y mêlèrent leurs bouffonneries; et il se trouva des auteurs complaisants qui voulurent bien y mettre la main, en les liant par une espèce d'action exprimée le plus souvent en petits vers. C'est ce qu'on appeloit la farce. L'impression en conserve encore quelques-unes qui, à dire le vrai, méritoient fort peu de nous être conservées.

Molière, que nous pouvons regarder comme le créateur de la comédie moderne, s'avisa le premier de faire de ces petites pièces un spectacle digne des honnêtes gens, et le grand succès des comédies qu'il fit, en un acte et en trois actes, justifia bientôt qu'il ne manquoit à celles qu'on avoit faites avant lui, que de la noblesse et de la régularité, pour être d'excellentes pièces de théâtre. Car c'est une pure imagination de croire que le temps d'une comédie doive être déterminé par autre chose que par le temps de son action; et si on regarde comme une faute de donner vingt-quatre heures de durée à une action qui se représente en deux heures et demie, c'en seroit une bien plus grande de donner deux heures et demie de représentation à une action qui ne doit durer qu'une demi-heure. Il n'est donc pas question de savoir si une comédie d'un acte peut être parfaite; il ne s'agit que de distraire celles qui sont parfaites, d'avec celles qui ne le sont pas; et comme ce qui constitue le poëme n'est autre chose que l'instruction qui en est la fin, et le plaisir qui en est le moyen, on peut dire que ceux en qui ces deux conditions se rencontrent sont des poëmes parfaits, et que ceux à qui l'une des deux manque, ne le sont point : car il est inutile de parler des poëmes à qui elles manquent toutes deux, puisqu'ils ne peuvent jamais rien valoir. Or, il est certain que l'imitation vive et naturelle d'une chose qui mérite d'être imitée, ne sauroit manquer de plaire et d'instruire; et sur ce principe, je ne craindrai point de dire que de petites comédies, comme *les Précieuses* ou *la Comtesse d'Escarbagnas*, et quelques autres qui représentent dans un tableau achevé des ridicules dignes de correction, méritent autant de louanges que les plus grandes pièces du même genre, quoiqu'il y ait peut-être plus de travail dans celles-ci que dans les premières.

J'ai cru devoir cet éclaircissement au public, en faveur de plusieurs pièces auxquelles quelques savants semblent ne refuser la justice qui leur est due, que parce qu'elles n'ont point leurs cinq actes bien comptés. Je n'ai point eu d'autre vue en écrivant ces réflexions; et, bien loin d'en vouloir tirer quelque avantage pour moi-même, j'avouerai de bonne foi que si j'avois été capable de les faire dans l'âge où j'ai composé la petite comédie suivante, j'aurois choisi un sujet plus digne de l'attention du public. Car quoiqu'elle représente assez naturellement les personnages qui hantoient les cafés de ce temps-là, il est toujours vrai qu'elle peint une chose qui ne mérite pas d'être peinte; et que quand même elle n'auroit d'autre défaut, on ne pourroit la ranger tout au plus que dans la seconde classe des petites pièces, puisqu'il ne suffit pas, dans la comédie, de faire rire le public, mais qu'il faut encore, si on peut, le faire rire utilement. C'est tout ce que j'ai à dire de ce petit ouvrage. J'ajouterai seulement qu'en établissant ici des règles qui sont plus anciennes que moi, je n'ai pas prétendu ôter à toutes les pièces qui n'instruisent point le mérite de leur agrément et de leur vivacité. Ce seroit faire un trop grand tort à quantité de bonnes comédies anciennes et modernes. Ce que je veux dire, c'est que pour les rendre absolument parfaites, il seroit à souhaiter qu'elles fussent aussi utiles qu'agréables; et qu'en faisant rire leurs lecteurs, elles eussent encore l'avantage de leur apprendre quelque chose qui fût digne de leur être appris.

Ergo, non satis est risu diducere rictum
Auditoris; et est in hoc quædam quoque virtus.

PERSONNAGES.

MME JÉROME, marchande de café.
LOUISON, sa fille.
DORANTE, amant de Louison.
M. JOBELIN, notaire.
LA SOURDIÈRE, ami de M. Jobelin.
LE CHEVALIER, ⎫
CORONIS, gascon, ⎬ amis de Dorante.
L'ABBÉ, ⎭
CARONDAS, poète.
LA FLÈCHE, valet de Dorante.
DEUX JOUEURS de dames.

LE CAFÉ,
COMÉDIE.

SCÈNE PREMIÈRE.

Le théâtre représente une salle de café, meublée de plusieurs tables. Le Poète paroit rêvant d'un côté auprès de deux joueurs de dames. L'Abbé dort dans le fond; et de l'autre côté, Coronis et La Sourdière disputent ensemble assis, en prenant leur café.

LA SOURDIÈRE, CORONIS, CARONDAS, L'ABBÉ, DEUX JOUEURS.

LA SOURDIÈRE.

Oh parbleu! je vous soutiens que si.

CORONIS.

Et moi, mordi, je vous soutiens que non; et je mets cent pistoles que nous n'aurons rien cette année en Hongrie.

LA SOURDIÈRE.

Vous me feriez enrager, monsieur Coronis. Vous voulez savoir cela mieux que moi, qui vois tous les jours, aux Tuileries, un homme qui reçoit toutes les semaines la gazette de Constantinople.

CORONIS.

Quand ce seroit celle de Babylone.

LA SOURDIÈRE.

C'est être bien têtu. Et moi, je vous dis que je vis hier, entre ses mains, une lettre de l'aumônier d'un des principaux bachas, qui marque expressément que le grand vizir est en marche avec deux cent mille hommes, et qu'il va droit à Belgrade, pour l'assiéger par terre et par mer.

CORONIS.

Belgrade par mer et par terre ! Où avez-vous appris la géographie, s'il vous plaît ?

LA SOURDIÈRE.

Comment, Belgrade n'est pas un port de mer ?

CORONIS.

Non pas, que je sache : ou bien c'est depuis fort peu de temps.

LA SOURDIÈRE.

Morbleu, je sais la carte, et j'ai voyagé. Je parie que monsieur Carondas sera de mon avis. Monsieur, holà ! monsieur Carondas, réveillez-vous.

CARONDAS.

Ah morbleu! que la peste soit de votre babil ! est-il possible qu'on ne puisse faire ici quatre vers en repos, et que les plus belles pensées du monde y soient sans cesse immolées à la pétulante loquacité du premier importun !

SCÈNE I.

CORONIS.

Quoi ! vous faites des vers au café ? Voilà un plaisant Parnasse !

CARONDAS.

Je rêvois à l'épithalame de monsieur Jobelin le notaire, et de la fille du logis. Ils attendent qu'elle soit faite pour se marier ; et j'ai bien voulu y donner un de ces quarts d'heure précieux que j'emploie à chanter les louanges des dieux et des héros.

CORONIS.

Comment ! la petite Louison se marie ! Et que deviendra le pauvre Dorante ?

LA SOURDIÈRE.

Il prendra la peine de s'en passer. Monsieur Jobelin est mon ancien ami, et je dois prendre part à tout ce qui regarde ce mariage. Monsieur Carondas, peut-on voir votre épithalame ?

CARONDAS.

Je n'en ai fait encore que la première strophe. La voici :

Hymen ïo, ô Hyménée !
Célébrons la douce journée,
Où deux amants heureux s'unissent pour toujours.
Venez, tendres Amours, combler la destinée
De cette épouse fortunée.
Que de ses flancs féconds, puisse dans peu de jours
Sortir une heureuse lignée !
Hymen ïo, ô Hyménée !

LA SOURDIÈRE.

Diable, voilà du sublime, et cela s'appelle un début magnifique.

CORONIS.

Et très-avantageux pour le futur époux.

CARONDAS.

Vous verrez bien autre chose, si je puis obtenir des libraires qu'ils impriment mon incomparable traduction de la Batrachomyomachie d'Homère; car j'excelle dans les traductions des anciens auteurs, et je travaille actuellement à mettre en vers grecs l'Énéide de Virgile, pour la commodité de ceux qui n'entendent point la langue latine. Mais laissez-moi songer à ma seconde strophe.

LA SOURDIÈRE.

C'est bien dit; aussi-bien notre café refroidit.

CARONDAS.

Du flambeau de l'hymen....

LE PREMIER JOUEUR DE DAMES.

Je vous souffle.

LE SECOND JOUEUR.

Attendez, monsieur, ce n'est pas cela; vous dérangez le jeu.

LE PREMIER JOUEUR.

Pardonnez-moi. J'ai joué là : vous avez jouez ici; je vous ai donné à prendre; vous avez mis dans le coin; et je vous souffle.

SCÈNE I.

LE SECOND JOUEUR.

Ah ventrebleu! on n'a jamais joué du malheur dont je joue.

CARONDAS.

Eh quoi! toujours du bruit?

SCÈNE II.

LE CHEVALIER, CORONIS, LA SOURDIÈRE, L'ABBÉ, CARONDAS, LES JOUEURS.

LE CHEVALIER entre en chantant et dansant.

La, la, la, la, ra, ré. Allons hé, du café.

CARONDAS.

Encore, de tous côtés?

LE CHEVALIER chante.

Que chacun me suive.
Trinquons hardiment,
Point de ménagement;
Je ne bois jamais autrement.
Je hais un convive
Qui dans un repas
Ne boit que par compas,
Et craindroit de faire un faux pas.
Que chacun me suive.
Trinquons hardiment,
Point de ménagement;
Je ne bois jamais autrement.

CARONDAS.

Ah! je n'y puis plus tenir. Sortons, fuyons: *Ultra Sauromatas fugere hinc libet.*

LE CHEVALIER.

Adieu donc, monsieur Carondas. (à Coronis) Bonjour, mon ami. (à la Sourdière) Eh, te voilà, vieux pêcheur!

L'ABBÉ, se réveillant et bâillant tout haut.

Ahi! ouf!

LE CHEVALIER.

Ah parbleu! petit Abbé, mon mignon, je ne vous voyois pas. Comment te portes-tu?

L'ABBÉ.

Quelle heure est-il?

LE CHEVALIER, brouillant le jeu.

Ah! ah! messieurs, vous jouez aux dames!

LE PREMIER JOUEUR.

Morbleu, monsieur, cela ne se fait point; vous avez tort. Attendez, Monsieur, j'avois gagné. Vous me devez une tasse de café au moins.

LE SECOND JOUEUR.

Oui! tarare.

SCÈNE III.

L'ABBÉ, LE CHEVALIER, CORONIS, LA SOURDIÈRE.

L'ABBÉ.

Dites-moi un peu, jeunes gens, Dorante n'est-il point venu ici pendant que je dormois? En cas qu'il vienne, je vous prie, monsieur Coronis, de lui dire que je me suis informé de son monsieur Jobelin, et que je suis instruit à fond de tout ce qui regarde cet homme-là.

LA SOURDIÈRE, à part.

Oh, oh! voici bien d'autres affaires. Malepeste! ceci ne vaut pas le diable. Allons l'avertir de ce qui se passe.

(Il s'en va.)

L'ABBÉ.

Pour moi j'ai rendez-vous chez Forel. Il est tard, et j'ai peur qu'on ne soupe sans moi. Je n'ai point dîné.

CORONIS.

Comment, monsieur l'Abbé, à dix heures du soir n'avoir point dîné, et être ivre! Quelle bénédiction!

L'ABBÉ.

Je me suis mis à table ce matin entre sept et huit, et nous avons déjeuné jusqu'à l'heure qu'il est.

LE CHEVALIER.

Voilà un pauvre garçon qui me fait pitié.

L'ABBÉ.

Nous n'avons bu qu'environ vingt-cinq bouteilles de vin à quatre. J'ai fait un petit somme; me voilà prêt à recommencer.

CORONIS.

Quel heureux naturel! quel tempérament!

L'ABBÉ.

Pour vingt-cinq bouteilles s'enivrer ! Quelle honte est-ce là? Il n'y a plus d'hommes, mes amis, et le monde va toujours en déclinant. Je soutiens encore un peu noblesse; mais je m'en irai comme les autres. Bonsoir, messieurs, je m'en vais boire à votre santé.

SCÈNE IV.

CORONIS, LE CHEVALIER, DORANTE.

LE CHEVALIER.
Où diable trouverons-nous Dorante?

CORONIS.
Eh donc! le voici, Dieu me damne ! D'où viens-tu, grand bélître ? L'Abbé te cherchoit tout à l'heure; il a des nouvelles à t'apprendre.

DORANTE.
Où est-il allé?

CORONIS.
Il vient de sortir. Tu le trouveras chez Forel.

DORANTE.
Il faut nécessairement que je lui parle ce soir.

LE CHEVALIER.
Qu'est-ce, mon ami; on dit que tu n'épouses plus en ce pays-ci ?

DORANTE.
Ma foi, cela m'intrigue un peu, franchement.

SCÈNE IV.

CORONIS.

Comment tu serois amoureux ? Oh le fat !

DORANTE.

Amoureux ou non, je t'assure que la petite personne est fort aimable ; et, sa beauté à part, elle a vingt mille écus. Cela ne messiéroit point à un cadet qui n'a que la cape et l'épée.

LE CHEVALIER.

Tu n'es pas riche, nous le savons ; mais un gentilhomme se noyer dans une chocolatière ! il y a de la folie, ma foi ; il y a de la folie.

DORANTE.

De la folie ! Va, va, mon pauvre Chevalier, l'intérêt a rapproché les conditions, et nous voyons bien des gentilshommes qui vivroient en roturiers, s'ils n'avoient épousé des roturières.

CORONIS.

Sans doute ; et la délicatesse sur les mésalliances ne subsiste plus que chez les Allemands.

D'ORANTE.

Au bout du compte, qu'est-ce que je risque ? Je suis gentilhomme et gueux : elle est roturière et riche ; j'aurai de l'argent pour ma noblesse : la compensation ne m'est pas désavantageuse. Vous êtes tous deux mes amis. Je ne désespère pas encore, et si vous voulez me seconder, avant qu'il soit peu nous ferons bien tourner la chance.

LE CHEVALIER.

Oui-dà! de quoi s'agit-il? Tu sais que je suis à toi, à vendre et à engager.

CORONIS.

Tu sais combien je t'aime, et avec quelle fidélité nous avons toujours partagé les émoluments du lansquenet.

DORANTE.

Voici ce que je veux faire. Vous savez que notre notaire est joueur, et que la confiance qu'il a en son habileté, fait qu'il s'embarque le plus aisément du monde. Or, j'ai un valet, qui assurément est un des plus adroits fripons qu'il y ait à vingt lieues à la ronde. J'ai concerté avec lui qu'il engageroit mon homme au jeu, et que pendant que vous amuseriez ce vieux renard de La Sourdière, qui ne le quitte jamais..... Mais voici mon valet.

SCÈNE V.

LA FLÈCHE, DORANTE, LE CHEVALIER, CORONIS.

LA FLÈCHE.

Monsieur, je n'ai pu trouver votre gros Abbé; et si, j'ai été dans tous les cabarets de la ville.

DORANTE.

Je sais où il est; il suffit. Va-t'en étudier ton personnage, et reviens quand il sera temps.

SCÈNE V.

LA FLÈCHE.

Étudier, dites-vous? Vraiment, voilà bien de quoi, et j'en ai bien fait d'autres ! il n'y a que huit jours que j'ai l'honneur de vous servir; mais quand nous nous connoîtrons mieux, vous verrez qu'en fait de fourberie, personne, Dieu merci, n'est capable de me faire la leçon. S'agit-il de déniaiser quelque étranger nouvellement débarqué, de faire mordre un jeune homme à l'hameçon d'une coquette, ou de maquignonner un mariage impromptu ; c'est moi qu'on vient chercher : j'excelle, je triomphe. Mais surtout pour enfiler une dupe à quelque jeu que ce soit, et lui tirer par cent moyens ingénieux tout l'argent de sa bourse, je suis le garçon de France le plus en réputation.

LE CHEVALIER.

Vertubleu ! voilà un joli garçon !

DORANTE.

Dis-moi : n'es-tu jamais venu ici?

LA FLÈCHE.

Oh vraiment, monsieur, pardonnez-moi. J'ai été autrefois un des principaux marguilliers du café, et j'avois droit de séance à ce banc redoutable, d'où il part tous les jours tant d'arrêts contre la réputation des femmes ; où les mystères du gouvernement sont si bien développés, et les intérêts des princes de l'Europe si savamment approfondis.

Vous moquez-vous? je suis plus connu dans les cafés que Pilot-Bouffi dans les cabarets.

CORONIS.

Je gagerois, à l'entendre, qu'il est de quelque province au-delà de la Loire. Il n'est pas permis d'avoir tant d'esprit autrement.

LA FLÈCHE.

Je suis de Dauphiné, à vous rendre mes services.

CORONIS.

Malepeste! joli pays. De l'argent peu, à la vérité; mais de l'esprit, beaucoup. C'est l'apanage de la nation.

DORANTE.

Mais on te reconnoîtra.

LA FLÈCHE.

Point du tout, monsieur; c'est mon fort que le déguisement, et je suis un petit Protée. Est-il question de représenter un partisan, par exemple; j'ai des secrets pour me noircir la barbe, épaissir ma taille, me rendre l'œil hagard et grossir mon ton de voix. Faut-il faire un jeune abbé; qui sait mieux que moi rapetisser sa bouche, rire des épaules, marmoter une chanson, faire la main potelée, prendre un visage gai et un ton radouci? Par cent petites métamorphoses de cette nature, j'avois amassé quelque argent, et je serois à mon aise, sans un revers de fortune qui m'a coulé à fond.

SCÈNE V.

DORANTE.

Comment, un revers de fortune?

LA FLÈCHE.

Oui: un fils de famille, à qui j'avois gagné un soir mille écus au jeu, s'avisa d'éplucher ma conduite dans un procès qu'il me fit; la justice donna une mauvaise tournure à la chose, et cela m'a ruiné. J'ai été obligé de revenir à la livrée.

DORANTE.

Fort bien. Mais voici monsieur Jobelin; retire-toi, et va te préparer.

SCÈNE VI.

M. JOBELIN, LE CHEVALIER, CORONIS, DORANTE.

M. JOBELIN, à part.

Il me semble que je suis assez propre, et qu'en cet état je puis aller faire le galant auprès d'une maîtresse.

LE CHEVALIER, à Dorante.

Comme le voilà beau! Il vient ici pour coqueter. Oh parbleu, il faut que je dérange l'économie de sa parure. Bonsoir, monsieur Jobelin. Vous ne faites pas semblant de nous voir!

JOBELIN.

Serviteur, je n'ai pas le temps de m'amuser.

LE CHEVALIER, en l'amusant de son galimatias, lui chiffonne son rabat, le déboutonne, et le met en désordre.

Eh que diable! ne sauroit-on vous dire un mot? Je suis bien aise de vous faire compliment sur vos noces; car enfin il seroit fort extraordinaire que dans un café il ne se trouvât pas une fille dont l'esprit pût entrer en concurrence, pour la préférence.... de votre indifférence. Vous me direz que quand il s'agit de se marier, il y a peu de conformité entre le douaire de votre affection et le préciput de vos sentiments; mais aussi vous m'avouerez que quand on veut se retirer dans son ménage, la comédie, le bal et les promenades sont des choses qui divertissent beaucoup. Pour ce qui est de l'opéra, comme je vous dis, je n'aime guère à aller aux Tuileries : mais à cela près, je trouve, tout compté, tout rabattu, que c'est fort bien fait à vous de vous marier.

JOBELIN.

Que diantre me dit-il là? J'écoute de toutes mes oreilles, et je n'y comprends rien.

LE CHEVALIER.

Mais, à propos de tapisserie, on est quelquefois bien aise de se mettre dans ses meubles. Par exemple, voilà une tabatière qui est assez jolie : mais si vous aviez vu les brocatelles de Venise, c'est tout autre chose. Je ne dis pas que Launay ne soit le premier homme que nous ayons en fait de vaisselle ; quoiqu'à le bien prendre, la manufacture des Gobelins ne laisse pas d'avoir son mérite. Mais après tout, depuis que les toiles des Indes sont défendues, je suis pour les bureaux de la Chine.

JOBELIN.

Quel coq-à-l'âne est ceci? Mais à quoi est-ce que je m'amuse?

SCÈNE VII.

LOUISON, DORANTE, LE CHEVALIER, CORONIS, JOBELIN.

JOBELIN.

Voici ma maîtresse : il faut la saluer. Mademoiselle......

LOUISON, et les autres.

Ah, ah, ah, ah, ah, ah!

JOBELIN.

Qu'est-ce donc que vous avez à rire? Mais que vois-je? comme me voilà débraillé! Ah! j'enrage de paroître comme cela. Morbleu, messieurs, je vous enverrai au diable avec vos sottises.

DORANTE.

Laissez-moi seul, mes amis. Je vais vous joindre chez Principe; et nous acheverons là de régler nos affaires.

SCÈNE VIII.

DORANTE, LOUISON.

DORANTE.

Hé bien, Louison, vous allez être mariée; je perds toute espérance d'être à vous, et vous avez consenti à un mariage qui me fera mourir.

LOUISON.

Mon Dieu! pourquoi me querellez-vous? est-ce ma faute à moi? Ma mère m'a menacée de me renvoyer dans le couvent, si je n'épousois monsieur Jobelin. Je serois bien aise d'être mariée avec vous; mais je ne veux point retourner au couvent.

DORANTE.

Quoi! vous verrez vos attraits en proie à un homme haïssable, et qui n'en connoîtra jamais le prix; et moi, il faudra me résoudre à vous perdre, à ne vous jamais voir? Ah! Louison, je le vois bien, vous ne m'aimez plus.

LOUISON.

Allez, allez, laissez faire ma mère, puisqu'elle veut que je me marie. Quand je ne serai plus sous sa conduite, nous nous verrons, et nous nous aimerons tant qu'il vous plaira.

DORANTE.

Non, ce n'est pas là de quoi me contenter: et je ne saurois souffrir que votre personne et votre

SCÈNE VIII.

cœur soient partagés. Consentiriez-vous que je fisse en sorte d'empêcher votre mariage?

LOUISON.

Oui, pourvu que ma mère ne sût pas que je vous l'ai conseillé, car elle me querelleroit bien fort.

DORANTE.

Elle n'en saura rien. Aimez-moi toujours; c'est tout ce que ma tendresse exige de vous.

LOUISON.

Voyez-vous, elle m'a toujours tenue dans la dépendance, et elle ne veut pas seulement que je parle aux messieurs qui viennent ici, parce qu'elle dit que leurs discours font venir l'esprit aux filles. Elle ne veut pas que j'en aie.

DORANTE.

Mais, Louison, si ce que je médite alloit manquer, que feriez-vous?

LOUISON.

Ce que je ferois? dame, je vous l'ai déjà dit; je ne veux point retourner au couvent. Ah! voilà ma mère. Ne lui dites pas que je vous aime, au moins!

DORANTE.

Je vais rassembler les gens dont j'ai besoin pour mon entreprise.

SCÈNE IX.

Mme JÉRÔSME, LOUISON.

Mme JÉRÔME.

Qu'est-ce donc, petite fille, vous parlez à des hommes quand je n'y suis pas?

LOUISON.

Je vous demande pardon, ma mère; c'est lui qui me parloit.

Mme JÉRÔME.

Monsieur Jobelin est-il ici?

LOUISON.

Oui. Il m'a pensé faire mourir de rire, de la figure dont il étoit bâti. Apparemment, il est allé se raccommoder; et, Dieu merci, il ne m'a point parlé.

Mme JÉRÔME.

Qu'est-ce à dire? Est-ce ainsi qu'il faut parler d'un homme que vous allez épouser? Il faut dire: Ma mère, il ne m'a point parlé, j'en suis bien fâchée.

LOUISON.

Moi, fâchée de cela? Je n'aime point à mentir.

Mme JÉRÔME.

Ouais! qu'est-ce que tout ceci? Vous ne l'aimez donc pas, à ce que je vois?

SCÈNE IX.

LOUISON.

Moi ! ma mère ? Hélas ! non.

Mme JÉRÔME.

Non ?

LOUISON.

Non. Vous m'avez dit qu'il ne falloit point qu'une fille aimât les hommes ; je fais ce que vous m'avez dit.

Mme JÉRÔME.

Mais il faut aimer celui-là, puisqu'il sera votre mari.

LOUISON.

C'est donc une nécessité qu'il faille aimer son mari ? Si cela est, donnez-m'en un autre, je vous prie.

Mme JÉRÔME.

Comment dites-vous ? Ah, ah ! petite impertinente, vous êtes entêtée, à ce que je vois ; et quelque colifichet blondin vous aura donné dans la vue. N'est-ce point Narcisse, ce petit fat, qui depuis le matin jusqu'au soir se fait l'amour à lui-même ; qui passe toute la journée à se mirer dans sa perruque, ajuster sa steinkerque, et se faire les yeux doux dans un miroir ?

LOUISON.

Oh fi ! ma mère, j'aimerois autant aimer une femme.

Mme JÉRÔME.

Je parie que c'est ce jeune conseiller qui vient ici tous les soirs en épée et en chapeau bordé?

LOUISON.

Qui? ce bourgeois qui se croit de qualité, parce qu'il s'enivre avec ceux qui en sont? Mon Dieu! il a mille défauts que je ne saurois souffrir.

Mme JÉRÔME.

Si bien donc que c'est Dorante qui vous tient au cœur?

LOUISON.

Dorante?

Mme JÉRÔME.

Eh bien! Dorante? Vous ne lui trouvez point de défaut à celui-là?

LOUISON.

Hélas! pourquoi lui en trouverois-je?

Mme JÉRÔME.

Je ne m'embarrasse pas que vous lui en trouviez. Je sais qu'il est assez honnête homme; mais M. Jobelin a une bonne charge pardevers lui, et c'est mieux votre fait qu'un jeune homme qui n'a rien que son esprit et sa bonne mine. En un mot, c'est lui que je veux qui soit votre époux. Le voici; qu'on lui fasse civilité, et qu'on réponde comme il faut à tout ce qu'il dira.

SCÈNE X.

M. JOBELIN, Mme JÉRÔME, LOUISON.

Mme JÉRÔME.

Monsieur, voilà ma fille, qui est ravie de vous voir, et qui se dispose le plus agréablement du monde à vous épouser.

LOUISON.

Oui, voilà un beau magot, pour être ravie de l'épouser!

JOBELIN.

Mademoiselle, tout ainsi qu'ès-pays coutumiers, le vassal est tenu de prêter serment de foi et d'hommage-lige entre les mains de son seigneur féodal, avant qu'entrer en possession des terres acquises dans sa mouvance; de même viens-je en qualité de votre vassal indigne, vous promettre foi et loyauté perpétuelle, avant qu'entrer en possession du fief seigneurial de vos beautés, à moi acquis par la cession de madame votre mère, et le contrat qui sera incessamment passé par-devant les notaires au Châtelet de Paris.

Mme JÉRÔME.

Allons, petite fille, répondez.

LOUISON.

Moi, je ne sais ce qu'il me veut dire; qu'il se réponde lui-même, s'il s'entend.

Mme JÉRÔME.

Impertinente ! Elle dit, monsieur, qu'elle vous est fort obligée, et que le don de votre cœur lui est extrêmement cher.

JOBELIN.

Mon cœur, mademoiselle, est un immeuble qui vous appartient, et sur lequel vous avez hypothèque, depuis que j'ai eu l'honneur de vous voir.

Mme JÉRÔME.

Eh bien ! vous voilà muette ?

LOUISON.

J'ai bien affaire à son hypothèque ! je n'en bois jamais.

Mme JÉRÔME.

Ah ! monsieur, il faut l'excuser si elle ne répond pas aux choses que vous dites ; elle est un peu honteuse. Le mariage l'enhardira ; et demain à l'heure qu'il vous plaira, nous ferons dresser le contrat. Allons, petite fille. Monsieur, je vous donne le bonsoir.

JOBELIN, après avoir salué Louison, qui détourne la tête.

Voilà les affaires en bon'train. La mère prévenue, la fille charmée de moi, le mariage prêt à se conclure, et vingt mille écus qui vont me sauter au collet. Oh parbleu ! je ne craindrai plus la persécution de mes créanciers, et j'aurai enfin de quoi payer ma charge. Ma foi, les habiles gens se tirent toujours d'intrigue, et l'esprit est le vrai passe-partout de la fortune.

SCÈNE XI.

LA SOURDIÈRE, JOBELIN.

LA SOURDIÈRE.

Ah! vous voilà, à la fin; il y a deux heures que je vous cherche.

JOBELIN.

Ah! serviteur; je suis bien aise de vous rencontrer.

LA SOURDIÈRE.

J'ai bien des choses à vous dire.

JOBELIN.

J'ai de bonnes nouvelles à vous apprendre.

LA SOURDIÈRE.

La mine est éventée, et Dorante est instruit de toutes vos affaires.

JOBELIN.

La bécasse est bridée, et demain le mariage doit être conclu.

LA SOURDIÈRE.

Je vous dis encore une fois de prendre garde à vous, et qu'on songe à vous jouer un mauvais tour.

JOBELIN.

Un mauvais tour, à moi! Et qui cela, s'il vous plaît?

LA SOURDIÈRE.

Dorante.

JOBELIN.

Dorante? Ah parbleu! c'est bien d'un novice comme lui que je m'embarrasse. Allez, allez, M. de La Sourdière, nous sommes un peu Grecs; et on ne prend pas des chats comme nous sans mitaines. J'ai mis ordre à tout : ayez l'esprit en repos.

LA SOURDIÈRE.

Vous me faites mourir, avec votre confiance imprudente, et.... Mais quelle figure est ceci?

SCÈNE XII.

JOBELIN, LA SOURDIÈRE, LA FLÈCHE,
déguisé et contrefaisant l'ivre.

LA FLÈCHE, à part.

Voici mes gens. Jouons bien notre rôle, et faisons-les donner dans le panneau. Ah! messieurs, serviteur. J'interromps votre conversation, peut-être : mais tout coup vaille. On m'a dit que vous étiez M. Jobelin. Est-il vrai?

JOBELIN.

Oui, c'est moi. Que me veut cet ivrogne-là?

LA FLÈCHE.

Je vous en sais bon gré ; car j'ai besoin de vous. Je vous ai tantôt été chercher dans votre étude ; mais comme vous n'y étiez pas, je ne vous y ai point trouvé, et je suis allé de là à l'Alliance, prendre un peu de nourriture, modérément pourtant.

SCÈNE XII.

JOBELIN.

Je le vois bien.

LA FLÈCHE.

La modération est une belle chose !

JOBELIN.

De quoi s'agit-il ?

LA FLÈCHE.

Attendez, que je rappelle mes idées. Ah ! m'y voici. Je voudrois que vous me fissiez un petit plaisir. Je vous demande pardon, monsieur, si je parle de mes affaires devant vous. Vous le voulez bien ?

LA SOURDIÈRE.

Ah ! monsieur, de tout mon cœur.

LA FLÈCHE.

De tout mon cœur : fort bien. Vous êtes un brave homme. Or, comme vous savez, ou comme vous ne savez pas, je suis capitaine dans le régiment de Limoges.

JOBELIN.

Vous êtes capitaine ? Et que faites-vous à Paris, pendant que tout le monde est en campagne ?

LA FLÈCHE.

J'y suis venu pour faire une recrue ; et en attendant, je passe le temps au cabaret à faire mes observations sur la guerre présente.

JOBELIN.

Voilà des observations d'un grand secours à la république !

LA FLÈCHE.

D'un grand secours ? Je me donne au diable, si j'étois général d'armée, et qu'on me laissât faire, j'ai un plan dans ma tête pour conquérir toute l'Europe en une campagne. Écoutez bien ce raisonnement-ci. Je voudrois avoir deux armées, l'une au midi, et l'autre au septentrion. Avec celle-ci, je marche en Allemagne, et je commence par m'emparer de toutes les vignes qui bordent le Rhin. Les Allemands n'ayant plus de vin, il faut qu'ils crèvent; la mortalité se met dans leur armée, et par conséquent, me voilà maître de tout ce pays-là. J'y fais rafraîchir mes troupes, et de là je passe en Hollande. Allons, me voilà en Hollande; qui m'aime me suive. Je vais d'abord.... Attendez, je crois que nous ferions mieux de conquérir auparavant la Turquie. Qu'en croyez-vous? Oui, c'est bien dit. Allons, enfants, ne nous rebutons point ; nous arriverons bientôt. Nous voici déjà dans la Grèce. Ah, le beau pays ! Dieu sait comme nous allons souffler de ce bon vin grec ! Mais, messieurs, ne vous enivrez pas, au moins. Tudieu ! nous avons besoin de notre cervelle. Buvons seulement chacun notre bouteille, en chantant une petite chanson.

 Et brin, bron, brac,
  Donnez-moi du tabac, la relera, etc.

JOBELIN.

Voilà un pauvre diable qui est bien ivre !

SCÈNE XII.

LA SOURDIÈRE.

Prenez haleine, monsieur, vous avez fait une assez belle campagne.

JOBELIN.

Oui, mais voilà bien du pays battu, et pour faire tout ce chemin-là, il faudroit donner des chevaux de poste à toute votre armée. Revenons à votre affaire, s'il vous plaît. Que souhaitez-vous de moi?

LA FLÈCHE.

Je m'en vais vous le dire. J'ai quinze hommes à refaire à ma compagnie, avant de retourner à notre garnison; et comme je n'ai point d'argent, voilà un diamant de cinq cents écus, que je vous prie de me faire mettre en gage pour deux ou trois cents pistoles.

JOBELIN.

Pour deux ou trois cents pistoles! Vous voulez dire deux ou trois cents écus?

LA FLÈCHE.

Eh oui, quelque chose comme cela.

JOBELIN, à part.

Peste! voilà un fort beau diamant. Ce seroit un vrai présent à faire à ma maîtresse. Tâchons d'empaumer cet ivrogne-là. Monsieur, vous ne trouverez guère que quatre cents francs là-dessus.

LA FLÈCHE.

Quatre cents francs? j'aimerois mieux que le

diamant fût au fin fond de la mer Méditerranée. Allons, je m'en vais le jouer au piquet pour cent pistoles contre le premier venu. Je n'aime point à lanterner, moi.

JOBELIN, à part.

Parbleu! il ne faut point manquer l'occasion; il est soûl comme une grive, embarquons-le dans le jeu. Monsieur, si vous êtes homme à jouer, je ferai votre affaire.

LA FLÈCHE.

Oui? parbleu j'aime les gens d'accommodement; touchez là. Je veux vous procurer la pratique du régiment, pour tous les contrats de mariage et d'acquisition de rente que feront nos officiers.

JOBELIN.

Je vous remercie. Je crois que les acquisitions aussi-bien que les mariages de ces messieurs-là se font aisément sans contrat.

LA FLÈCHE.

Allons-nous-en là-dedans boire une bouteille de persicot.

JOBELIN.
(à part.)

Volontiers. Je tiens l'âne par la bride, et le diamant est bien aventuré.

LA FLÈCHE, à part.

Le poisson est dans la nasse, et nous allons voir beau jeu. Allons, mon ami : lara, lera, lera.

LA SOURDIÈRE.

Il faut que je conduise ceci de l'œil. Je serai bien aise de lui aider à gagner le diamant, afin d'être de moitié.

SCÈNE XIII.

LE CHEVALIER, CORONIS, LA SOURDIÈRE.

LE CHEVALIER et CORONIS.

Ah, ah, ah, ah, ah, ah!

LE CHEVALIER.

Parbleu, cela est trop plaisant, ah, ah, ah! Hé, bonsoir, La Sourdière, où vas-tu?

LA SOURDIÈRE.

Laisse-moi aller, j'ai affaire.

LE CHEVALIER.

Je suis ton serviteur. Tu ne t'en iras pas que je ne t'aie conté ce qui vient de nous arriver; cela mérite bien ton attention. Nous étions chez Principe....

LA SOURDIÈRE.

Je n'ai pas le temps de t'entendre.

CORONIS.

Oh! cadédis, vous nous écouterez, ou nous aurons du bruit.

LE CHEVALIER.

Un de nos amis, qui se désennuyoit à casser des vitres et des lanternes dans la rue Saint-Honoré, a été poursuivi par une compagnie du guet à pied. Les archers ont passé par-devant la boutique. Nous les avons arrêtés en leur présentant du rossolis et de l'eau-de-vie. Ils y ont pris goût; et pendant qu'ils buvoient, nous leur avons escamoté leurs armes. Ils s'en sont aperçus; recours à la rasade. Ils ont voulu se fâcher, autre rasade; si bien que de rasade en rasade, nous les avons tellement enivrés, qu'ils ont pris querelle ensemble, et se sont donné je ne sais combien de coups de poing. Le sergent, plus ivre qu'eux, les a tous menés au Châtelet, comme perturbateurs du repos public. Ne trouves-tu pas cela plaisant?

LA SOURDIÈRE.

Oui, fort plaisant. Vous jouez à vous faire de jolies affaires. Boire le jour, courir la nuit, casser des vitres, arracher des enseignes, enivrer le guet: voilà le secret d'attraper un jour quelques bons coups de mousquet sur les oreilles.

LE CHEVALIER.

Oh! vous voilà, monsieur le Caton, qui parlez par sentences. Parbleu, vous ne le prenez pas mal. Sais-tu bien qu'il n'y a rien de meilleur pour la santé, que de berner de temps en temps les gens qui nous déplaisent? Demande aux médecins: cela éclaircit les humeurs, cela rafraîchit le sang, et cela aide à la digestion.

SCÈNE XIII.

CORONIS.

Sans doute. Comment, mordi! des coquins s'érigeront en perturbateurs des divertissements de lune, et nous ne réformerions pas cet abus?

LA SOURDIÈRE.

Ma foi, ce sont vos affaires. Serviteur.

LE CHEVALIER.

Que diantre, tu es bien pressé! Parlons un peu d'affaires. As-tu vu le nouvel opéra?

LA SOURDIÈRE.

Non, et n'ai nulle envie de le voir.

LE CHEVALIER.

Et toi, l'as-tu vu?

CORONIS.

Oui, certes, je l'ai vu.

LE CHEVALIER.

Hé bien, dis-nous un peu, comment le trouves-tu?

CORONIS.

Cadédis! comment je le trouve? ravissant, merveilleux. Tout ce qui s'appelle opéra, voyez-vous, ne peut être que bon et agréable; et la raison, la voici : c'est que dans un opéra, vous trouvez de tout, vers, musique, ballets, machines, symphonies; c'est une variété surprenante, il y a de quoi contenter tout le monde. Voulez-vous du grand, du tragique, du pathétique?

Le perfide Renaud me fuit;
Tout perfide qu'il est, mon lâche cœur le suit....

Aimez-vous le tendre, le doux, le passionné?

> Non, je ne voudrois pas encor
> Quitter mon berger pour Médor.

Voulez-vous du burlesque?

> Mes pauvres compagnons, hélas!
> Le dragon n'en a fait qu'un fort léger repas.

Voulez-vous de la morale?

> Les dieux punissent la fierté;
> Il n'est point de grandeur que le ciel irrité
> N'abaisse quand il veut, et ne réduise en poudre.

Et le reste. On y trouve jusqu'à des vaudevilles et des imitations naïves des airs du Pont-Neuf, si vous voulez.

> Les rossignols, dès que le jour commence,
> Chantent l'amour qui les anime tous.

En un mot, c'est un enchantement; et ce seroit une chose accomplie, si l'on pouvoit faire encore que le chant fût fait pour les vers, et les vers pour le chant.

LE CHEVALIER.

Pour moi, je ne me divertis point à l'Opéra; et je n'y vais jamais que pour folâtrer dans les coulisses avec quelque danseuse.

CORONIS.

Il est vrai que bien des gens y vont présentement pour tout autre plaisir que celui des oreilles.

SCÈNE XIV.

Mme JÉRÔME, LE CHEVALIER, CORONIS, LA SOURDIÈRE.

Mme JÉRÔME.

Messieurs, il est minuit sonné; faites-moi la grâce de vous retirer.

LA SOURDIÈRE.

Volontiers.

LE CHEVALIER.

Attends, attends. Et par quelle raison nous retirer, madame Jérôme?

Mme JÉRÔME.

Par la raison, monsieur, que voici l'heure des femmes; et puisqu'elles ne viennent pas vous incommoder le jour, il est bien juste que vous leur laissiez la nuit : chacun le sien n'est pas trop.

LE CHEVALIER.

Vous êtes pour les récréations nocturnes, madame Jérôme.

Mme JÉRÔME.

Oh vraiment, si on n'avoit d'autres rentes que la dépense qui se fait ici de jour, et sans le casuel de la nuit, on courroit risque d'avoir les dents bien longues. Vous êtes cinq ou six, qui, pourvu que vous soyez toute une après-dînée ici à chanter des chansons, dire des fadaises, conter une histoire de celui-ci, une aventure de celle-là, et faire la chronique scandaleuse du genre humain, ne vous embarrassez pas du reste. Cependant ce n'est pas là mon compte, et je ne dîne pas de vos conversations. Vous voilà trois, par exemple, qui me devez de l'argent depuis long-temps, et qui ne me parlez non plus de payer, que si vous étiez ici logés par étape.

CORONIS.

Quant à moi, madame Jérôme, je vous dois, je pense, trois écus; mais j'attends ma lettre de change.

LE CHEVALIER.

Pour moi, je suis brouillé avec ma petite marchande de dorure, et je ne saurois vous payer qu'à la paix.

LA SOURDIÈRE.

Et moi, je vous proteste que le premier argent que je gagnerai à trois dés, sera pour vous.

Mme JÉRÔME.

Voilà des dettes bien assurées.

SCÈNE XV.

JOBELIN, LA FLÈCHE, Mme JÉRÔME, CORONIS, LE CHEVALIER, LA SOURDIÈRE.

CORONIS, au chevalier.

Voici nos gens. Songeons à ce que nous a recommandé Dorante.

SCÈNE XV.

LA FLÈCHE.

Vous me devez six-vingts pistoles : payez-moi, je ne joue plus.

JOBELIN.

Comment! vous ne me donnez pas ma revanche ?

LA FLÈCHE.

De quoi vous plaignez-vous? je vous ai gagné au piquet ; vous me demandez votre revanche à pair et non, je vous la donne ; je ne vous gagne que douze cents livres ; et j'ai hasardé mon diamant, qui en vaut quinze cents : c'est cent écus que je perds clairement. Il me semble que je fais assez bien les choses.

JOBELIN.

Tudieu! vous avez la parole bien libre, pour un homme qui étoit ivre il n'y a qu'un moment.

LA FLÈCHE.

C'est que je me suis désenivré en gagnant votre argent. Allons, les bons comptes font les bons amis ; payez-moi tout à l'heure, ou je vous passe mon épée au travers du corps.

JOBELIN.

Messieurs, séparez-nous, je vous prie.

LE CHEVALIER.

Comment, morbleu, on insulte monsieur Jobelin !

CORONIS.

Allons, sandis, coupons les oreilles à ce maraud.

LA SOURDIÈRE.

Des épées tirées ! Allons-nous-en d'ici.

Mme JÉRÔME.

Messieurs! quel désordre ! je suis perdue !

LA FLÈCHE.

Comment, canailles, deux contre un ? Ah ! j'ai le corps percé ! je suis mort ! un chirurgien !

Mme JÉRÔME.

Miséricorde ! Un homme tué dans ma maison ! Me voilà ruinée.

CORONIS.

Sauvons-nous, messieurs.

SCÈNE XVI.

DORANTE, L'ABBÉ, Mme JÉRÔME, JOBELIN, LA FLÈCHE.

DORANTE.

Quel bruit ai-je entendu ? mais que vois-je ? Ah, ciel ! monsieur de Boisclair, qui vous a mis en cet état ?

LA FLÈCHE.

Ah, mon cousin ! je me meurs. Trois coquins viennent de m'assassiner, et c'est ce scélérat de notaire qui les a fait agir. Eh, de grâce, qu'on me fasse venir le suceur du régiment.

SCÈNE XVII.

DORANTE, JOBELIN, L'ABBÉ, Mme JÉRÔME.

DORANTE.

Un de mes parents assassiné! Ah! je vous apprendrai à qui vous vous jouez. Holà, laquais, qu'on m'aille querir le commissaire.

JOBELIN.

Ah! je tremble, et je voudrois être bien loin.

L'ABBÉ.

Vous voilà dans un vilain cas, madame Jérôme, et j'en suis fâché pour l'amour de vous.

Mme JÉRÔME.

Monsieur Dorante, ne me perdez pas, je vous conjure.

DORANTE.

Non, non, cela ne passera pas ainsi. C'est mon cousin-germain, on l'a assassiné chez vous; c'est à vous à m'en répondre, et je prétends que justice soit faite.

Mme JÉRÔME.

Eh! monsieur, voudriez-vous me ruiner?

DORANTE.

Vous n'en serez pas quitte à si bon marché, et je veux vous faire punir corporellement.

L'ABBÉ.

Corporellement! cela ne vaut pas le diable, madame Jérôme.

SCÈNE XVIII.

DORANTE, L'ABBÉ, Mme JÉRÔME, JOBELIN, LA FLÈCHE, en commissaire, avec un faux nez.

DORANTE.

Voici, fort à propos, monsieur le commissaire. Monsieur, on vient de tuer ici un officier qui est de mes parents. Je vous prie de faire votre charge.

LA FLÈCHE, prenant une voix enrouée.

Votre laquais m'a informé de la chose, et j'amène des archers pour conduire les délinquants au Châtelet.

Mme JÉRÔME.

Au Châtelet!

JOBELIN.

Monsieur, je suis notaire royal, et conseiller du roi.

LA FLÈCHE.

N'importe; le délit est flagrant: il y a mort d'homme, et vous viendrez au Châtelet.

Mme JÉRÔME.

Ah! je suis au désespoir. Monsieur l'Abbé, faites en sorte que je n'aille point au Châtelet.

SCENE XVIII.

L'ABBÉ.

Attendez, je viens de trouver un moyen d'ajuster ceci. Dorante, il faut accommoder cette affaire-là, mon enfant. Il ne tient qu'à toi de ruiner madame Jérôme, mais en seras-tu mieux ? Elle a une jeune fille : il faut qu'elle te la donne en mariage, et qu'il ne soit plus parlé de rien.

DORANTE.

Non, non, madame l'a promise à monsieur Jobelin : il faut la laisser faire. Elle le croit riche, et je vois bien....

L'ABBÉ.

Lui riche ! Il n'a point d'autre patrimoine que son industrie, et il y a actuellement une sentence contre lui pour le paiement de sa charge ; n'est-il pas vrai, monsieur Jobelin ?

JOBELIN.

Ah ! tout est découvert ; j'enrage.

Mme JÉRÔME.

Qu'entends-je ? Vous devez votre charge, monsieur ? vraiment, un jour plus tard j'allois faire un joli marché !

L'ABBÉ.

Eh bien ! madame, êtes-vous dans le goût de ma proposition ?

Mme JÉRÔME.

Oui, monsieur, puisque je suis détrompée, je serai ravie de donner ma fille à monsieur Dorante, pourvu qu'il apaise l'affaire qui vient d'arriver.

L'ABBÉ.

Oh, pour cela, madame, il en est le maître, je vous assure. Çà, il n'y a qu'à dresser le contrat tout à l'heure. Monsieur Jobelin se trouve ici fort à propos.

JOBELIN.

Moi dresser le contrat?

DORANTE.

Tout beau, ne vous faites pas tirer l'oreille ou je vais faire entrer les archers.

LA FLÈCHE.

Et l'on vous mènera au Châtelet.

JOBELIN.

Quoi! j'aurois encore la mortification de faire le contrat de mariage de mon rival? Ah! maudit pair et non!

DORANTE.

Allons, monsieur l'Abbé, et monsieur le Commissaire, venez servir de témoins et signer au contrat que nous allons passer tout à l'heure.

LA FLÈCHE.

Ma foi, voilà une véritable aventure de café.

FIN DU CAFÉ.

LA CEINTURE MAGIQUE,

COMÉDIE EN UN ACTE.

Représentée devant le roi, au mois de février 1701.

AU LECTEUR.

C'est ici un ouvrage de commande, et un travail de douze heures. Ainsi j'ai lieu d'espérer que les plaisanteries n'en seront point examinées trop sérieusement. On sait que l'intention de la comédie est de faire rire, comme celle de la tragédie est de faire pleurer. Il n'y a rien de moins naturel que de voir Jupiter déclamant les vers d'Euripide, et Hercule négociant avec les oiseaux un passage pour la fumée des sacrifices. Cependant ces plaisanteries sont reçues dans Lucien et dans Aristophane, parce qu'elles excitent la passion, et que cette première règle couvre toutes les irrégularités. Il n'est donc pas nécessaire de justifier ici ce qui pourroit sembler un peu outré dans la petite comédie que l'on va voir, puisqu'on vouloit qu'elle fût ainsi, et qu'elle a produit l'effet que l'on en attendoit. Il seroit peut-être plus à propos de rapporter à quelle occasion elle a été faite : mais la modestie ne me permet pas de nommer au public tous les acteurs illustres qui ont bien voulu s'en faire un amusement. Il me suffit de conserver pour moi-même le souvenir éternel des bontés du grand prince qui m'en a fourni l'idée, et le trop juste regret d'une auguste princesse, à qui la France doit le plus cher objet de son amour, et qui en auroit fait elle-même le bonheur et les délices, si une mort prématurée ne l'eût enlevée à la fleur de son âge.

PERSONNAGES.

Mme MERLUCHE, vieille.

LUCETTE,
BALIVERNE, } ses nièces.

OCTAVE,
HORACE, } leurs amants.

TRUFALDIN,
LE CAPITAN, } tuteurs amoureux.

FRANCISQUE, homme d'intrigues.

La scène est dans une place publique.

LA CEINTURE MAGIQUE,
COMÉDIE.

SCÈNE PREMIÈRE.

Mme MERLUCHE, LUCETTE, BALIVERNE.

Mme MERLUCHE.

Or ça, mes nièces, parlons un peu d'affaires. Vous commencez à devenir grandes filles, mes enfants; et à votre âge, je le sais par mon expérience, les jours sont longs et les années sont courtes. Je crois qu'il est temps, ou jamais, de songer à vous pourvoir. Feu monsieur Goguelu, votre père, se voyant près d'aller rendre ses comptes en l'autre monde, s'avisa de faire un testament. Il eût bien mieux fait de mourir subitement, le pauvre homme! Il n'eut pas cet esprit-là. Il vous laissa sous la tutelle, vous du Capitan, et vous du seigneur Trufaldin; deux aussi grands benêts, sans les flatter, qu'il y en ait dans le pays. En cette qualité, il a réglé qu'ils pourroient vous épouser au bout de l'an, ou bien vous marier à leur fantaisie. Voilà l'année finie. Quelle est votre intention à toutes deux?

LUCETTE.

Hé mais, ma tante.... pour ce qui est de moi.... dame.... je ne sais pas que vous dire.... car.... voyez-vous.... une fille.... enfin.... vous comprenez bien.

Mme MERLUCHE.

Voilà une réponse fort claire. Et vous?

BALIVERNE.

Ah! ma tante, en vérité, vous demandez là des choses bien extraordinaires. Comment voulez-vous qu'on vous réponde? Et le moyen d'acheminer la pudeur et la bienséance aux termes d'une déclaration comme celle-là!

Mme MERLUCHE.

Oui? voilà donc votre réponse, mademoiselle Lucette? Et vous, mademoiselle Baliverne, est-ce là tout ce que vous avez à me dire?

BALIVERNE.

Nous ne disons pas cela, mais enfin....

Mme MERLUCHE.

Vous ne dites pas celá, mais enfin.... Mais enfin vous ne dites rien. Et moi, qui n'ai pas le loisir de lanterner, je suis votre servante. Faites vos affaires comme vous l'entendrez.

LUCETTE.

Ah! ma tante, ne vous en allez pas.

BALIVERNE.

Mon Dieu, ma tante, que vous êtes pressante! Vous traitez les sentiments du cœur avec une autorité tyrannique, et vous ne leur donnez pas le temps de se développer par les gradations nécessaires.

Mme MERLUCHE.

Vous n'êtes pas mal impertinentes, mes petites nièces! Mais enfin il n'y a qu'un oui ou un non qui servira. Vous, Lucette, voulez-vous épouser le Capitan? Eh quoi! n'est-ce pas oui que vous dites?

LUCETTE.

Non, vraiment, ma tante.

Mme MERLUCHE.

Ah! voilà parler. C'est quelque chose que cela! Et vous, êtes-vous dans la résolution de prendre Trufaldin pour mari? Plaît-il? Dépêchez-vous, je m'en vais.

BALIVERNE.

Puisque vous me défendez de périphraser mes élocutions, et que vous exigez de mon ingénuité le laconisme d'une décision monosyllabique, la particule négative est celle dont je me servirai pour vous répondre.

Mme MERLUCHE.

Voilà bien du phébus pour dire *non!* Ah! jeunesse, jeunesse! Oh ça, puisque ces deux-là ne vous conviennent point, j'en ai deux autres à vous proposer, qui vous sont venus demander ce matin à moi. Le premier est un grand garçon....

BALIVERNE.

N'est-ce pas un jeune homme qui vient quelquefois au logis?

Mme MERLUCHE.

Cela se peut.

BALIVERNE.

Qui est si bien fait, et qui a des manières si polies?

Mme MERLUCHE.

Oui.

BALIVERNE.

Qui est toujours vêtu si magnifiquement?

Mme MERLUCHE.

Vous y êtes.

BALIVERNE.

Qui s'appelle Horace?

Mme MERLUCHE.

Justement.

BALIVERNE.

Et qui loge dans la grande place, vis-à-vis la maison du gouverneur?

Mme MERLUCHE.

C'est cela même.

BALIVERNE.

Je ne le connois point.

Mme MERLUCHE.

Au diantre soit la petite mijaurée!

SCÈNE I.

LUCETTE.

Et qui est l'autre, ma tante ?

Mme MERLUCHE.

L'autre est un jeune homme du même âge, riche, sage, bien fait, et qui s'appelle Octave. Vous riez ? Je vois bien que vous ne le connoissez pas, comme votre sœur.

LUCETTE.

Pardonnez-moi, ma tante : je le connois fort bien.

Mme MERLUCHE.

Elle est de bonne foi, celle-ci. Eh bien ! consentez-vous à le recevoir pour époux ?

LUCETTE.

Oui, ma tante.

Mme MERLUCHE.

Et vous, serez-vous bien aise d'épouser Horace ?

BALIVERNE.

Je ferai tout ce qu'il vous plaira.

Mme MERLUCHE.

Voilà qui est bien. Rentrez chacune chez vous. Je vais parler à vos tuteurs. S'ils y consentent, l'affaire se consommera dès aujourd'hui ; et s'ils n'y consentent point, je saurai bien les y obliger par force ou par adresse.

SCÈNE II.

Mme MERLUCHE, TRUFALDIN, LE CAPITAN.

LE CAPITAN.
Qu'on porte mes armes chez le fourbisseur : que mes pistolets soient bien nettoyés ; et que mon épée de combat soit prête au plus tard dans demi heure.

TRUFALDIN.
Je reviens dans le moment : qu'on m'attende au logis, et qu'on ait soin de faire bien mitonner mon potage pour ce soir.

Mme MERLUCHE.
Ah ! les voici fort à propos. Je vous cherchois, messieurs ; et j'ai une proposition à vous faire, à tous deux.

TRUFALDIN.
Me voilà prêt à vous ouïr.

LE CAPITAN.
Parlez.

Mme MERLUCHE.
Vous êtes tuteurs de mes nièces. Elles sont en âge d'être pourvues, et je dois, comme leur tante, penser à leur établissement. Vous, seigneur Trufaldin, vous connoissez Horace ? Il vous demande votre pupile en mariage. Et vous, seigneur Capitan, Octave est de vos voisins ; il est dans le dessein de

SCÈNE II.

prendre Lucette pour épouse. Voyez ce que vous avez à répondre.

TRUFALDIN.

Allons, seigneur Capitan.

LE CAPITAN.

Répondez, seigneur Trufaldin.

TRUFALDIN.

Je ne parlerai pas le premier.

LE CAPITAN.

Parlez, parlez, je vous le permets.

TRUFALDIN.

L'honneur vous appartient.

LE CAPITAN.

Eh bien! je vous l'ordonne.

Mme MERLUCHE.

Il ne faut point tant de cérémonies pour dire une parole. Parlez, vous, seigneur Trufaldin : quelle réponse faut-il que je fasse à Horace?

TRUFALDIN.

Vous pouvez lui répondre qu'il n'a qu'à prendre parti ailleurs, et que je ne suis pas dans le sentiment de lui donner votre nièce.

Mme MERLUCHE.

Et par quelle raison, je vous prie?

TRUFALDIN.

Par la raison que je suis dans le dessein de la prendre pour moi.

Mme MERLUCHE.

Fort bien. Et vous, que souhaitez-vous que je dise de votre part à Octave?

LE CAPITAN.

Vous lui direz, que s'il veut avoir Lucette, il n'a qu'à la venir chercher au bout de cette épée.

Mme MERLUCHE.

Et pourquoi cela, s'il vous plaît?

LE CAPITAN.

Parce que je suis résolu, moi, de lui faire l'honneur de la prendre pour femme.

Mme MERLUCHE.

Je ne manquerai pas de leur dire cela de votre part : mais, en attendant, je puis vous répondre de la mienne, que mes nièces ne seront, ni pour vous, ni pour vous.

LE CAPITAN.

Pauvre femme! Et où diable pouvez-vous trouver un parti plus avantageux, un parti en qui se rencontrent plus éminemment le bien, la noblesse, et la valeur? Pour mon bien, il est connu de tout le monde. J'ai huitante mille écus, à quelques zéros près, de patrimoine. Quant à la noblesse, cadédis, je descends, moi qui vous parle, en droite ligne de Nembroth : et pour ce qui est de la valeur, celle d'Alexandre, celle de Thémistocle, de Scipion, de Pompée, de César; vétilles. J'ai par-devers moi trente batailles plus sanglantes que celle du Granique, sans compter les combats singuliers, et les procédés, qui feront un jour le tableau le plus splendide du théâtre d'honneur.

Mme MERLUCHE.

Cela est vrai : témoin ce procédé que vous eûtes, il y a quelque temps, contre un passant qui vous donna je ne sais combien de soufflets, sans que vous vous missiez en défense.

LE CAPITAN.

Fi donc! Vous voulez que je m'aille commettre contre un fat, qui n'est peut-être pas gentilhomme ? D'ailleurs je ne fais rien, moi, qu'avec délibération. Ce coquin me prit pendant que je délibérois; et dans le temps que j'allois prendre mon parti, le poltron s'esquiva.

Mme MERLUCHE.

Eh! mon ami, croyez-moi, vous êtes vous-même le plus grand poltron qu'il y ait à vingt lieues à la ronde; comptez là-dessus. Mais, pour couper court, j'ai à vous dire, en un mot comme en cent, que je ne me soucie ni de Nembroth ni de Faribroth; que je suis la tante de mes nièces; et qu'à moins qu'elles ne consentent à vous épouser, je seconderai de tout mon pouvoir tous les stratagèmes qu'Horace et Octave mettront en œuvre pour vous les enlever à l'un et à l'autre.

TRUFALDIN.

J'empêcherai bien qu'Horace ne me l'enlève; et

ma maison sera si bien fermée, que je défie homme vivant d'y entrer sans canon.

LE CAPITAN.

Cadédis! si je vois Octave approcher mon hôtel de cinq cents pas, je le réduirai si bien en poussière, que le vent emportera ses cendres jusqu'à la moyenne région de l'air.

Mme MERLUCHE.

Sans tant de forfanterie, tâchez d'avoir entre ci et ce soir le consentement de mes nièces. Si vous me faites voir qu'elles vous aiment, je signerai la première à votre contrat. Sinon, je vous ferai connoître de quel bois se chauffe madame Merluche.

TRUFALDIN.

Soit. Je rentre, et je vais sur-le-champ avoir une explication là-dessus.

LE CAPITAN.

Je vais aussi faire expliquer Lucette. Souvenez-vous, cependant, que je suis le Capitan Escarbombardon de la Spopondrillade ; c'est tout dire.

SCÈNE III.

Mme MERLUCHE, HORACE, OCTAVE.

HORACE.

Hé bien, madame, quelle réponse vous a-t-on faite ?

SCÈNE III.

OCTAVE.

Quelles nouvelles avez-vous à nous apprendre?

Mme MERLUCHE.

Une bonne et une mauvaise. Mes nièces ne s'éloignent pas de vous épouser; mais leurs tuteurs se sont mis dans la tête de les épouser eux-mêmes.

HORACE.

Que ferons-nous pour détourner l'exécution de ce fatal dessein?

OCTAVE.

Quels moyens emploierons-nous pour empêcher ce funeste mariage?

Mme MERLUCHE.

C'est à vous à y rêver. Ce sont deux hommes très-propres à donner dans tous les panneaux qu'on leur voudra tendre. Mais ils vont être furieusement en garde contre vous. Votre soin est de faire en sorte de tirer mes nièces de chez eux pour les amener chez moi; et le mien est de faire tenir vos contrats tout prêts, afin de profiter vite de l'occasion. Adieu. Songez à vos affaires : je vais songer aux miennes.

SCÈNE IV.

HORACE, OCTAVE.

HORACE.

Mon cher Octave, n'imaginez-vous rien pour détourner l'orage qui nous menace?

OCTAVE.
Non.
HORACE.
Comment faire pour sortir du labyrinthe où nous sommes?
OCTAVE.
Je ne sais.
HORACE.
Ce brutal de Trufaldin ne souffrira jamais que nous entrions chez lui.
OCTAVE.
Et ce faquin de Capitan va être en garde contre toutes les tentatives que je pourrois faire pour parler à l'aimable Lucette.
HORACE.
Nous ne pourrons pas même leur écrire.
OCTAVE.
Qui est-ce qui rendroit nos lettres?
HORACE.
Tous nos valets leur sont connus.
OCTAVE.
Quel parti prendre? A quelle invention recourir? quelle résolution former?
HORACE.
Rêvez un peu de votre côté, tandis que je rêverai du mien.

SCÈNE V.

HORACE, OCTAVE, FRANCISQUE.

FRANCISQUE.

Le mérite et les talents sont bien persécutés en ce siècle de fer! J'ai toujours ouï dire que l'argent des sots est le patrimoine des gens d'esprit; et, cependant il n'est pas permis de prendre son bien où on le trouve, et vous êtes perpétuellement exposé aux irruptions de la populace, ou aux brutalités de la justice. Il faut voir si je serai plus heureux dans cette ville-ci que dans les autres; et....

HORACE.

Il me semble que j'ai vu ce coquin-là quelque part.

FRANCISQUE.

Voilà un homme qui me connoît; passons de l'autre côté.

OCTAVE.

Que vois-je? N'est-ce pas?.... oui. Eh! c'est toi, mon pauvre Francisque? Par quelle aventure te retrouvé-je en ce pays-ci? Te voilà dans un plaisant équipage!

FRANCISQUE.

Vous voyez un exemple des caprices de la fortune.

OCTAVE.

Il semble que le ciel t'ait fait venir ici pour nous

tirer d'embarras. Seigneur Horace, voilà l'homme qu'il nous faut : le génie le plus heureux, l'esprit le plus fertile en expédients que nous puissions jamais trouver.

HORACE.

J'ai quelque idée de l'avoir vu il n'y a pas long-temps.

OCTAVE.

Qu'as-tu donc fait, depuis six ans que tu as quitté mon service?

FRANCISQUE.

Ma foi, monsieur, on a beau se tourmenter pour bien faire, quand on est né malheureux, on ne réussit jamais à rien. Au sortir de chez vous, me voyant en âge de prendre un parti, je m'étois jeté dans les finances. Nous étions cinq ou six qui avions fait une compagnie pour lever un droit sur les particuliers qui vont tard dans les rues. Cela alloit assez bien dans les commencements; mais dans la suite nous fûmes traversés. Un faux frère révéla les mystères de la société. Nous nous dispersâmes; et moi, qui ai toujours eu les inclinations belliqueuses, je me jetai dans le parti des armes. Comme je ne trouvai pas d'abord d'occasion d'aller exercer ma valeur sur la frontière, je me suis mis à faire la petite guerre dans Paris, où en peu de temps je me rendis assez recommandable. Au bruit de mes grandes actions, le lieutenant-criminel fut curieux de me voir. Il m'envoya un de ses gentilshommes, et me témoigna qu'il seroit bien aise que nous eussions un quart d'heure de conversation ensemble. Je ne pus me dispenser de lui particulariser quelques faits, dont il n'avoit ouï parler qu'en gros. Il en fut charmé; et, pour me récompenser, il me donna, de son pur mouvement, un emploi sur les galères de France. J'y ai servi cinq ans avec honneur; je m'y suis fort distingué. Enfin, comme je n'exerçois que par commission, mon temps étant expiré, j'ai été licencié; et je me suis retiré dans cette province, en attendant quelque occasion qui puisse me conduire à un poste plus élevé.

OCTAVE.

Je prends part aux dignités que ton mérite t'a procurées; et....

HORACE.

Ah! par ma foi, je me le remets à son récit. C'est lui que j'ai vu, il y a six semaines, à Marseille, voler, en présence de toute la ville, le cheval d'un gentilhomme.

FRANCISQUE.

Voler un cheval! Vous me faites tort. Il est vrai que nous sortîmes ensemble de la ville à bride abattue; mais ce ne fut pas ma faute.

HORACE.

Comment! ce ne fut pas ta faute?

FRANCISQUE.

Non vraiment. Comme je passois par une petite rue fort étroite, je trouve un cheval qui étoit justement en travers du chemin. Je me mis en devoir de passer par derrière. On me cria : prenez garde, il vous donnera un coup de pied. Je voulus aller par devant. On me dit : n'avancez pas, il vous mordra. Si bien donc que, de peur d'être mordu ou estropié, il falloit nécessairement que je passasse par-dessus. Effectivement, je mis le pied dans un des étriers, et je passai une jambe. Dans ce temps-là ce diable de cheval prend le mors aux dents, et m'emporte à vingt-cinq lieues de là. Voyez, je vous prie, si cela s'appelle voler un cheval ?

OCTAVE.

Il a raison : ce n'est pas lui qui emmena le cheval, c'est le cheval qui l'emmena.

HORACE.

Voilà un compère qui a de l'esprit, et qui pourroit bien, s'il vouloit, nous tirer de l'inquiétude où nous sommes.

OCTAVE.

Or çà, mon pauvre Francisque, te sens-tu toujours ces nobles dispositions que je t'ai vues autrefois, ce génie heureux pour la fourberie, cette généreuse tendresse pour l'argent, ce vertueux mépris des coups de bâton et des étrivières ?

SCÈNE V.

FRANCISQUE.

Toujours, monsieur. Je n'ai point varié; et depuis que je ne vous ai vu, j'ai encore fortifié mes perfections de la connoissance de tous les arts qui peuvent enrichir la profession de fourbe. Je suis empirique, astrologue, maître en fait d'armes, tailleur, serrurier, maître à danser. En un mot, j'ai cinquante-trois métiers, avec lesquels je meurs de faim, c'est la vérité : mais si dans l'un ou dans l'autre je puis vous être bon à quelque chose, vous pouvez disposer librement de mon savoir-faire.

OCTAVE.

Il s'agit de tromper la vigilance de deux Argus, qui tiennent dans l'esclavage deux filles qui sont sous leur tutelle.

HORACE.

D'empêcher que ces deux brutaux n'épousent ces deux belles personnes.

OCTAVE.

De faire en sorte de les tirer de leur maison pour les conduire chez leur tante, qui est dans nos intérêts.

HORACE.

Et de trouver moyen de leur faire tenir à chacune une lettre, qui les instruise de ce que nous aurons imaginé.

OCTAVE.

L'un d'eux est le Capitan Escarbombardon, qui demeure dans ce logis.

HORACE.

Et l'autre, nommé Trufaldin, est logé dans cette maison.

FRANCISQUE.

J'en ai déjà ouï parler comme de deux imbécilles à jouer par-dessous jambe : et s'ils sont, comme on me les a dépeints, je vous les expédierai en bref, sur ma parole.

HORACE.

J'entends ouvrir. Il ne faut pas qu'on nous voie ensemble. Sortons, et allons chez la tante concerter notre entreprise.

SCÈNE VI.

TRUFALDIN, LE CAPITAN.

TRUFALDIN.

Eh bien ! seigneur Capitan, en quelles dispositions avez-vous trouvé Lucette ?

LE CAPITAN.

Par la sandis, faut-il le demander ? N'étois-je pas sûr de mon fait ? Je ne suis pas moins l'amour des belles que la terreur des ennemis.

TRUFALDIN.

Elle a consenti à votre mariage ?

LE CAPITAN.

Au contraire : ma présence a fait une si vive impression sur son cœur, qu'elle en a perdu le sens ;

SCÈNE VI.

et au lieu de oui, qu'elle vouloit dire, elle m'a toujours répondu non.

TRUFALDIN.

Il faut que j'aie fait la même impression sur le cœur de la mienne; car elle m'a répondu de la même manière.

LE CAPITAN.

Je n'en ai jamais manqué une. Je n'ai besoin que d'un regard, d'un coup d'œil, je vous les ensorcelle toutes.

TRUFALDIN.

Vous verrez que ces vives impressions-là seront cause que nous ne les épouserons ni l'une ni l'autre.

LE CAPITAN.

La pudeur les retient, sur ma parole.

TRUFALDIN.

Cela se pourroit bien; car j'ai ouï dire à la mienne, qui lit les romans, qu'Astrée ne déclara sa passion à Céladon qu'à la fin du cinquième volume.

LE CAPITAN.

Voilà le fait. Nous n'avons qu'à attendre. Elles y viendront tôt ou tard.

TRUFALDIN.

Je trouve la chose assez problématique; et je voudrois, pour beaucoup, être éclairci de la vérité.

SCÈNE VII.

TRUFALDIN, LE CAPITAN, Mme MERLUCHE.

####### Mme MERLUCHE.

Je suis bien aise de vous rencontrer. On vient de m'adresser un homme admirable, un fameux astrologue, qui est arrivé depuis peu en ce pays-ci. C'est un personnage extraordinaire, un homme qui possède la philosophie cabalistique, et les sciences divinatoires, comme celui qui les a faites. Il m'a dit du premier coup, tout ce qui m'est arrivé depuis que je suis au monde : et il m'a assuré qu'il vous feroit voir, clair comme le jour, si vous êtes aimés de mes nièces. Vous savez que j'ai mis votre mariage avec elles à cette condition-là ; et j'en passerai par tout ce qu'il me dira.

####### TRUFALDIN.

Envoyez-le-nous promptement, madame Merluche, envoyez-le-nous promptement.

####### LE CAPITAN.

Quant à moi, je suis sûr de Lucette : la sotte m'adore, autant vaut. Mais baste, ne laissez pas de m'envoyer ce pauvre diable.

####### Mme MERLUCHE.

Il est à deux pas d'ici, je vais vous le faire venir tout présentement.

SCÈNE VII.

TRUFALDIN.

Il faut voir si cet habile homme nous apprendra ce que nous desirons savoir.

LE CAPITAN.

Le voici, sans doute.

SCÈNE VIII.

TRUFALDIN, LE CAPITAN, FRANCISQUE,
habillé en docteur.

FRANCISQUE s'avance au milieu d'eux, les prend chacun en même temps par la tête, et les fait incliner fort bas, puis les relève fort brusquement; après quoi il leur dit :

Puisse Jupiter, dans le signe du Lion, présider toujours à vos entreprises !

TRUFALDIN.

Quelle diantre de cérémonie est ceci ?

FRANCISQUE.

Je suis le célèbre astrologue Melchior Alcofribas, issu en droite ligne de la nymphe Égérie et du sylphe Oromasis, petit-fils de Mercure Trismégiste, neveu d'Agrippa, oncle de Nostradamus, beau-frère de Mélusine, et cousin-germain de l'Almanach de Milan.

LE CAPITAN.

Ce gentilhomme a de belles alliances.

FRANCISQUE.

Vous voyez en moi le type, le prototype et l'archétype des philosophes, l'intendant-général des sept planètes, le commissaire ordonnateur des éclipses, et le gouverneur perpétuel des deux ourses, du dragon, du serpent, du chien, de l'hydre, du taureau, du lion, du scorpion, et de toute la ménagerie céleste.

TRUFALDIN.

Monsieur le docteur, nous voudrions....

FRANCISQUE.

C'est moi qui ai inventé la cabale, qui ai mis dans le monde les sciences occultes, chiromancie, pédomancie, hydromancie, pyromancie, alectromancie, sternutomancie, négromancie, pharmacie et apoplexie.

LE CAPITAN.

Nous voudrions savoir....

FRANCISQUE.

Il y a dix-sept cents ans que je voyage dans le monde, où je suis connu sous le nom de Juif-errant. Depuis ce temps-là, j'ai parcouru tous les royaumes de la terre : la France, l'Espagne, l'Italie, la Turquie, la Hongrie, l'Esclavonie, la Moldavie, la Scythie, la Tartarie, l'Arabie, l'Abyssinie, l'Egypte et le pays du Maine; et enfin je suis venu m'établir en cette ville, pour me reposer un peu de toutes mes longues fatigues.

TRUFALDIN.

Vous devez avoir apporté beaucoup de curiosités

SCÈNE VIII.

de tous ces pays étrangers que vous venez de nommer?

FRANCISQUE.

Sans doute; mais j'en ai donné la plus grande partie au cabinet du roi des terres australes; et je n'ai apporté avec moi qu'une pomme de canne au bec de corbin, faite d'une dent de lait de l'éléphant blanc; une pyramide d'Égypte avec la momie de Pharaon; un basilic d'Éthiopie, qui a tué deux cent mille hommes aux guerres de Congo; le perroquet du grand Mogol, qui parle dix-sept sortes de langues, et répondoit aux harangues des ambassadeurs; une fiole de sens commun, dont je vous ferai présent, si vous voulez; et une perruque faite des cheveux de la comète qui parut en mil six cent quatre-vingt-un.

LE CAPITAN.

. Mon ami, je veux, pour joindre à ces raretés, te faire présent d'une de mes épées. Ce sera le plus beau meuble de ton trésor.

TRUFALDIN.

Monsieur le docteur, nous sommes persuadés de votre admirable savoir, et nous vous dirons de nous éclaircir un doute. Nous sommes tuteurs de deux jeunes personnes que nous avons dessein d'épouser; mais leur tante n'y veut point consentir, qu'elle ne sache si nous en sommes aimés; et elles s'expliquent là-dessus d'une manière très-ambiguë.

Or, nous serions bien aises, par le moyen de vos rares connoissances, d'apprendre au vrai ce qui en est.

FRANCISQUE.

C'est-à-dire que le soleil de leurs regards a fait éclipser la lune de votre entendement; et que vous voudriez savoir par moi si l'étoile de vos desirs se pourra trouver quelque jour en conjonction avec la planète de leur consentement.

TRUFALDIN.

C'est cela même.

FRANCISQUE.

Et dites-moi un peu.... Quel rêve avez-vous fait cette nuit?

TRUFALDIN.

Ah, malepeste! j'ai fait le plus terrible rêve du monde. Je songeois que j'étois métamorphosé en chouette, et que je voyois dans l'air une quantité prodigieuse d'alouettes. J'en ai vu une entre autres, la plus appétissante du monde, et j'ai volé après elle pour la gober; mais comme j'en étois tout proche, il est venu un étourneau qui me l'a enlevée sur la moustache; et tout d'un coup j'ai repris ma figure humaine, avec cette différence que je me suis trouvé un nez si long, que je n'en ai jamais pu voir le bout. Je vous prie de me dire quel signe c'est.

SCÈNE VIII.

FRANCISQUE.

Quel signe c'est ?

TRUFALDIN.

Oui.

FRANCISQUE.

C'est signe.... c'est signe.... de mort subite.

TRUFALDIN.

De mort subite ?

FRANCISQUE.

Oui, c'est cela assurément. Ne dormez-vous pas volontiers, quand vous avez fait un bon repas ?

TRUFALDIN.

Quelquefois, quand je suis seul.

FRANCISQUE.

Mort subite. Ne vous prend-il point des envies de bâiller, quand vous voyez bâiller quelqu'un ?

TRUFALDIN.

Pour l'ordinaire.

FRANCISQUE.

Mort subite. Et quand il fait un vent de bise en hiver, n'avez-vous pas froid au bout du nez ?

TRUFALDIN.

Toujours, quand je vais à l'air.

FRANCISQUE.

Mort subite, vous dis-je ; *subitus, subita, subitum, per omnia sæcula sæculorum.*

TRUFALDIN.

Comment diable, mort subite !

FRANCISQUE.

Oui; mais consolez-vous, ce ne sera que dans soixante ou quatre-vingts ans.

TRUFALDIN.

Passe pour cela.

FRANCISQUE.

Or sus, je vais travailler à vous faire connoître clairement si vous êtes aimés ou non des deux pupilles que vous voulez épouser.

TRUFALDIN.

Je vous en prie de tout mon cœur.

FRANCISQUE.

Si j'avois achevé ma carte cosmo-géo-hydro-choro-topographique du royaume de Saturne, je vous mettrois l'affaire au net dans le moment; mais au défaut de cela, j'ai une ceinture constellée qui a servi autrefois au prêtre Jean dans une semblable occasion, et qui fera le même effet, après quelques préparations nécessaires.

TRUFALDIN.

Cela fera des merveilles.

FRANCISQUE, à part.

Voici deux lettres qu'il faut faire tenir aux nièces.

TRUFALDIN.

Qu'est-ce que c'est que ces deux papiers que vous tenez là ?

FRANCISQUE.

Chut.... Ce sont deux lettres.... Je veux dire deux

SCÈNE VIII.

tables astronomiques, dont l'une contient votre thème natal, et l'autre l'horoscope des enfants qui doivent naître de votre mariage. Çà, commençons l'opération. Mettez-vous à genoux.

TRUFALDIN.

A genoux?

FRANCISQUE.

Oui, à genoux, et appuyez-vous sur vos deux mains. Allons, vous monsieur le spadassin qui bâillez aux corneilles, à genoux.

LE CAPITAN.

Comment, malheureux, à genoux, moi! Si tout l'univers s'écrouloit sur mes épaules, il n'auroit pas le talent de me faire plier la jambe.

FRANCISQUE.

Comment! Vous êtes réfractaire aux ordonnances de l'astrologie! Je vous déclare, de la part du zodiaque, que vous allez devenir hydropique.

LE CAPITAN.

Hydropique?

FRANCISQUE.

Non-seulement hydropique, mais encore pulmonique.

LE CAPITAN.

Je suis mort!

FRANCISQUE.

Non-seulement pulmonique, mais encore épileptique.

LE CAPITAN.

Monsieur le docteur !

FRANCISQUE.

Non-seulement épileptique, mais encore paralytique.

LE CAPITAN.

Miséricorde !

FRANCISQUE.

Et qu'enfin après avoir été hydropique, pulmonique, épileptique, paralytique, et par-dessus cela phrénétique, vous mourrez hérétique. Adieu.

LE CAPITAN.

Holà, monsieur le docteur, ne vous en allez pas : nous nous mettrons comme il vous plaira.

FRANCISQUE.

Ah, que diantre., on a bien de la peine à vous mettre à la raison ! Allons, bien bas. Encore plus bas. Voilà qui est bien. Ne tournez pas la tête.

(Francisque, après avoir fait plusieurs contorsions et prononcé quelques mots barbares, leur attache, derrière le manteau, les deux lettres qu'il veut faire tenir à Lucette et à sa sœur, en leur disant de temps en temps :)

Ne tournez pas la tête. (Ensuite de quoi il leur dit) : Voilà qui est fait. Levez-vous.

TRUFALDIN, en se relevant.

C'est une chose admirable que l'astrologie !

FRANCISQUE.

(Francisque, pour empêcher qu'aucun d'eux ne puisse voir ce qui est attaché sur le manteau de l'autre, se met entre eux, et leur passe à chacun un bras sous le sien, en leur tenant le discours suivant :)

Messieurs, voici un argument qui vous fera voir l'existence, la certitude, et l'évidence de l'astrologie judiciaire. Écoutez bien ceci, s'il vous plaît. Les astres.... Non. Les planètes.... Si fait, je dis bien : les astres.... Je crois pourtant que ce sont les planètes. Ma foi, je ne sais si ce sont les planètes ou les astres. Tant il y a que c'est l'un ou l'autre. Or ces planètes, ou ces astres, si vous voulez, ressemblent à des étoiles. Remarquez bien ceci. Les étoiles sont comme des flambeaux. Les flambeaux produisent la lumière. La lumière est ce qui nous illumine. En illuminant elle chasse les ténèbres. Les ténèbres se forment dans la nuit. La nuit.... tous les chats sont gris. *Atqui* : le pôle arctique et le pôle antarctique formant une espèce de triangle exagone, par la sympathie qu'il y a avec l'antipathie des rayons du soleil et de la lune : il s'ensuit que la réverbération.... de la subordination... qui se trouve.... pour ainsi dire.... par exemple.... comme.... dans un tourbillon : les influences.... les influences.... Comment vous appelez-vous ?

TRUFALDIN.

Je m'appelle le seigneur Trufaldin.

FRANCISQUE.

Voilà un vilain nom. Pourquoi diable vous appelez-vous comme cela ? Trufaldin ! il ne faut qu'un nom comme celui-là, pour déconcerter tout l'observatoire.

TRUFALDIN.

Apportez-nous donc vitement votre ceinture constellée.

FRANCISQUE.

Je vais vous la chercher. Mais vous avez là des manteaux qui vous embarrassent. Vous ne pourrez jamais vous en servir avec ce harnois. Appelez vos deux maîtresses, afin qu'elles les emportent. Aussi-bien est-il nécessaire que je les voie.

LE CAPITAN.

C'est fort bien pensé.

TRUFALDIN.

Il a raison.

SCÈNE IX.

TRUFALDIN, LE CAPITAN, LUCETTE, BALIVERNE, FRANCISQUE.

LE CAPITAN.

Hola, Lucette.

TRUFALDIN.

Descendez, Baliverne.

LUCETTE.

Que vous plaît-il, seigneur Capitan?

BALIVERNE.

Que desirez-vous, seigneur Trufaldin?

SCÈNE IX.

LE CAPITAN.

Otez-moi le manteau, et me le pliez proprement.

TRUFALDIN.

Prenez ma houppelande, et gardez-vous bien de la gâter.

LUCETTE et BALIVERNE, apercevant les deux lettres.

Ah, ah, ah, ah, ah, ah!

LE CAPITAN.

A qui en avez-vous donc?

TRUFALDIN.

Qu'est-ce que ce fou rire qui vous prend?

LUCETTE.

Ce n'est rien, seigneur Capitan.

BALIVERNE.

C'est un rire de réminiscence, monsieur.

FRANCISQUE.

Je vais maintenant chercher votre affaire.

SCÈNE X.

TRUFALDIN, LE CAPITAN, FRANCISQUE.

TRUFALDIN.

Voila un homme d'un prodigieux savoir!

LE CAPITAN.

S'il étoit aussi consommé dans la science des armes que dans celle de l'astrologie, j'en ferois mon valet de chambre.

FRANCISQUE.

Je vous apporte la ceinture en question. Mais je n'ai pas songé à une chose. Le prêtre Jean est fort gros, et vous êtes tous deux assez menus. Cela ne pourra jamais vous servir séparément : car pour bien faire, il faut que vous soyez extrêmement serrés.

LE CAPITAN.

Comment ferons-nous donc?

FRANCISQUE.

Attendez : je m'avise d'une chose. Elle a assez de longueur pour vous servir en même temps. Vous n'avez qu'à vous mettre dos à dos, et je vous l'attacherai à tous deux par le milieu du corps.

TRUFALDIN.

Oui; mais si on nous voit en cet état, on se moquera de nous?

FRANCISQUE.

Bon, bon! personne ne passe à l'heure qu'il est. Laissez-moi faire seulement.

TRUFALDIN.

Elle est d'acier, monsieur le docteur?

FRANCISQUE.

Vraiment oui. C'est une ceinture magique, semée de talismans, gravés au signe et à l'heure de Mercure, en quadrat avec Jupiter. Vous verrez avec cela des choses terribles.

SCÈNE X.

LE CAPITAN.

Terribles ! Cela ne fera-t-il point peur au seigneur Trufaldin ?

FRANCISQUE.

En aucune façon.

LE CAPITAN.

Vous la fermez au cadenas, monsieur le docteur ?

FRANCISQUE.

Et oui, vraiment. Cela est essentiel. Or sus, voilà qui est bien. Vous allez voir tout à l'heure quelque chose qui vous surprendra.

LE CAPITAN.

Je suis fort serré, monsieur le docteur.

TRUFALDIN.

Et moi aussi.

FRANCISQUE.

Tant mieux, vous ne sauriez l'être trop. Demeurez là, je vais faire un tour, et je reviens dans le moment.

(à part.)

Allons promptement faire venir nos amants.

SCÈNE XI.

TRUFALDIN, LE CAPITAN, FRANCISQUE, HORACE, OCTAVE.

TRUFALDIN.

Ne voyez-vous rien, seigneur Capitan ?

LE CAPITAN.

Je ne vois rien.

FRANCISQUE, à Octave et à Horace.

Voilà nos renards dans le piége; profitez-en. Je me retire.

TRUFALDIN.

Morbleu! je vois quelque chose, moi : Horace s'approche de ma maison.

LE CAPITAN.

Ah ventre! Octave vient à mon logis.

TRUFALDIN.

On ouvre ma porte!

LE CAPITAN.

On ouvre aussi la mienne!

TRUFALDIN.

Baliverne sort avec lui!

LE CAPITAN.

Lucette lui donne la main!

TRUFALDIN.

Laissez-moi donc aller.

LE CAPITAN.

Laissez-moi aller vous-même.

BALIVERNE, à Trufaldin.

Seigneur Trufaldin, je vous souhaite toutes sortes de prospérités.

LUCETTE, au Capitan.

Seigneur Capitan, je suis votre très-humble servante.

SCÈNE XI.

TRUFALDIN.

Il me l'emmène, seigneur Capitan!

LE CAPITAN.

Elle s'en va avec lui, seigneur Trufaldin!

TRUFALDIN.

Ne me retenez donc pas.

LE CAPITAN.

C'est vous qui me retenez.

TRUFALDIN.

Ah! nous sommes pris pour dupes! Je suis au désespoir. J'enrage.

SCÈNE XII.

TRUFALDIN, LE CAPITAN, Mme MERLUCHE.

Mme MERLUCHE, s'étouffant de rire.

Ah! mon Dieu! qu'est-ce que c'est que cela? Êtes-vous devenus fous? Est-ce une farce que vous jouez?

TRUFALDIN.

Ah, madame Merluche, votre scélérat d'astrologue....

Mme MERLUCHE.

Comme vous voilà fagotés! hé, hé, hé, hé!

LE CAPITAN.

C'est une fourberie....

M#### Mme MERLUCHE.

Qui est-ce qui vous a ajustés comme cela? Ah, ah, ah, ah!

TRUFALDIN.

Je vous dis que....

Mme MERLUCHE.

On va se moquer de vous.

LE CAPITAN.

C'est ce coquin....

Mme MERLUCHE.

Vous n'êtes pas raisonnable.

TRUFALDIN.

Je veux vous dire....

Mme MERLUCHE.

Un homme sérieux comme vous!

LE CAPITAN.

Vous aurez....

Mme MERLUCHE.

Une personne de votre profession!

TRUFALDIN.

Peste soit de la babillarde! Je vous dis que c'est ce pendard que vous nous avez envoyé, qui nous a mis en cet etat; et pendant ce temps-là, Octave et Horace ont emmené vos nièces.

Mme MERLUCHE.

Octave et Horace ont emmené mes nièces?

TRUFALDIN.

Oui, mais....

Mme MERLUCHE.

Si cela est, c'est un signe évident qu'elles ne vous aiment point.

LE CAPITAN.

Débarrassez-moi de cette ferraille, et je les attraperai, fussent-ils au fond des abîmes de l'océan.

SCÈNE XIII.

TRUFALDIN, LE CAPITAN, Mme MERLUCHE, OCTAVE, HORACE.

HORACE.

Vous n'irez pas si loin, messieurs; nous voici.

Mme MERLUCHE, à Trufaldin et au Capitan.

Mes enfants, il faut avaler cela tout doucement. Je vous ai proposé tantôt deux partis sortables pour mes nièces. Vous avez voulu vous approprier leurs personnes et leur bien; cela ne vous a pas réussi; elles sont chez moi. J'ai signé leur contrat: le voilà; et si vous voulez être décadenassés, il faut que vous preniez la peine de le signer aussi.

TRUFALDIN.

Moi, signer le contrat?

LE CAPITAN.

J'aimerois mieux ne porter jamais épée.

OCTAVE.

Seigneur Capitan, je veux bien commencer par vous mettre en liberté; mais quand vous y serez, soyez persuadé que je vous donnerai les étrivières jusqu'à ce que vous ayez signé.

LE CAPITAN.

Donnez ; je signerai à votre considération.

TRUFALDIN.

Puisque la chose est faite, il faut bien s'y résoudre.

OCTAVE.

Vous pouvez aller maintenant où il vous plaira.

Mme MERLUCHE.

Seigneur Octave, et vous, seigneur Horace, venez chez moi pour y célébrer vos mariages. Et vous, messieurs, rentrez chacun dans vos logis; et, si vous m'en croyez, ne parlez de cette aventure que le moins qu'il vous sera possible.

SCÈNE XIV.

Sept masques conduits par Francisque, et portant la marque des sept planètes, viennent former une entrée mêlée de récits, par où finit la comédie.

FIN DE LA CEINTURE MAGIQUE.

JASON,

OU

LA TOISON-D'OR,

OPÉRA,

Représenté, pour la première fois, le vendredi 6 janvier, 1696. — Musique de COLASSE.

PERSONNAGES

DU PROLOGUE.

PAN.
SUITE DE PAN.
CHOEURS DE BERGERS.
LA PAIX.
SUITE DE LA PAIX.

JASON,

ou

LA TOISON-D'OR,

OPÉRA.

PROLOGUE.

Le théâtre représente une campagne coupée par le fleuve de la Seine.

PAN.

Un doux repos suspend les troubles de la guerre :
Dans nos tranquilles champs les jeux vont revenir ;
  Et Mars, las d'alarmer la terre,
  Leur permet de se réunir.
Vous, qui du Dieu des bois révérez la puissance,
Et vous, peuples heureux qui vivez sur ces bords,
  Par vos chants de réjouissance
  Faites éclater vos transports.
  Chantez la valeur et la gloire
  Du héros qui vous rend heureux :
  Et qu'une éternelle mémoire
Consacre dans vos cœurs ses bienfaits généreux.

CHOEUR.

Chantons la valeur et la gloire
Du héros qui nous rend heureux,
Et qu'une éternelle mémoire
Consacre dans nos cœurs ses bienfaits généreux.

PAN.

Quel bruit harmonieux ici se fait entendre?
Quelle douce clarté se répand dans les airs?
Ces nuages brillants, ces aimables concerts
M'annoncent que la paix en ces lieux va se rendre.
Déesse des plaisirs, douce et charmante Paix,
Quel destin fortuné vous rend à nos souhaits?

LA PAIX.

Un roi que le ciel a fait naître,
Pour partager les soins et le pouvoir des Dieux,
Fixe mon séjour en ces lieux;
C'est lui qui sur ces bords m'ordonne de paroître.
La guerre contre moi ligue tous les mortels:
Leur perfide cœur m'abandonne,
Pour suivre la fière Bellone,
Et leur main sacrilége a brisé mes autels:
Mais contre leur rage funeste,
Ce héros m'offre un sûr appui;
Et son empire est aujourd'hui
Le seul asile qui me reste.

PAN.

Vainqueur de cent peuples jaloux,
Il ne porte chez eux le flambeau de la guerre,

PROLOGUE.

Que pour forcer leur injuste courroux
D'accepter le repos qu'il veut rendre à la terre.

LA PAIX.

C'est en vain qu'à ses ennemis
Son cœur se montre favorable ;
Leur orgueil, mille fois soumis,
Renaît du malheur qui l'accable.

PAN.

Quel est de cet orgueil le déplorable fruit !
De leurs derniers efforts tout l'effet se réduit
A pouvoir immoler leurs peuples en alarmes
  A toutes les horreurs de Mars ;
  Et contre leurs propres remparts
Tourner la fureur de leurs armes.

LA PAIX.

Laissons-les s'égarer dans leurs vagues projets,
Et goûtons les douceurs d'un repos plein d'attraits.

TOUS DEUX ENSEMBLE.

Préparons des fêtes nouvelles :
Rappelons en ces lieux l'amour et les plaisirs ;
  Et par des chansons immortelles
Signalons le bonheur qui s'offre à nos desirs.

(Le chœur répète ces quatre derniers vers ; la suite de la Paix et celle de Pan forment une entrée, au milieu de laquelle deux bergers chantent séparément les deux couplets qui suivent :)

PREMIER BERGER.

Tôt ou tard l'amour nous engage.
C'est un juste tribut qu'on doit à ce vainqueur ;

Quand la raison nous dit que nous avons un cœur,
L'Amour nous en apprend l'usage.

SECOND BERGER.

En vain, pour fuir l'Amour, un cœur veut se contraindre :
C'est un feu qu'on ne peut calmer ;
Et tout ce qu'on fait pour l'éteindre,
Ne sert souvent qu'à l'allumer.

LA PAIX.

Retraçons aujourd'hui la célèbre entreprise
Qui conduisit JASON sur les bords de Colchos ;
Et montrons ce que peut la vertu d'un héros,
Lorsque le ciel la favorise.

LE CHOEUR.

Charmants plaisirs, jeux pleins d'appas,
Venez, rassemblez-vous dans ces heureux climats.

FIN DU PROLOGUE.

JASON,

TRAGÉDIE EN CINQ ACTES.

PERSONNAGES

DE LA TRAGÉDIE.

ÆÉTÈS, roi de Colchos.
MÉDÉE, célèbre enchanteresse, fille d'Æétès.
JASON, chef des Argonautes.
ORPHÉE, l'un des Argonautes, confident de Jason.
HYPSIPYLE, reine de Lemnos.
CHOEUR DE COMBATTANTS qu'on ne voit point.
SUITE DU ROI.
SUITE DE MÉDÉE.
VÉNUS.
NEPTUNE.
SUITE DE NEPTUNE.
TROUPE DE DÉMONS.
L'AMOUR.
SUITE DE L'AMOUR.
LA SIBYLLE.
SUITE DE LA SIBYLLE.
CHOEUR et TROUPE D'ARGONAUTES.
TROUPE DE COMBATTANTS sortis de la terre.

JASON,
TRAGÉDIE.

ACTE PREMIER.

Le théâtre représente un camp.

SCÈNE PREMIÈRE.
JASON, ORPHÉE.

ORPHÉE.

C'est trop garder un timide silence :
Nos Grecs, si long-temps abusés,
Ne souffrent plus qu'avec impatience
Cet indigne repos où vous les réduisez.
De la riche Toison ils cherchent la conquête ;
Colchos garde en ses murs ce dépôt précieux :
Le ciel nous y conduit : leur troupe est toute prête ;
Et vous seul retardez ce dessein glorieux.

JASON.

Au milieu des horreurs d'une guerre effroyable,
Dois-je accabler encore un roi trop déplorable,
Qui nous a comblés de bienfaits ?

Le Scythe sur ces bords a porté l'épouvante :
D'un combat furieux nous voyons les apprêts.
Ce prince espère en nous : remplissons son attente ;
    Combattons pour ses intérêts,
Et que de notre zèle une preuve éclatante
    Puisse autoriser nos projets.

ORPHÉE.

Pour nous engager à vous croire,
Cessez de prendre un vain détour :
Le voile pompeux de la gloire
Sert souvent à cacher l'amour.
Aux rives de Lemnos une reine charmante
    A long-temps arrêté vos pas ;
Et lorsqu'un sort heureux répond à notre attente,
La beauté de Médée amuse votre bras.
    Ah ! quand la gloire nous appelle,
Est-il temps de languir dans une amour nouvelle ?
N'en suspendrez-vous point le cours trop odieux ?
Tant d'illustres guerriers n'ont-ils quitté la Grèce,
    Que pour venir être en ces lieux
    Les témoins de votre foiblesse ?

JASON.

Hélas !

ORPHÉE.

Vous soupirez ?

JASON.

    Tu connois mes malheurs :
Vainement je voudrois te cacher mes douleurs.

ACTE I, SCÈNE I.

Hypsipyle m'aimoit ; mon cœur brûloit pour elle :
Les jours les plus heureux n'étoient faits que pour nous.
    Fatal devoir, gloire cruelle,
    Que je serois heureux sans vous !
Il fallut la quitter, cette reine si belle.
La perte d'un bonheur que je trouvois si doux,
    Porte à mon cœur les plus sensibles coups :
Plus mon sort eut d'attraits, plus ma peine est mortelle.
Trop cruel souvenir d'un bonheur qui n'est plus,
N'offrez plus à mon cœur votre douceur passée ;
Éloignez-vous : fuyez de ma triste pensée :
Pourquoi m'entretenir des biens que j'ai perdus !
Je guérirois des maux dont j'ai l'âme blessée,
    Si de mes esprits prévenus
    Votre image étoit effacée.
Trop cruel souvenir d'un bonheur qui n'est plus,
N'offrez plus à mon cœur votre douceur passée.

ORPHÉE.

Tandis qu'en cette cour vous prodiguez vos vœux,
Croirai-je qu'Hypsipyle occupe encor votre âme ?

JASON.

Écoute le secret de ma nouvelle flamme,
    Et plains mon destin rigoureux.
En perdant la Toison, le roi perd sa puissance.
    Pour prévenir les coups du sort,
Médée a de son art employé l'assistance.
    Que peut contre elle un inutile effort ?
    Et quelle valeur indomptable

De ses enchantements pourroit forcer le cours?
Pour vaincre son art redoutable,
L'Amour, le seul Amour m'offre ici son secours.
Cependant conçois-tu l'excès de ma tristesse?
A de feintes ardeurs j'immole ma tendresse;
Malgré moi je trahis un objet plein d'appas.
Ah! c'est une rigueur extrême
D'être réduit à quitter ce qu'on aime,
Pour s'attacher à ce qu'on n'aime pas!

ORPHÉE.

Je vois paroître la princesse.

JASON.

Cours rassembler nos Grecs; je te suis : laisse-nous.

SCÈNE II.

JASON, MÉDÉE.

JASON.

Princesse, où vous exposez-vous?
Ah! fuyez un séjour d'horreur et de tristesse.

MÉDÉE.

Je ne viens point, par un indigne effroi,
Arrêter en ces lieux l'ardeur qui vous anime :
Partez, volez, courez servir le roi;
Aux héros tels que vous, c'est un soin légitime.
Plus votre cœur est magnanime,
Et plus il est digne de moi.

JASON.

Ne puis-je obéir à ma gloire
Qu'en quittant l'objet que je sers ?
Tous les honneurs de la victoire
Pourront-ils me payer des douceurs que je perds ?

MÉDÉE.

Vous m'aimez, votre ardeur m'est chère ;
Je frémis des périls où vous allez courir :
Mais le devoir l'ordonne, il lui faut obéir,
Et l'amour doit se taire.
Adieu, Jason, évitez-moi :
Je sens redoubler mes alarmes.
Fuyez de dangereuses larmes ;
Je crains pour vous le trouble où je me voi.

JASON et MÉDÉE.

Ah ! quelle peine extrême
De quitter ce qu'on aime !
Que mon sort seroit doux,
S'il ne falloit jamais me séparer de vous !

SCÈNE III.

MÉDÉE, COMBATTANTS derrière le théâtre.

COMBATTANTS.

Courons, courons où l'honneur nous appelle :
Remplissons tout de sang et de terreur ;
Que le trépas, le carnage et l'horreur
Nous ouvrent les chemins d'une gloire immortelle !

MÉDÉE.

Que de cris furieux
Se font entendre dans ces lieux!

COMBATTANTS.

Que notre ardeur se renouvelle!
Sous nos funestes traits, tombez, audacieux!

MÉDÉE.

O dieux! ô justes dieux!
Quelle rage cruelle!

COMBATTANTS.

Que notre ardeur se renouvelle!
Sous nos funestes traits, tombez, audacieux!

MÉDÉE.

Quelle horreur! quelle triste image!
Mon cœur se sent glacer d'effroi.
Peut-être en cet instant mon amant ou le roi....
O ciel! détourne un si cruel présage;
C'est à toi seul que j'ai recours.
Mon art de leurs destins ne peut changer le cours.
Je mets mon seul espoir en ta bonté suprême :
Conserve-moi tout ce que j'aime.
Juste ciel, prends soin de leurs jours;
J'implore ton secours.
Mais tout redouble ici mon désespoir extrême.

COMBATTANTS.

Périssez tous, périssez tous;
Cédez à l'effort de nos coups.

SCÈNE IV.

MÉDÉE, LE ROI.

LE ROI.

Le calme va bientôt succéder à l'orage ;
Nous triomphons, ma fille, et le Scythe est soumis.
Jason poursuit encore un reste d'ennemis,
Qui ne sauroit long-temps occuper son courage.
  Vous allez revoir ce vainqueur,
   Moins satisfait de sa victoire,
    Que sensible à la gloire
  D'avoir su toucher votre cœur.

SCÈNE V.

LE ROI, MÉDÉE, JASON, suite du roi, suite de médée.

JASON, au roi.

Vos ennemis, livrés au destin de la guerre,
De leur perfide sang ont fait rougir la terre.
Leur roi seul échappé de ce désordre affreux,
Traînoit de ses soldats les débris malheureux :
  Nos Grecs n'ont songé qu'à le suivre.
Je l'ai joint dans ce bois, et sa mort vous délivre
  D'un ennemi si dangereux.

LE ROI.

Après ce grand exploit, est-il en ma puissance

JASON,

De payer vos rares bienfaits?
Prescrivez en la récompense;
Et quel que soit le prix qu'exigent vos souhaits,
Soyez sûr des effets de ma reconnoissance.
Et vous, peuples, chantez l'invincible héros
Qui vous assure un plein repos.

LE ROI et MÉDÉE.

Pour célébrer sa gloire,
Réunissons nos voix :
La paix et la victoire
Sont les fruits glorieux de ses fameux exploits.

CHOEUR.

Pour célébrer sa gloire,
Réunissons nos voix :
La paix et la victoire
Sont les fruits glorieux de ses fameux exploits.

MÉDÉE et JASON.

Il est temps de bannir les larmes;
Jouissons d'un sort plein de charmes.
Le ciel rend nos vœux satisfaits :
Tout cède à l'effort de nos armes.
Après de mortelles alarmes,
Qu'il est doux de s'aimer en paix !

UNE DES SUIVANTES DE MÉDÉE.

Les Dieux ont pour nous
Fait éclater leur puissance;
Nos voisins jaloux
Sont soumis sans résistance.

De leur courroux
Ne craignons plus les atteintes;
Un sort plus doux
Finit le cours de nos plaintes.
Que de plaisirs
Vont s'offrir à nos desirs!

LE CHOEUR.

La paix va régner sur la terre.
Vivons heureux, profitons des beaux jours.
Les funestes cris de la guerre
Vont faire place aux doux chants des Amours.

FIN DU PREMIER ACTE.

ACTE II.

Le théâtre représente le port de la capitale de la Colchide.

SCÈNE PREMIÈRE.

JASON, seul.

Laisse-moi respirer, malheureuse contrainte :
    Funeste effet d'une odieuse feinte,
      Triste remords qui vient me déchirer,
          Laisse-moi respirer.
Quelle honte, grands Dieux! ah! quel supplice extrême!
     Je feins de haïr ce que j'aime,
      Et d'adorer ce que je hais.
Je trahis Hypsipyle, et Médée, et moi-même.
Quelle honte, grands Dieux! ah! quel supplice extrême!
Mais quoi! ce riche don que je m'étois promis,
    Sans ce secours ne peut m'être permis !
      Tout m'annonce une mort affreuse....
Que dis-je ? ah! bannissons une terreur honteuse.
     Ce prix seroit trop acheté,
S'il falloit l'obtenir par une indignité.
Ma feinte à la princesse a trop fait d'injustice :
    N'abusons plus de sa crédulité.

Je vais, par un aveu dépouillé d'artifice,
Faire éclater la vérité.
Mais quels concerts se font entendre?
Quelle Divinité dans ces lieux va descendre?

SCÈNE II.

JASON, VÉNUS sur son char.

VÉNUS.

Vénus s'intéresse à ton sort.
Garde-toi d'écouter le dangereux transport
Où ton cœur s'abandonne.
L'Amour veut par tes soins être victorieux;
Tu dois suivre ce qu'il ordonne :
La vertu des mortels est d'obéir aux Dieux.

JASON.

C'en est trop, déesse charmante;
Je vais, sans balancer, répondre à votre attente.

SCÈNE III.

JASON, LE ROI, MÉDÉE.

LE ROI.

Prince, il faut m'acquitter de ce que je vous dois.
La princesse vous a su plaire :
De mon trône, affermi par vos fameux exploits,
Recevez le juste salaire.
Je veux que l'hymen en ce jour

JASON,

Soit le prix de votre victoire.
Joignez aux honneurs de la gloire
Les douceurs de l'amour.

JASON.

Quel prix d'une flamme si belle !
Que mon destin a de douceur !
Après un tel bienfait, m'est-il permis, seigneur,
De me flatter d'une grâce nouvelle ?
Nos Grecs ont partagé mes soins et mes travaux :
Ils doivent partager votre reconnoissance.
Daignez encore à ces héros
Accorder une récompense.

LE ROI.

Parlez ; et quelque bien qui flatte ici leurs yeux,
Ils seront satisfaits, j'en atteste les Dieux.

JASON.

Tant que le ciel pour eux répandra sa lumière,
Rien ne peut les toucher que la riche Toison.

LE ROI.

Dieux ! que me dites-vous ?

MÉDÉE, à part.

Ah ! perfide Jason !

JASON.

Daignez à leur valeur guerrière
Ouvrir cette noble carrière.

MÉDÉE, à part.

Juste ciel, quelle trahison !

LE ROI.
Quoi, prince, ignorez-vous que la Toison ravie
  Met en péril et mon sceptre et ma vie?
  En voulez-vous précipiter la fin?
Et pourquoi vous charger des ordres du Destin?
JASON.
  Le Dieu du jour vous donna la naissance:
Un grand peuple est soumis à votre obéissance;
   Vos ennemis gémissent dans vos fers,
  Tout comble ici votre bonheur extrême;
Vous n'avez plus à craindre un funeste revers:
Votre sort désormais dépendra de vous-même.
Pour nous, qu'un fier tyran tient à ses lois soumis,
    Tel est le malheur qui nous presse,
Qu'une honteuse mort nous attend dans la Grèce,
Si de notre retour la Toison n'est le prix.
LE ROI.
  Mais savez-vous qu'un projet si coupable
    Rend votre perte inévitable?
Quelle fureur vous porte à chercher le trépas?
JASON.
    La mort ne nous étonne pas.
   Plus le péril est redoutable,
   Et plus la victoire a d'appas.
LE ROI.
   J'ai juré de vous satisfaire;
   Je ne saurois m'en dégager:
    Puisqu'un avis sincère

Ne sauroit vous changer,
Allez exécuter un dessein téméraire :
Les Dieux prendront le soin de me venger.

SCÈNE IV.

JASON, MÉDÉE.

JASON.

Dans quel mortel chagrin un tel discours me laisse !
Que je sens un cruel tourment !
Vous me fuyez, chère princesse !
Quoi ! m'abandonnez-vous en cet accablement ?

MÉDÉE.

Je fuis un traître, un infidèle,
Qui n'a que trop mérité mon courroux.

JASON.

Plaignez ma fortune cruelle !
Du plus ardent amour mon cœur ressent les coups :
Mais je ne puis trahir la gloire qui m'appelle.
Si je dois vivre pour vous,
Je dois vivre aussi pour elle.

MÉDÉE.

Contre un roi généreux, qui par mille bienfaits
S'empresse à combler tes souhaits,
Former un dessein perfide :
Traître, sont-ce là les effets
De la gloire qui te guide ?

JASON.
Exilés du climat qui nous donna le jour,
Un serment solennel engage notre gloire
　　A mériter notre retour,
　　Par cette éclatante victoire.
MÉDÉE.
Malheureux! j'ai pitié de ta témérité!
　　Tu cours à ta perte certaine.
　　Apprends en quelle extrémité
　　Ton funeste dessein t'entraîne.
Deux taureaux indomptés sont les premiers remparts
　　Qui défendent le champ de Mars.
La flamme qui se mêle à leur brûlante haleine,
　　Forme autour d'eux un affreux tourbillon.
　　Il faut forcer leur fureur inhumaine
A tracer sur la plaine un pénible sillon.
　　Aussitôt du sein de la terre,
　　　Tes yeux verront de toutes parts
　　　Sortir des escadrons épars,
Qui se rassembleront pour te livrer la guerre.
Ce n'est pas tout encore : un dragon furieux
Fait dans ce lieu terrible une garde constante :
Jamais le doux sommeil n'approcha de ses yeux;
Rien ne sauroit tromper sa fureur vigilante.
　　La mort, la plus cruelle mort
　　Sera le prix de ton audace.
JASON.
Non, non, je ne crains point le coup qui me menace :

JASON,

Mon courage et les dieux sont garants de mon sort.
MÉDÉE.
C'en est donc fait, volage!
Puisque mes soins sont superflus,
Va, cours; je ne te retiens plus;
Achève d'accomplir un projet qui m'outrage :
Mais après les périls dont je t'ai peint l'horreur,
Redoute encor Médée et sa fureur.

SCÈNE V.

JASON, seul.

VAINE fureur, impuissante colère!
Non, non, ce n'est pas toi qui causes mes tourments;
Je souffre beaucoup plus de l'indigne mystère
Qui cache ici mes sentiments.
Vaine fureur, impuissante colère,
Non, non, ce n'est pas toi qui causes mes tourments.
Quelle pompe éclatante
S'approche de ces bords!
D'où naissent ces nouveaux accords!
A mes regards surpris quel objet se présente!
C'est Hypsipyle, ô ciel! en croirai-je mes yeux?
Quel sort l'a conduite en ces lieux!
Mon âme confuse, éperdue,
Soutiendra-t-elle encor sa vue?
Elle vient, je la vois! Dieux, qui l'avez permis,
Sont-ce là les secours que vous m'aviez promis?

SCÈNE VI.

HYPSIPYLE, *sortant d'un char traîné par quatre dauphins, sur lequel Neptune l'a fait conduire en Colchide.*

ENFIN je vous revois! et mon âme interdite....
  Que vois-je? et quelle est ma douleur!
  Quoi! Jason me voit et m'évite!
Un noir pressentiment s'empare de mon cœur.
O Neptune! en ces lieux ne m'auriez-vous conduite,
Que pour voir de plus près son crime et mon malheur?
Soupçons mal éclaircis, jalouse inquiétude,
  Ah! que vous déchirez mon cœur!
Que ne prouvez-vous mieux sa noire ingratitude,
  Sans tenir mon âme en langueur!
Soupçons mal éclaircis, jalouse inquiétude,
  Ah! que vous déchirez mon cœur!
Si des maux de l'amour l'absence est le plus rude,
  J'en ai soutenu la rigueur;
Mais le mal que je souffre en cette incertitude,
  De tout mon courage est vainqueur.
Soupçons mal éclaircis, jalouse inquiétude,
  Ah! que vous déchirez mon cœur!

SCÈNE VII.

HYPSIPYLE, NEPTUNE.

NEPTUNE.

N'accuse plus ton héros d'inconstance ;
Son cœur t'aime toujours avec sincérité.
Sur les rapports trompeurs d'une vaine apparence,
 Ne doute plus de sa fidélité.
 Divinités, qui régnez sur les ondes,
Néréides, Tritons, Dieux soumis à mes lois,
 Quittez vos retraites profondes ;
Venez remplir ces lieux du bruit de votre voix.
 Et vous, peuples de ce rivage,
 Par vos jeux et par vos concerts,
Rendez à cette reine un éclatant hommage ;
 Jamais Vénus, sortant du sein des mers,
Ne fit voir à vos yeux un plus riche assemblage
 De grâces et d'attraits divers.

SCÈNE VIII.

HYPSIPYLE, troupe de tritons et de néréides.

CHOEUR.

Par nos jeux et par nos concerts,
Rendons à cette reine un éclatant hommage,
 Jamais Vénus, sortant du sein des mers,

ACTE II, SCÈNE VIII.

Ne fit voir à nos yeux un plus riche assemblage
De grâces et d'attraits divers.

UNE NÉRÉIDE.

Toujours l'empire des mers
N'est pas sujet au naufrage :
Toujours les vents et l'orage
N'éclatent pas dans les airs ;
Mais dans l'amoureux empire
Incessamment on soupire.

CHOEUR.

Chantons une reine si belle,
Célébrons ses attraits charmants.
Signalons par nos chants
L'ardeur de notre zèle.
Que le Dieu des amants,
Qui dans ces lieux l'appelle,
Forme toujours pour elle
Les plus heureux moments.

HYPSIPYLE.

Vos jeux ont des charmes pour moi ;
Mais mon devoir m'engage à voir le roi,
Et mon amour près de Jason m'appelle.
Laissez-moi quitter ce séjour.
Les plaisirs les plus doux, loin d'un amant fidèle,
Sont autant de moments dérobés à l'amour.

FIN DU SECOND ACTE.

ACTE III.

Le théâtre représente le palais d'Æetès.

SCÈNE PREMIÈRE.

MÉDÉE, seule.

Fatal courroux, haine mortelle,
Venez me secourir contre un amour rebelle.
    Par un mépris plein de froideur
J'avois cru me guérir de ma honteuse flamme :
Mais le jaloux transport qui règne dans mon âme
    Me fait connoître mon erreur.
    Fatal courroux, haine mortelle,
Venez me secourir contre un amour rebelle.
La reine de Lemnos a paru dans ces lieux !....
Qu'y vient-elle chercher? Quel soin secret l'appelle?
Mon perfide a senti le pouvoir de ses yeux :
    Qu'ils ont d'attraits ! Dieux, qu'elle est belle !
    Que je sens redoubler contre elle
        Mes transports furieux !
    Je la vois qui s'avance ;
Pénétrons le secret de leur intelligence.

SCÈNE II.

MÉDÉE, HYPSIPYLE.

MÉDÉE.

A vos charmes puissants, que ne devrons-nous pas!
Que cette heureuse cour en reçoit d'avantage!
    Ils vont de nos tristes climats
    Bannir ce qu'ils ont de sauvage.
    Sans vous, sans vos divins appas,
L'amour n'auroit jamais embelli ce rivage.

HYPSIPYLE.

Tout respire en ces lieux l'innocence et la paix;
    Tout m'y paroît doux et tranquille:
    Mais, hélas! il n'est point d'asile
Pour les cœurs que l'amour a blessés de ses traits!
Dans cette illustre cour je vois chacun me rendre
Tout ce qu'en mes états j'aurois osé prétendre;
Jason seul à mes yeux prend soin de se cacher.

MÉDÉE.

Jason se voit comblé d'une gloire immortelle.
Il ne lui restoit plus que d'être amant fidèle:
Au soin de ses amours rien ne peut l'arracher.

HYPSIPYLE.

Quoi! dans ces lieux Jason seroit sensible?

MÉDÉE.

Votre cœur en semble étonné!

HYPSIPYLE.
Je croyois qu'à la gloire un héros destiné,
Aux plaisirs de l'amour étoit inaccessible.
MÉDÉE.
Le plaisir peut avoir son tour
Après une illustre victoire ;
Un héros se doit à l'amour,
Quand il est quitte avec la gloire.
HYPSIPYLE.
De mes empressements, ciel ! quel triste succès !
Pour lui seul en ces lieux ma tendresse m'appelle ;
Et je vois l'infidèle
Soupirer pour d'autres attraits !
Avant qu'un amant nous engage,
Ne peut-on s'assurer de sa fidélité ?
Faut-il, pour connoître un volage,
Qu'il en coûte à la liberté ?
MÉDÉE.
Ne vous piquez point de constance :
Oubliez un perfide amant.
Le mépris et l'indifférence
Doivent punir le changement.
HYPSIPYLE.
Non, non ; mon foible cœur n'est plus en ma puissance.
D'une trop vive ardeur il se sent animer ;
Contre un ingrat qui nous offense,
En vain d'un fier courroux nous voulons nous armer;
Jamais l'amour n'a tant de violence,

ACTE III, SCÈNE II.

Que lorsqu'on veut ne plus aimer.
Je ne puis étouffer une flamme fatale :
Mais je sens en mon âme un secret mouvement,
　　Qui tourne contre ma rivale
La haine que je dois à ce perfide amant.

MÉDÉE, à part.

C'en est trop ! Je me livre au conseil de ma rage.
Sortons. Je ne veux pas en savoir davantage.

SCÈNE III.

HYPSIPYLE, seule.

De quoi me servez-vous contre un ingrat que j'aime,
　　Foible raison, inutile secours ?
Puis-je écouter, hélas ! vos superbes discours,
Quand mon cœur révolté s'arme contre moi-même ?
　　Foible raison, inutile secours,
De quoi me servez-vous contre un ingrat que j'aime ?

SCÈNE IV.

HYPSIPYLE, JASON, ORPHÉE.

JASON.

Le voici, cet ingrat que vous devez haïr :
　　Il se livre à votre colère ;
A vos justes transports vous devez obéir.
Je suis trop criminel d'avoir pu vous déplaire.

JASON,

HYPSIPYLE.

Cruel! vous savez trop que mon foible courroux
    Ne sauroit vaincre ma tendresse;
Et vous venez ici jouir de la foiblesse
    Que vous savez que j'ai pour vous.

JASON.

De la plus tendre ardeur mon âme est possédée;
    Je n'adore que vos beaux yeux :
Mais le prix éclatant qui m'attire en ces lieux,
    Dépend du pouvoir de Médée;
Et si j'ai feint pour elle une coupable ardeur,
C'est un crime des Dieux, et non pas de mon cœur.

HYPSIPYLE.

    Ciel! que me faites-vous entendre?
Médée est ma rivale! et dans ce triste jour
    C'est elle à qui je viens d'apprendre
    Mon désespoir et mon amour!
Infortunée, hélas! je n'ai plus d'espérance:
    Mes maux ne sont plus incertains!
Médée, il est trop vrai, cause votre inconstance:
    Son art, sa beauté, sa puissance,
Tout m'assure à la fois du malheur que je crains.

JASON.

    Ah! perdez des soupçons si vains.
Médée aux éléments peut déclarer la guerre:
Son art confond les cieux, l'enfer, l'onde et la terre;
Il soumet la nature, et transporte à son choix
    Les rochers, les monts et les bois:

ACTE, III SCÈNE IV.

Mais contre l'aimable Hypsipyle
Dans le cœur de Jason sa force est inutile.

HYPSIPYLE.

Hélas! je n'ose l'espérer.

JASON.

Bannissez d'injustes alarmes.

HYPSIPYLE.

Que je crains Médée et ses charmes!

JASON.

Mon amour doit vous rassurer.

HYPSIPYLE.

Que vos discours ont de puissance!
C'en est fait, et mon cœur se rend à vos serments;
Heureuse d'avoir pu juger par mes tourments
De mon amour et de votre constance!

JASON, HYPSIPYLE, ORPHÉE.

Ne nous plaignons point des rigueurs
Où le tendre amour nous expose :
Souvent les plus vives douleurs
Sont le fruit des maux qu'il nous cause.

SCÈNE V.

JASON, HYPSIPYLE, ORPHÉE, MÉDÉE.

MÉDÉE.

QUEL objet frappe ici mes yeux!
Que vois-je! ma rivale et Jason dans ces lieux!
Ah! c'est trop différer une juste vengeance :

Éclatez, il est temps, mes jalouses fureurs.
Perfides, apprenez à craindre ma puissance.
Que ce palais se change en un séjour d'horreurs.
Démons, monstres affreux, joignez-vous à ma rage;
  Quittez le ténébreux rivage:
  Venez, accourez, vengez-moi
D'une indigne rivale et d'un amant sans foi.
(Elle sort. Le palais devient un lieu effroyable. Plusieurs démons et plusieurs monstres se présentent pour servir la colère de Médée.)

JASON, HYPSIPYLE, ORPHÉE.

Ah! que d'objets épouvantables!
O Dieux! soyez-nous secourables.

JASON.

  Divin Orphée, à qui les Dieux
Ont prodigué des sons la science charmante,
  Par les accents mélodieux
   De ta lyre savante,
  Suspends la rage menaçante
  De tant de monstres furieux!
(On entend une douce symphonie. Orphée chante, et la fureur des montres s'assoupit.)

ORPHÉE.

Fille du Ciel, ô divine Harmonie!
Répands ici ta douceur infinie.
  Tu peux calmer
  La fureur et la rage;
  Tu sais charmer
  Le cœur le plus sauvage.

De tes douceurs
Quel cœur peut se défendre?
Tes sons flatteurs
Forcent tout à se rendre.
Fille du Ciel, ô divine Harmonie!
Répands ici ta douceur infinie.
Monstres terribles,
Calmez vos sens;
Soyez sensibles
A mes accents.
Fille du Ciel, ô divine Harmonie!
Répands ici ta douceur infinie.

HYPSIPYLE.
Quel est d'un si grand art l'effet prodigieux?

JASON.
Des enfers déchaînés il calme la colère.

HYPSIPYLE, JASON, ORPHÉE.
Mais quelle main puissante et salutaire
Pourra nous arracher à l'horreur de ces lieux?

SCÈNE VI.

JASON, HYPSIPYLE, ORPHÉE, L'AMOUR
sur un nuage.

L'AMOUR.
L'Amour vient terminer votre peine cruelle.
Tendres amants, soyez heureux.
Disparoissez, monstres affreux;

Rentrez dans la nuit éternelle.
Venez, charmants plaisirs, changer ces tristes lieux
En des jardins délicieux.
Amants, conservez l'espérance ;
Tôt ou tard un heureux moment
Est la récompense
De votre tourment.
Quand après de longues chaînes
L'amour comble vos desirs,
Le souvenir de vos peines
Doit redoubler vos plaisirs.
Marquez, aimables jeux, votre réjouissance :
Que tout ressente ici l'Amour et sa puissance.

SCÈNE VII.

JASON, HYPSIPYLE, ORPHÉE, troupe de plaisirs.

CHOEUR.

Les Plaisirs et les Jeux sont ici de retour.
Que de cœurs aujourd'hui vont se rendre à l'Amour !

UN PLAISIR.

Le chagrin épouvante
Un Dieu si charmant :
Mais une âme contente
S'enflamme aisément.
Les Ris, les Plaisirs, les beaux jours,
Font naître les Amours.

UN AUTRE PLAISIR.

Quel destin peut avoir plus de charmes ?
Tous nos jours vont couler sans alarmes.
L'Amour nous fait sentir les plus doux de ses traits :
Il réserve pour nous les biens les plus parfaits.

CHOEUR.

Qu'à nos jeux chacun s'intéresse.
Redoublons nos chants d'allégresse ;
Célébrons à jamais les charmantes douceurs
Que les feux de l'Amour font naître dans les cœurs.
Les Plaisirs et les Jeux sont ici de retour.
Que de cœurs aujourd'hui vont se rendre à l'Amour !

SCÈNE VIII.

MÉDÉE, seule.

De quel étonnement je sens saisir mon cœur !
Où suis-je ? où sont ces lieux élevés par ma rage ?
Quand je lève le bras pour venger mon outrage,
Quelle invisible main enchaîne ma fureur ?
Que tardons-nous ? allons, renouvelons mes charmes ;
Remplissons ce séjour de nouvelles alarmes.
Enfers, écoutez-moi.... Tout est sourd à ma voix.
Démons, obéissez.... Tout méprise mes lois.
N'ayons plus d'espoir qu'en ma rage :
C'est l'unique recours des cœurs désespérés.
Une rivale qu'on outrage

JASON,

    Porte des coups plus assurés.
Que les Démons, l'Enfer et les Dieux conjurés....
Hâtons-nous.... Mais, ô Dieux ! quelle pitié soudaine
    S'oppose à mes transports jaloux !
    Vains efforts d'une juste haine,
Contre l'Amour, hélas ! de quoi nous servez-vous ?
    Cependant ma crainte redouble !
L'antre de la Sibylle est voisin de ces lieux ;
    Allons lui confier mon trouble ;
Qu'elle éclaircisse enfin un mystère odieux.

FIN DU TROISIÈME ACTE.

ACTE IV.

Le théâtre représente l'antre de la Sibylle, à l'entrée duquel paroît un arbre consacré à Apollon, et plus loin, un temple dédié à cette divinité.

SCÈNE PREMIÈRE.

TROUPE DE SUIVANTES DE LA SIBYLLE.

CHOEUR.

Loin d'ici, mortels indiscrets;
Éloignez-vous de notre asile :
Ne troublez pas l'heureuse paix
Qui règne en ce séjour tranquille.

UNE DES SUIVANTES DE LA SIBYLLE.

La Sibylle séjourne en ces lieux souterrains;
Elle y dicte aux mortels les ordres souverains
   Des arbitres de la Nature.
Le livre des Destins est ouvert à ses yeux;
   Et son savoir mystérieux
Du profond avenir perce la nuit obscure.

CHOEUR.

Loin d'ici, mortels indiscrets;
Éloignez-vous de notre asile :

Ne troublez pas l'heureuse paix
Qui règne en ce séjour tranquille.
DEUX DES SUIVANTES DE LA SIBYLLE, ET LE CHOEUR.
Nous goûtons un sort plein d'attraits;
Nous vivons en paix
Dans ce lieu tranquille;
Nous goûtons un sort plein d'attraits,
Nous vivons en paix,
Nos biens sont parfaits.
La charmante félicité
N'a jamais quitté
Cet heureux asile :
Les chagrins qui suivent l'amour
N'osent troubler ce beau séjour.
Nous goûtons un sort plein d'attraits,
Nous vivons en paix
Dans ce lieu tranquille;
Nous goûtons un sort plein d'attraits,
Nous vivons en paix,
Nos biens sont parfaits.
Gardons-nous de livrer nos cœurs
Aux appas trompeurs
D'un bonheur fragile.
Les plaisirs dont on est flatté
Paîroient-ils notre liberté?
Nous goûtons un sort plein d'attraits, etc.
CHOEUR.
Quelle mortelle audacieuse

Ose porter ici ses regards curieux ;
Et par sa présence odieuse
Troubler le repos de ces lieux ?

SCÈNE II.

Troupe, etc. MÉDÉE, LA SIBYLLE.

MÉDÉE.

Calmez une crainte inutile.
Je ne viens point troubler vos plaisirs innocents ;
Je viens consulter la Sibylle ;
Puisse-t-elle adoucir les maux que je ressens !

(Le Chœur s'éloigne, et Médée continue en s'adressant à la Sibylle.)

Toi, qui dans ce lieu solitaire,
Des profanes humains fuis l'importunité,
Des secrets d'Apollon sainte dépositaire ;
Toi, pour qui l'avenir est sans obscurité,
Daigne de mon destin dévoiler le mystère,
Et fais-en à mes yeux briller la vérité.
Jason me cause une peine mortelle.
Ma raison et mes yeux me l'ont peint infidèle :
Mais mon amour dément mes yeux et ma raison.
Éclaircis cette incertitude ;
Je souffre plus de mon inquiétude,
Que je ne souffrirois de voir sa trahison.

JASON,

LA SIBYLLE.

Cesse de vouloir me contraindre :
Ne cherche plus à t'assurer
Des malheurs que ton cœur peut craindre;
C'est toujours un bien d'espérer;
Et les maux ne sont point à plaindre,
Tant que l'on peut les ignorer.

MÉDÉE.

Non; rien ne peut changer le dessein qui m'appelle.
Si Jason me trahit, je mourrai de douleur;
Mais une prompte mort me sera moins cruelle,
Que le jaloux soupçon qui dévore mon cœur.

LA SIBYLLE.

Vers ces antres inhabitables,
Vois s'élever aux cieux cet arbre révéré :
C'est sur son feuillage sacré
Que j'écris du destin les lois irrévocables :
Mais du sage Apollon les ordres éternels
Défendent aux cœurs criminels
De jouir de cet avantage.
Si par quelque noirceur ton cœur est profané,
Tu verras dans les airs disperser ce feuillage,
De la fureur des vents jouet infortuné.

MÉDÉE.

Approchons-nous. O ciel! mon espérance est vaine!

ACTE IV, SCÈNE II.

J'entends déjà gronder les fougueux aquilons.
Quels affreux sifflements! quels épais tourbillons!
Tout l'empire d'Éole en ces lieux se déchaîne.
(Les vents sortent de l'antre, et dissipent les feuilles de l'arbre.)

MÉDÉE.

Prêtresse d'Apollon, daigne employer ta voix
Pour m'expliquer du ciel les redoutables lois.

LA SIBYLLE.

Je vais répondre à ton attente :
Mes sens sont agités d'une sainte fureur;
Le fatal avenir à mes yeux se présente.
Dieux! quel spectacle plein d'horreur!
Tu meurs, ô déplorable amante!
Tu t'immoles toi-même à ta vaine terreur;
Et ta rivale triomphante
Jouit en paix de ton erreur.
Mais quel forfait épouvantable
Va cimenter son bonheur odieux!
Tremble, malheureuse coupable!
Crains le juste courroux des Dieux.

SCÈNE III.

MÉDÉE, seule.

QUELLE énigme fatale! est-il un sort plus rude?
O funeste embarras! oracles superflus!
Chaque moment fait naître à mon esprit confus

Un abîme d'incertitude.
Suivons mes premiers sentiments :
Il faut qu'Hypsipyle périsse !
Allons, par mes discours et par mon artifice,
Faire servir ses feux à mes ressentiments.

FIN DU QUATRIÈME ACTE.

ACTE V.

Le théâtre représente un bois sur le devant, et le champ de Mars dans l'enfoncement.

SCÈNE PREMIÈRE.

HYPSIPYLE, seule.

Ah! que je sens d'inquiétude!
Ne pourrai-je sortir du trouble où je me vois?
Mon amant va combattre en cette solitude:
    Tout y redouble mon effroi.
    Ah! que je sens d'inquiétude!
    La mort, dans ces funestes lieux,
Sous mille horribles traits se présente à mes yeux.
    Dieux! s'il faut que Jason périsse,
Épargnez-moi l'horreur de le voir expirer.
    Si sa mort doit nous séparer,
    Que mon trépas nous réunisse!

SCÈNE II.

HYPSIPYLE, MÉDÉE.

MÉDÉE.

C'est trop persécuter votre innocente ardeur:

J'ouvre les yeux enfin, et vois mon injustice.
Oubliez, s'il se peut, un aveugle caprice,
   Qui n'a servi qu'à tourmenter mon cœur.
     Jason m'avoit fait une offense ;
Contre lui, contre vous, mon dépit s'est armé ;
Il est mort, son trépas a rempli ma vengeance.
Les destins l'ont puni, mon courroux est calmé.

HYPSIPYLE.

Qu'entends-je, malheureuse !

MÉDÉE.

     Hé quoi ! pouviez-vous croire
     Que son orgueil ambitieux
Le pourroit emporter sur Médée et les Dieux ?
Séduit par les appas d'un fol espoir de gloire,
     Il a voulu braver la mort :
Voyez le sang couler étendu sur ce bord.

(Elle fait paroître l'image de Jason étendu mort.)

HYPSIPYLE.

Dieux ! quelle sanglante victime !
Ciel ! ô ciel ! quelle cruauté !

MÉDÉE.

Votre douleur est légitime ;
Il vous aimoit avec fidélité.

HYPSIPYLE.

C'en est donc fait ! je perds tout l'espoir qui me reste !
Dieux cruels, Dieux jaloux, vous êtes satisfaits !
    O pressentiment trop funeste !
Tu m'avois annoncé la perte que je fais.

Mais je puis m'affranchir d'un si cruel supplice;
Et ce fer va finir ma vie et mes douleurs.
 Reçois ce sanglant sacrifice,
Chère ombre, cher amant! c'est pour toi que je meurs.
(Elle se tue.)

SCÈNE III.

MÉDÉE, seule.

Meurs, objet odieux, satisfais mon envie.
Le coup précipité qui t'arrache à la vie
 Ne fait qu'épargner à mon bras
 Le soin d'achever ton trépas.
C'en est fait; mon amour n'a plus rien qui le gêne :
Suivons-en désormais les tendres mouvements.
 Déjà, par mes enchantements,
 J'ai calmé la rage inhumaine
Des farouches taureaux qui défendent ces lieux;
Achevons, et rendons Jason victorieux.
Que ce rare bienfait dans mes nœuds le ramène.
Que dis-je, malheureuse! et quel est mon espoir!
Ciel! puis-je ainsi trahir la loi de mon devoir!
Dans le fond de mon cœur je l'entends qui murmure;
Qu'un reste de vertu nous coûte de remords!
C'est trop renouveler le tourment que j'endure.
 Les droits de l'amour sont plus forts,
 Que tous les droits de la nature!

SCÈNE IV.

MÉDÉE, LE ROI.

LE ROI.

Savez-vous la rigueur des destins en courroux?
Les Grecs sont triomphants.

MÉDÉE.

     Seigneur, que dites-vous?

LE ROI.

Déjà les fiers taureaux, qui de cette carrière
  Défendoient l'affreuse barrière,
Ont succombé sous l'effort de leurs coups.
  Après un si grand avantage,
  Que ne pourra point leur courage?
Ah! s'il faut que le sort soit propice à leurs vœux,
Que deviendrai-je, hélas! monarque malheureux?

MÉDÉE.

  Par ce noir et fatal présage
  Pourquoi troubler votre repos?
  Si dans l'empire de Colchos
Du pouvoir souverain la Toison est le gage,
Le trône de Scythie, acquis par vos exploits,
  N'est point sujet à ces injustes lois.
Mais de vos ennemis je préviendrai l'audace.
Ils paroissent : bientôt la terre va s'ouvrir;
Mille soldats armés à leurs yeux vont s'offrir.
Ne vous exposez point au coup qui les menace.

Allez; et, bannissant un inutile effroi,
De nos destins communs reposez-vous sur moi.

SCÈNE V.

JASON, ORPHÉE et LES ARGONAUTES; TROUPE DE COMBATTANTS sortis de la terre.

JASON et ORPHÉE.

Cherchons dans les combats
Une illustre mémoire.
Le chemin du trépas
Est celui de la gloire.

JASON.

Invincibles guerriers, venez, suivez mes pas;
Hâtons-nous d'achever cette grande victoire!

LE CHOEUR.

Cherchons dans les combats
Une illustre mémoire.
Le chemin du trépas
Est celui de la gloire!

(Les Argonautes se préparent au combat, et il sort de la terre des soldats tout armés qui fondent sur eux.)

SCÈNE VI.

JASON, MÉDÉE, LES ARGONAUTES; TROUPE DE COMBATTANTS sortis de la terre.

MÉDÉE, en l'air, et tenant la Toison.

Arrêtez! c'est à moi de finir cette guerre.
De vos combats sanglants voici l'illustre prix.
　　Rentrez, fiers enfants de la terre,
Dans le gouffre profond d'où vous êtes sortis.

(Les combattants sont engloutis dans la terre.)

JASON.

　　De votre colère fatale
Venez-vous contre moi renouveler les traits?

MÉDÉE.

Cesse d'en redouter les funestes effets;
　　Elle meurt avec ma rivale.
　　Son trépas comble mes souhaits,
Et te punit assez des maux que tu m'as faits.

JASON.

Juste ciel!

MÉDÉE.

　　　　De mon cœur je ne suis plus maîtresse:
　　　La nature cède à l'amour.
Je t'offre la Toison, et je vais dans la Grèce
Par ce gage éclatant racheter ton retour.

(Elle s'envole.)

ACTE V, SCÈNE VI.

JASON.

Ne crois pas m'échapper, cruelle!
Il faut que de ta mort ce gage soit le prix;
Et que mon bras, plongé dans ton sang infidèle,
   Apaise les funestes cris
De celui qu'a versé ta rage criminelle.

(Jason se trouble, et croit être descendu aux enfers.)

Mais quel trouble soudain s'empare de mes sens!
Mes yeux sont obscurcis par d'affreuses ténèbres:
   Où suis-je? quels objets funèbres!
   O ciel! quels lugubres accents!
   Quelle ombre!.... Ah! charmante princesse,
   Je vous revois : Dieux! quel bonheur!

ORPHÉE.

Jason, connoissez votre erreur;
Embarquons-nous : venez, le temps nous presse.

JASON.

Ciel! quel nuage épais la dérobe à mes yeux!
   Peuples cruels de ces royaumes sombres,
      Impitoyables ombres,
Pourquoi m'arrachez-vous un bien si précieux?

ORPHÉE.

Étouffez une vaine flamme:
Partons; éloignons-nous de ces funestes bords.

JASON.

Un calme heureux succède à mes transports;
   La raison revient dans mon âme.

Je reconnois enfin ce barbare séjour,
Ces lieux où j'ai perdu l'objet de mon amour.
Ne tardons plus : cédons à la fureur extrême
Que m'inspire un juste transport :
Partons ; et que bientôt ma mort
Succède à la douceur de venger ce que j'aime.

FIN DE JASON.

VÉNUS ET ADONIS,

OPÉRA;

MUSIQUE DE DESMARETS.

Représenté, pour la première fois, par l'Académie royale de Musique, au mois d'avril 1697; et repris le 17 août 1717.

PERSONNAGES

DU PROLOGUE.

DIANE.
PARTHENOPE, Nymphe.
MÉLICERTE, Nymphe.
PALÉMON, Pasteur.
Une BERGÈRE.
Troupe de Nymphes et de Bergers.
Chœur de Bergers.

VÉNUS ET ADONIS,
OPÉRA.

PROLOGUE.

Le théâtre représente une plaine bornée par la vue de Marly.

PALÉMON, MÉLICERTE, PARTHENOPE.

TOUS TROIS ENSEMBLE.

Quittez, quittez, Bergers, vos paisibles hameaux.

MÉLICERTE.

Déjà la vigilante Aurore
A payé le tribut qu'elle devoit à Flore.

PARTHENOPE.

Le Soleil sort du sein des eaux ;
Et ses premiers rayons vont dorer nos coteaux.

PALÉMON.

Mille fleurs se pressent d'éclore ;
Et l'écho se réveille au doux chant des oiseaux.

TOUS TROIS ENSEMBLE.

Quittez, quittez, Bergers, vos paisibles hameaux.

PROLOGUE.

LE CHOEUR.

Quittons nos paisibles hameaux.

PALÉMON, MÉLICERTE, PARTHENOPE.

Ah! que nos destins sont tranquilles!
Cérès dans nos plaines fertiles
Répand ses plus riches moissons:
Nos jours coulent dans l'innocence,
Et nous bornons notre espérance
Aux seuls biens dont nous jouissons.

PALÉMON.

En vain le flambeau de la guerre
Étincelle de toutes parts:
En vain l'impitoyable Mars
Fait voler sa fureur aux deux bouts de la terre.
On ne craint point ici ses ravages affreux;
  Et tandis que la foudre gronde,
  Nous jouissons d'un calme heureux,
A l'abri des lauriers du plus grand roi du monde.

MÉLICERTE.

Ce roi, toujours victorieux,
Détourne loin de nous la guerre et les alarmes:
C'est lui qui soutient seul, par l'effort de ses armes,
  Les droits de la terre et des cieux.

PARTHENOPE.

Sa gloire est parvenue aux plus lointains rivages;
  Et ses exploits sont révérés
  Jusque dans ces climats sauvages,
  Où les Dieux sont presque ignorés.

PROLOGUE.

TOUS TROIS ENSEMBLE.

Destins favorables,
Recevez nos vœux;
Que ces jours durables
Soient toujours heureux!

PARTHENOPE.

O vous, dont le pouvoir remplit la terre et l'onde,
Souverains arbitres du monde,
Vous qui, dans vos puissantes mains,
Tenez le sort des rois, et les jours des humains,
Grands Dieux! conservez-nous notre unique espérance!
Prenez soin d'un héros, le bonheur des mortels,
L'appui de la vertu, l'espoir de l'innocence,
Et le soutien de vos autels.

LE CHOEUR.

Destins favorables,
Recevez nos vœux;
Que ces jours durables
Soient toujours heureux!

(Les Nymphes et les Bergers expriment leur joie par des danses.)

UNE BERGÈRE chante cette gigue, au milieu de l'entrée.

Demeurons dans ce doux asile;
Vivons-y contents.
Des jours que la Parque nous file,
Il faut ménager les instants.
Profitons du jour qui nous éclaire;
Il va bientôt faire place à la nuit.
D'une aile légère

Le temps s'enfuit;
Et la beauté n'est rien, qu'une fleur passagère,
Qu'un hiver détruit;
Pour peu qu'on diffère
On en perd le fruit.

PARTHENOPE.

De quoi vous peut servir une attente frivole?
Soupirez, jeunes cœurs; profitez des beaux jours :
Comme un zéphyr léger, la jeunesse s'envole;
Et les moments qu'on perd, sont perdus pour toujours.
Sans espoir de retour cette onde suit sa source,
Et ses flots vers la mer par les flots sont chassés :
Nos plaisirs, nos beaux jours vont d'une égale course,
Et ne reviennent plus, sitôt qu'ils sont passés.

UNE BERGÈRE chante ce menuet avec le petit Chœur.

Profitez de la vie,
Beautés, faites un choix :
L'Amour vous y convie;
Aimez, suivez ses lois.
Que sert de se défendre
De ses charmants appas?
Ce Dieu sait nous surprendre,
Quand nous n'y pensons pas.

DIANE, sur son char.

Cessez de profaner un encens légitime :
Ne mêlez plus l'Amour et ses coupables lois
Au récit des vertus du plus parfait des rois.
Songez en quel affreux abîme

Ce Dieu précipite les cœurs
Qui se laissent surprendre à ses charmes trompeurs.
Adonis autrefois, soumis à ma puissance,
    N'osa lui faire résistance :
    Je vais vous retracer son sort.
   Heureux, si l'exemple fidèle
Des maux où le plongea cette ardeur criminelle,
Peut vous porter à fuir un semblable transport !
   Animés d'une ardeur plus belle,
Pour le plus grand des rois réservez vos concerts ;
    Et faites retentir les airs
Du récit éclatant de sa gloire immortelle.

LE CHOEUR.

   Animés d'une ardeur plus belle,
Pour le plus grand des rois réservons nos concerts ;
    Et faisons retentir les airs
Du récit éclatant de sa gloire immortelle.

FIN DU PROLOGUE.

VÉNUS ET ADONIS,

TRAGÉDIE EN CINQ ACTES.

PERSONNAGES

DE LA TRAGÉDIE.

ADONIS, fils de Cinyras, roi de Chypre.
CYDIPE, princesse du sang des rois de Chypre.
VÉNUS.
MARS.
UN SUIVANT DE MARS.
CHOEUR ET TROUPE DE PEUPLES de différents endroits de l'île de Chypre.
LA JALOUSIE.
SUITE DE LA JALOUSIE, LES SOUPÇONS, LE DÉPIT, LA FUREUR, LA HAINE, etc.
SUITE DE VÉNUS, LES GRACES, LES PLAISIRS.
SUITE D'ADONIS.
BELLONE.
CHOEUR ET TROUPE DE GUERRIERS de la suite de BELLONE.
TROUPE DE PEUPLES qui sont poursuivis par la suite de BELLONE.
CHOEUR ET TROUPE D'HABITANTS de la ville d'Amathonte, et des campagnes voisines.

La scène est dans l'île de Chypre.

VÉNUS ET ADONIS,

TRAGÉDIE.

ACTE PREMIER.

Le théâtre représente le côté de la forêt d'Ida, le plus proche d'Amathonte, et dans l'enfoncement un temple consacré à Vénus.

SCÈNE PREMIÈRE.

CYDIPE, seule.

Lieux écartés, demeure obscure,
Solitaires témoins des peines que j'endure!
Asile impénétrable à la clarté du jour,
Redoublez, s'il se peut, l'épaisseur de vos ombres;
Et cachez à jamais dans vos retraites sombres
  Mon désespoir et mon amour!
L'insensible Adonis ne connoît point encore
  Ce qui fait naître ma langueur.
Quel supplice pour moi, si mon cruel vainqueur
  Savoit l'ardeur qui me dévore!
Amour, seul confident du trouble de mon cœur,
Ne lui révèle point un secret qu'il ignore!

Puisque les maux que j'ai soufferts
N'ont pu me délivrer d'une chaîne cruelle,
Épargne-moi, du moins, la tristesse mortelle
D'étaler à ses yeux la honte de mes fers !

SCÈNE II.

CYDIPE, ADONIS.

ADONIS.

Vénus vient honorer nos tranquilles rivages ;
Le choix d'un nouveau roi l'amène en ce séjour :
Nos peuples, rassemblés dans ces heureux bocages,
Célèbrent par leurs chants la mère de l'Amour.
Sa tendresse pour vous exige vos hommages :
Vous possédez son cœur, vous régnez dans sa cour ;
Cependant vous venez rêver sous ces ombrages,
  Et semblez seule ignorer ce grand jour !

CYDIPE.

Le repos et la paix bornent mon espérance,
  Et je les trouve dans ces lieux.

ADONIS.

  Nos jeux, notre réjouissance
  N'ont-ils rien qui flatte vos yeux ?
  A nos concerts harmonieux
Pouvez-vous préférer les horreurs du silence ?

CYDIPE.

Le silence des bois n'inspire de l'effroi
  Qu'aux cœurs exempts d'inquiétude.

ACTE I, SCÈNE II.

Vous êtes trop heureux, pour sentir comme moi
　　Les douceurs de la solitude!

ADONIS.

D'un importun chagrin craignez-vous les rigueurs?
Il n'est point parmi nous de princesse plus belle:
　　Tout cède à vos attraits vainqueurs;
L'amitié vous unit avec une immortelle,
　　Et vous partagez avec elle
　　La conquête de tous les cœurs.

CYDIPE.

Hélas!

ADONIS.

　　De ce soupir que faut-il que je pense?
　　Quels sont vos secrets déplaisirs?

CYDIPE.

　　Vous avez trop d'indifférence,
Pour pouvoir pénétrer d'où naissent mes soupirs.

ADONIS.

　Si c'est l'amour qui cause vos alarmes,
Que je plains votre sort! et qu'il est rigoureux!

CYDIPE.

Vous plaignez mes malheurs, sans partager mes larmes.
　　Hélas! que vous êtes heureux!

ADONIS.

　　Les bois m'ont donné la naissance:
J'ai toujours révéré Diane et son pouvoir;
Et des cœurs, asservis à son obéissance,
　　L'indifférence est le premier devoir.

TOUS DEUX ENSEMBLE.

Charmante indifférence,
Que vous avez d'attraits !
Redoutons à jamais
L'Amour et sa puissance.
De ses funestes traits
Craignons la violence :
Sa plus belle apparence
Sait tromper nos souhaits.
Charmante indifférence,
Que vous avez d'attraits !

ADONIS.

Mais le peuple en ces lieux vient chanter la déesse :
Nous devons partager la commune allégresse.

SCÈNE III.

CYDIPE, ADONIS, CHOEUR et TROUPE DE PEUPLES de différents endroits de l'île de Chypre.

LE CHOEUR.

De nos transports
Suivons l'ardeur fidèle ;
Une immortelle
Descend sur ces bords :
Formons pour elle
Nos plus doux accords.
Avec les Jeux, les Amours vont paroître :
Mille plaisirs

ACTE I, SCÈNE III.

Vont combler nos desirs;
Dans ces beaux lieux Vénus les fait renaître.

DEUX DES FILLES DU CHOEUR.

Tout rit dans ce charmant séjour.
Nos bois sont parés de verdure;
Dans les bocages d'alentour,
L'air retentit d'un doux murmure;
Le céleste flambeau du jour
Répand sa clarté la plus pure;
Et l'on diroit que toute la nature
Vient rendre hommage à la mère d'Amour.

(Les habitants de l'île témoignent par des danses la joie que leur donne l'espoir de voir leur déesse.)

UN DES HABITANTS chante cette gavotte au milieu de l'entrée.

C'est en vain qu'un cœur sauvage
Fuit les amoureuses lois:
Dans le printemps de notre âge
Ne songeons qu'à faire un choix.
Un cœur en est-il moins sage,
Pour s'engager une fois?

UNE DES FILLES chante cette seconde gavotte avec le chœur.

Jeunes cœurs, songez à plaire,
C'est un doux amusement.
Aux soupirs d'un cœur sincère
On résiste foiblement;
Et la fierté ne tient guère
Contre les soins d'un amant.

VÉNUS ET ADONIS,

LE CHOEUR, pendant que Vénus descend.

Chantons, célébrons les appas
De la divinité qui descend ici-bas.
  Que de beaux jours sa présence nous donne!
Les Grâces et les Ris la suivent en tous lieux;
  Et la pompe qui l'environne
Reçoit tout son éclat de celui de ses yeux.

SCÈNE IV.

VÉNUS, ADONIS, CYDIPE, CHOEUR et TROUPE, etc.

VÉNUS.

Vous, qui reconnoissez ma puissance suprême,
Peuples, écoutez-moi; suivez mes justes lois :
Pour remplir en ces lieux l'honneur du diadème,
En faveur d'Adonis j'ai su fixer mon choix.
Dans le sang de vos rois ce prince a pris naissance:
Honorez à jamais un choix si glorieux.
  Le seul tribut qui puisse plaire aux Dieux
    Est la sincère obéissance.

ADONIS.

Quels respects! quel encens!...

VÉNUS.

Il suffit, laissez-moi.
Votre moindre bonheur est celui d'être roi :
Vous connoîtrez bientôt quel est votre partage.
Vous, peuples, que mon choix a rangés sous sa loi,

ACTE I, SCÈNE IV.

Allez dans son palais, par un pompeux hommage,
Faire à ses yeux éclater votre foi.

SCÈNE V.

VÉNUS, CYDIPE.

CYDIPE.

Adonis est comblé de gloire :
Vos bienfaits vont encor redoubler sa fierté.

VÉNUS.

Adonis est content, il m'est doux de le croire ;
Mais si par mes bienfaits son orgueil est flatté,
Quel doit être l'excès de sa félicité,
    Quand il connoîtra la victoire
Que le cœur de Vénus offre à sa vanité !

CYDIPE, à part.

Qu'entends-je? ô ciel!

VÉNUS.

            Il faut parler sans feinte.
    En vain je te voudrois céler
      L'ardeur dont mon âme est atteinte :
Mon mal s'accroît à le dissimuler.
Il te souvient du jour qu'un pompeux sacrifice
    Me fit descendre dans ces lieux ;
Sur l'aimable Adonis je détournai les yeux :
Ce funeste regard commença mon supplice.
Je sentis à l'instant, dans mes esprits charmés,

Naître tous les transports d'une ardeur violente ;
Et le seul souvenir du héros qui m'enchante,
 Ne les a que trop confirmés.

CYDIPE.

Pouvez-vous du dieu Mars oublier la tendresse ?
Favorable autrefois aux feux qu'il sent pour vous,
D'un mutuel amour vous ressentiez les coups ;
Pour un simple mortel aurez-vous la foiblesse
 De briser des liens si doux ?

VÉNUS.

Adonis est mortel : Mars est un dieu terrible ;
 Ses soins me seroient précieux,
Si la splendeur du rang pouvoit rendre sensible !
Mais le penchant du cœur suit le plaisir des yeux ;
Et l'Amour rend égaux les mortels et les Dieux.

CYDIPE.

 Par cette injuste préférence,
 Craignez d'aigrir la violence
 De son implacable courroux.
 La plus redoutable vengeance
 Est celle de l'Amour jaloux.

VÉNUS.

Mes soins garantiront l'objet qui m'a su plaire
 Des transports de ce Dieu fatal :
 Les vains efforts de sa colère
Serviront de trophée à son heureux rival.
 Mais allons voir ce que j'adore.

ACTE I, SCÈNE V.

Amour! toi qui causas l'ardeur qui me dévore,
   Frappe son cœur des mêmes traits;
J'oublîrai tous les maux que ta rigueur m'a faits.

CYDIPE, en s'en allant.

Dieux, qui voyez les maux dont je suis poursuivie,
Prévenez ce malheur, ou m'arrachez la vie!

FIN DU PREMIER ACTE.

ACTE II.

Le théâtre représente le palais des rois de Chypre.

SCÈNE PREMIÈRE.

ADONIS, seul.

Hommages importuns que ma grandeur m'attire
    Dans le rang auguste où je suis,
  Pour un moment souffrez que je respire,
Et laissez-moi sans vous rêver à mes ennuis.
Quels transports inconnus! quelle langueur secrète!
    Dieux! que mon cœur est agité!
Malheureux Adonis, quel trouble t'inquiète!
Ah! si tu dois enfin perdre ta liberté,
    Faut-il qu'une Divinité
Soit le premier objet de ta flamme indiscrète?
    Mais elle porte ici ses pas....
Que de troubles divers s'élèvent dans mon âme!
    Mes yeux, ne me trahissez pas:
Cachez bien le secret de ma coupable flamme!

SCÈNE II.

VÉNUS, ADONIS.

VÉNUS.

Je vous vois seul en ce palais.
Quoi! déjà vous fuyez la cour et ses attraits?
Tous les soins d'un grand peuple, attentif à vous plaire,
    Sont-ils d'assez tristes objets,
Pour vous rendre inquiet, rêveur et solitaire?

ADONIS.

La solitude a ses douceurs;
Et quelquefois la rêverie
Fait le plus doux charme des cœurs.

VÉNUS.

La solitude est sans douceurs,
Si l'amoureuse rêverie
Ne prend soin d'y porter les cœurs.
Vous aimez; malgré vous votre ardeur est trahie:
Vos yeux de votre cœur découvrent l'embarras.

ADONIS.

Moi, j'aimerois! ô Dieux!.... Non, ne le croyez pas.

VÉNUS.

Vous voulez affecter le titre d'insensible:
Cependant votre cœur soupire en ce moment;
    Et les soupirs sont rarement
    Le langage d'un cœur paisible.

Ne puis-je enfin vous arracher
Un aveu qui soit plus sincère?
ADONIS.
Eh! que me serviroit d'éclaircir un mystère
Que je dois à jamais cacher?
Non, non: quand j'aimerois, tout me force à me taire:
Il n'appartient qu'aux Dieux d'aspirer à vous plaire;
Les soupirs d'un mortel pourroient-ils vous toucher?
VÉNUS.
Les Dieux, à qui tout est possible,
Du bonheur d'un mortel pourroient être jaloux.
Il en est qui peut-être ont un cœur plus sensible,
Et qui sont moins heureux que vous.
ADONIS.
Ciel! quel aveu charmant! qui l'eût jamais pu croire?
VÉNUS.
Connoissez, il est temps, quelle est votre victoire.
VÉNUS et ADONIS.
Aimons à jamais, aimons-nous.
Faisons d'un nœud si beau notre bonheur suprême.
Eh! quel autre bien est plus doux,
Que celui d'être aimé du seul objet qu'on aime?
VÉNUS.
D'une cour empressée allez remplir l'espoir :
Elle attend le moment de vous marquer son zèle.
Allez : dans peu de temps je pourrai vous revoir;
Et je veux qu'une fête, auguste et solennelle,
Signale avec éclat notre ardeur mutuelle.

SCÈNE III.

VÉNUS, CYDIPE.

VÉNUS.

Prends part, chère Cydipe, au bonheur de mes feux;
Adonis répond à mes vœux.

CYDIPE.

Que dites-vous? l'Amour a pu fléchir son âme!

VÉNUS.

Mes regards ont été les témoins de sa flamme.
Du destin de Vénus conçois-tu la douceur?
Mais non, jamais l'Amour n'a su toucher ton cœur;
Et, pour pouvoir juger de mon bonheur extrême,
Il faudroit aimer comme j'aime.

CYDIPE, à part.

Ciel! puis-je soutenir l'horreur de mon tourment?

VÉNUS.

Adieu : l'Amour m'appelle auprès de mon amant:
Je ne puis résister à mon impatience.
Quand on aime parfaitement,
C'est une longue absence
Que l'absence d'un seul moment.

SCÈNE IV.

CYDIPE, seule.

Ai-je assez éprouvé ton injuste colère,
Amour? Es-tu content des rigueurs de mon sort?

Quoi ! prête à découvrir mon funeste mystère,
Quand je viens sur l'ingrat faire un dernier effort,
  J'apprends qu'une autre a su lui plaire !
Le barbare, content de me donner la mort,
Affectoit pour moi seule un orgueil si sévère.
Ah, Dieux !... mais que me sert de répandre des pleurs ?
Frivoles déplaisirs, inutiles douleurs !
  Tandis que je me désespère,
Ma rivale en repos jouit de mes malheurs.
O Mars ! souffriras-tu cette injure cruelle ?
Que fais-tu dans les cieux, tandis qu'une infidèle
Trahit, pour un mortel, ton espoir le plus doux ?
  Mars terrible, Mars formidable,
De ton courroux vengeur fais-leur sentir les coups :
Immole ces ingrats à ta haine implacable.
  Et toi, farouche déité,
Affreuse Jalousie, aux mortels si funeste,
  Prends ton essor vers le séjour céleste :
Empare-toi du cœur de ce Dieu redouté ;
  Fais-lui d'un si terrible outrage
  Une image pleine d'horreur ;
  Et lance dans ce fier courage
  Ces traits de rage et de fureur,
Des vengeances d'un Dieu redoutable présage.

SCÈNE V.

CYDIPE, LA JALOUSIE.

LA JALOUSIE.

Ta voix a réveillé mes transports furieux.
 Je veux seconder ta vengeance;
Et par de prompts effets signaler ma puissance.
C'est trop laisser en paix et la terre et les cieux.
 Ministres de mes barbaries,
 Noirs Soupçons, jalouses Furies,
 Quittez le séjour des enfers,
Pour venir avec moi troubler tout l'univers.
Volez; dispersez-vous du couchant à l'aurore :
Exerçons en tous lieux nos funestes rigueurs;
Et jusque dans les cieux, allons remplir les cœurs
 De la fureur qui nous dévore.

SCÈNE VI.

LA JALOUSIE, suite de la Jalousie, les Soupçons, le Dépit, la Fureur, le Désespoir, la Haine, etc.

LE CHOEUR.

 Quittons le séjour des enfers;
 Allons troubler tout l'univers.
Volons; dispersons-nous du couchant à l'aurore;
Exerçons en tous lieux nos funestes rigueurs;
Et jusque dans les cieux, allons remplir les cœurs
 De la fureur qui nous dévore.

(La suite de la Jalousie exprime la joie que lui donnent les ordres qu'elle vient de recevoir.)

LE CHOEUR.

Quel plaisir de répandre
    Dans un cœur trop tendre
    Un trouble fatal !
Les plus tristes alarmes
    Nous offrent les charmes
    D'un bien sans égal.
La fureur et la rage,
    Quand on les partage,
    Ne sont plus un mal.
Quel plaisir de répandre
    Dans un cœur trop tendre
    Un trouble fatal !
Nous chassons l'allégresse :
    L'affreuse tristesse
    Nous suit en tous lieux.
Notre rage inhumaine
    Triomphe sans peine
    Jusque dans les cieux.
Leur demeure tranquille
    N'est pas un asile
    Pour les plus grands Dieux.
Nous chassons l'allégresse :
    L'affreuse tristesse
    Nous suit en tous lieux.

FIN DU SECOND ACTE.

ACTE III.

Le théâtre représente un jardin que Vénus a fait orner pour la fête qu'elle prépare à Adonis.

SCÈNE PREMIÈRE.

MARS, seul.

Quelle pompe nouvelle éclate dans ces lieux ?
Pour qui sont destinés ces apprêts odieux ?
Tout me confirme ici mon funeste présage.
Secrets pressentiments, qui dessillez mes yeux,
Ah! ne m'avez-vous fait abandonner les cieux
Que pour être témoin des feux d'une volage ?
  Allons, il faut m'en éclaircir :
Je saurai pénétrer ce funeste mystère ;
Et dans ce vif éclat de ma juste colère,
  Malheur à qui m'ose trahir !

SCÈNE II.

MARS, UN SUIVANT DE MARS.

SUIVANT DE MARS.

Je ne puis rien comprendre à ce désordre horrible,
  Où votre cœur semble flotter.

MARS.

Tu vois un exemple terrible
Des tourments où l'Amour sait nous précipiter.
J'ignorois l'affreuse tristesse
Qu'une jalouse crainte excite dans les cœurs :
A mes yeux prévenus l'Amour s'offroit sans cesse
Entouré de mille douceurs.
Mais Vénus, sur la terre aujourd'hui descendue,
Pour la première fois éloigné de ses yeux,
Tout ce qu'un noir soupçon a de plus furieux,
A frappé mon âme éperdue.
J'ai cru, dans mes sombres terreurs,
Voir en de nouveaux fers cette amante volage :
Bientôt la jalousie, allumant mes fureurs,
M'a tracé vers ces lieux un fidèle passage ;
Et j'y viens, plein d'amour, de colère et de rage,
D'un soupçon si cruel éclaircir les horreurs.

SUIVANT DE MARS.

Un cœur qui s'abandonne à son inquiétude,
Se repent bien souvent d'en avoir trop appris ;
Et peu d'amants savent le prix
D'une flatteuse incertitude.

MARS.

Non ; il faut, pour calmer l'excès de mon tourment,
En immoler la cause à mon ressentiment.
Tremble, déesse criminelle,
Tremble pour ton heureux amant !
Je vais par une mort cruelle

Le punir de ton changement;
Et le malheur d'être immortelle
Suffira pour ton châtiment.

SUIVANT DE MARS.

Laissez-vous moins séduire au conseil peu fidèle
D'un téméraire emportement.
Une maîtresse qu'on offense
Par une trop rude vengeance,
Tôt ou tard se venge à son tour;
Et dans une beauté légère,
L'aigreur d'une juste colère
Est plus à craindre que l'amour.

MARS.

Si je puis avérer l'outrage
Que mon cœur me fait pressentir,
Je saurai m'épargner les maux d'un repentir,
Par le mépris d'une volage.
Mais de quels chants nouveaux retentissent les airs?
Qu'entends-je?

SUIVANT DE MARS.

C'est Vénus que nous voyons paroître.

MARS.

Sans doute cet amant que je cherche à connoître
Vient prendre part à ces concerts?
Cachons-nous aux yeux de l'ingrate;
Pour un moment encor contraignons mes fureurs;
Avant que ma vengeance éclate,
Je veux approfondir le secret de leurs cœurs.

SCÈNE III.

VÉNUS et **ADONIS**; suite de Vénus, suite d'Adonis.

LE CHOEUR.

Heureux amants, que vos flammes sont belles!
  Que vos nœuds sont doux!
   Soyez fidèles :
Les plus beaux jours ne sont faits que pour vous.
Les doux transports de votre ardeur naissante
  Font tous vos plaisirs;
L'amour prend soin de former vos desirs.
   Il vous exempte
  Des tristes soupirs.
Heureux amants, que vos flammes sont belles!
  Que vos nœuds sont doux!
   Soyez fidèles.
Les plus beaux jours ne sont faits que pour vous.

VÉNUS et ADONIS.

 Tendre prix des âmes constantes,
  Ardeurs charmantes,
  Douces langueurs,
 Soyez sans cesse renaissantes.
  Douces langueurs,
  Ardeurs charmantes,
 Régnez à jamais dans nos cœurs.

ACTE III, SCÈNE III.

LE CHOEUR.

Connois le prix d'une si grande gloire,
Mortel trop heureux !
Quelle victoire
Le tendre amour vient offrir à tes vœux !
C'est pour toi seul qu'une aimable déesse
Descend dans ces lieux.
Tu la contrains de mépriser les cieux,
Et la tendresse
D'un des plus grands Dieux.
Connois le prix d'une si grande gloire,
Mortel trop heureux !
Quelle victoire
Le tendre amour vient offrir à tes vœux !

(Les Grâces, les Plaisirs, et toute la jeunesse galante de l'île de Chypre, viennent rendre leurs hommages à Vénus et à Adonis.)

UN DES PLAISIRS chante ce menuet avec le chœur.

Non, ce n'est point la grandeur suprême
Qui fait trouver le sort le plus heureux.

LE CHOEUR.

Non, ce n'est point la grandeur suprême
Qui fait trouver le sort le plus heureux.

UN PLAISIR.

L'éclat pompeux d'une puissance extrême
N'exempte pas de mille soins fâcheux.

LE CHOEUR.

Non, ce n'est point la grandeur suprême
Qui fait trouver le sort le plus heureux.

UN PLAISIR.

Se voir chéri de l'objet que l'on aime,
Vivre contents, former les mêmes vœux,
C'est le souverain bien des Dieux même.

LE CHOEUR.

Non, ce n'est point la grandeur suprême
Qui fait trouver le sort le plus heureux.

UNE DES GRACES chante ce menuet alternativement avec le chœur.

Lorsque l'Amour dans ses nœuds nous appelle,
Pourquoi s'armer d'une vaine fierté?
Il vaut mieux prendre une chaîne si belle,
Que de languir dans notre liberté.

SECOND COUPLET.

Ne craignons point de lui rendre les armes :
Ne craignons point de pousser des soupirs.
Si quelquefois il fait verser des larmes,
On en est trop payé par ses plaisirs.

LE CHOEUR.

Mars paroît : justes Dieux ! quelle fureur l'inspire !
Quels regards menaçants ses yeux lancent sur nous !

VÉNUS.

Ne craignez rien ; allez, que chacun se retire.
J'apaiserai bientôt ses mouvements jaloux.

SCÈNE IV.

MARS, VÉNUS.

MARS.

Où sont-ils, ces objets de ma juste vengeance?
Ces amants odieux, que sont-ils devenus?
En quel lieu?... Mais, je vois l'infidèle Vénus.
Perfide, pouvez-vous soutenir ma présence,
    Après votre infidélité,
Et ne craignez-vous point mon amour irrité?

VÉNUS.

De quel injuste effroi votre âme est-elle atteinte?
    Quels sont ces indignes soupçons?

MARS.

    Ah! finissez une importune feinte:
Mes yeux ont éclairci toutes vos trahisons.
Mais ne présumez pas qu'un rival téméraire
Puisse se garantir des traits de ma colère.
En vain à mes regards vos soins l'ont su cacher;
Jusque dans les enfers je saurai le chercher.
Ne tardons plus: cédons au courroux qui m'anime!
    Suivons cet amant fortuné.
Qu'il soit de mes fureurs la première victime;
    Et que l'univers étonné
Frémisse, en apprenant ma vengeance et son crime.

VÉNUS.

Je vois avec plaisir ce dépit éclatant;

Il m'assure un amour délicat et constant.
 On connoît mieux un cœur sensible
 Dans l'éclat d'un jaloux transport,
 Que dans l'assurance paisible
 D'un amant content de son sort.

MARS.

Non ; n'espérez pas, infidèle,
Que je puisse oublier un si noir changement.

VÉNUS.

Vénus saura calmer un tel emportement.

MARS.

Non ; n'espérez pas, infidèle,
Que je puisse oublier un si noir changement.
 Plus je vous aimai tendrement,
 Plus ma haine sera cruelle.

VÉNUS.

Cessez de m'outrager par d'injustes transports.
Mon départ vous a fait douter de ma tendresse ;
 Et j'ai su que cette foiblesse
 Vous avoit conduit sur ces bords.
J'ai voulu vous punir d'un soupçon qui m'offense,
Sous le voile trompeur d'un amour concerté :
J'ai surpris en ces lieux votre crédulité,
 Par une frivole apparence.
Mais c'est assez long-temps jouir de votre erreur :
J'ai pitié des frayeurs où s'égare votre âme ;
 Et mon cœur doit à votre flamme
Le soin de dissiper cette vaine terreur.

ACTE III, SCÈNE IV.

MARS.

Ciel! croirai-je?... Mais non, je vois votre artifice.

VÉNUS.

Quoi! vous osez douter de ma sincérité?
Ah! c'est trop d'un amant éprouver l'injustice!
Je dois rougir de ma lâche bonté.
Partez, suivez en liberté
Les injustes conseils d'un aveugle caprice.
Je vous laisse nourrir vos soupçons odieux;
Allez, et gardez-vous de paroître à mes yeux.

MARS.

Ah! cruelle, arrêtez! Ciel, quelle est ma foiblesse!
Mais il faut de mon sort subir la triste loi.
Un funeste penchant m'entraîne malgré moi,
Et fait de mon dépit triompher ma tendresse.

VÉNUS.

Non, votre amour n'est point égal à mon ardeur.

MARS.

Ah! daignez mieux juger des transports de mon cœur.

TOUS DEUX ENSEMBLE.

Mon âme n'est asservie
Qu'au seul desir de vous voir :
Il fait mon plus doux espoir;
Il fait ma plus chère envie.

VÉNUS.

Qu'il m'est doux de vous voir goûter un plein repos!
Je vais quitter ces lieux pour me rendre à Paphos :

Je jouirai bientôt de l'heureux avantage
De revoir le Dieu qui m'engage.

SCÈNE V.

MARS, seul.

Goutons un repos plein d'attraits :
Le calme d'une heureuse paix
Succède à mes inquiétudes.
Cruels soupçons, tristes soupirs,
C'est à vos tourments les plus rudes
Que je dois mes plus doux plaisirs.
Sortons d'une terreur funeste.
Vénus a dissipé les troubles de mon cœur :
Retournons au séjour céleste.

SCÈNE VI.

MARS, CYDIPE.

CYDIPE.

Arrête, Dieu crédule, et reprends ta fureur.
Séduit par un vain artifice,
Sur la foi des serments d'une ingrate beauté
Tu crois tes feux en sûreté :
Mais c'est trop faire grâce à sa noire injustice.
Tu vois un cœur en proie aux plus vives douleurs ;
Dévorée en secret d'une flamme fatale,
J'adorois un ingrat : heureuse en mes malheurs,

ACTE III, SCÈNE VI.

Puisque j'aimois, du moins, sans craindre de rivale,
  Mon cœur souffroit tranquillement.
  Ah ! falloit-il, Déesse trop cruelle,
  Oter encore à ma douleur mortelle
    Un si foible soulagement !

MARS.

O ciel ! en quelle erreur mon aveugle tendresse
  Avoit-elle pu me plonger !
  Ah ! je rougis de ma foiblesse.
Ne quittons pas, du moins, ces lieux sans nous venger.

MARS et CYDIPE.

  Courons à la vengeance ;
Unissons-nous dans nos transports :
Vengeons, par de communs efforts,
  Notre amour qu'on offense.

FIN DU TROISIÈME ACTE.

ACTE IV.

Le théâtre représente la ville d'Amathonte.

SCÈNE PREMIÈRE.
VÉNUS, ADONIS.

VÉNUS.

D'une aveugle fureur Mars n'est plus agité :
Pour vos jours désormais je n'ai plus rien à craindre ;
  Et notre amour en sûreté
  Peut s'expliquer sans se contraindre.
Les peuples de Paphos s'assemblent dans ce jour
  Pour célébrer celui de ma naissance ;
Je ne puis à leurs vœux refuser ma présence :
Mais j'espère bientôt, par un heureux retour,
Réparer les moments que cette triste absence
  Va dérober à mon amour.

ADONIS.
  O ciel ! que venez-vous m'apprendre ?
A quel supplice affreux m'osez-vous condamner ?
A peine mes soupirs ont su se faire entendre,
  Et vous voulez m'abandonner !

VÉNUS.
  Est-ce abandonner ce qu'on aime,
Que de s'en éloigner pour un jour seulement ?

ACTE IV, SCÈNE I.

ADONIS.

Hélas! dans ma douleur extrême,
Que ce jour malheureux coulera lentement!

VÉNUS.

Plus l'absence cause d'alarmes,
Plus le retour promet de douceurs et de charmes.

ADONIS.

Songez aux déplaisirs que vous m'allez coûter!

VÉNUS.

J'en ressens comme vous les cruelles atteintes.

ADONIS.

Vous êtes sensible à mes plaintes :
Cependant vous m'allez quitter!

VÉNUS.

Par cet éloignement souffrez que je ménage
L'amour que je vous ai donné.
Vous en serez moins fortuné;
Mais vous en aimerez peut-être davantage.

ADONIS.

Pouvez-vous douter de ma foi?
Que cette défiance est injuste et cruelle!
Ah! quand on aime comme moi,
Plus on se voit heureux, et plus on est fidèle.

VÉNUS.

Un cœur sans crainte et sans desirs
Se lasse bientôt de ses chaînes :
L'amour s'éteint par les plaisirs,
Et se rallume par les peines.

ADONIS.

Après avoir flatté les plus doux de mes vœux,
Vous m'accablez des traits d'une douleur mortelle !
 Ma peine seroit moins cruelle,
 Si j'avois été moins heureux.

VÉNUS.

 C'est par les chagrins et les larmes
Que l'Amour fait payer ses plus tendres faveurs.
 On est peu sensible à ses charmes,
Lorsque l'on n'a jamais éprouvé ses rigueurs.
Mais c'est trop différer un départ nécessaire.
Adieu : consolez-vous dans cet éloignement,
 S'il ne faut pour vous satisfaire,
 Que partager votre tourment.

SCÈNE II.

ADONIS, seul.

Funeste et rigoureuse absence,
Que vous m'allez coûter de soupirs et de pleurs !
En vain d'un prompt retour la flatteuse espérance
 Veut calmer mes vives douleurs :
Éloigné des beaux yeux dont je sens la puissance,
 Je ne songe qu'à mes malheurs.
 Funeste et rigoureuse absence,
Que vous m'allez coûter de soupirs et de pleurs !

SCÈNE III.

MARS, CYDIPE, ADONIS.

MARS et CYDIPE.

C'est tarder trop long-temps à punir ton audace.
Reconnois le Dieu de la Thrace :
Tremble, téméraire rival !
Il est temps qu'une mort cruelle
Venge le désespoir fatal
Où nous livre aujourd'hui ta flamme criminelle.

ADONIS.

Est-ce un crime de trop aimer,
Quand le ciel nous a fait un cœur sensible et tendre ?
Si l'Amour peut forcer des Dieux à s'enflammer,
Un mortel peut-il s'en défendre ?

MARS et CYDIPE.

En vain tu crois nous attendrir :
Perfide, ta mort est certaine.
Il faut te résoudre à périr,
Ou rompre une fatale chaîne.

ADONIS, à Cydipe.

Quel sujet de courroux vous arme contre moi ?

CYDIPE.

Puis-je assez te punir de m'avoir trop su plaire ?
Par les transports de ma colère,
Ingrat, connois l'amour dont je brûle pour toi.

Renonce au penchant qui te guide:
Évite un affreux châtiment.

ADONIS.

Suivez, suivez plutôt votre ressentiment.
Je crains moins le trépas, que le nom de perfide.

MARS.

Traître, c'est trop souffrir tes insolents discours :
Il est temps que la mort en termine le cours.

CYDIPE.

Dieux! que vois-je! arrêtez; que prétendez-vous faire?
Dieu puissant, révoquez un arrêt si sévère.
Ah! si votre courroux ne sauroit s'apaiser
  Que par un sanglant sacrifice,
De mes funestes jours vous pouvez disposer :
Frappez; et terminant ma vie et mon supplice,
Dans les flots de mon sang puissiez-vous épuiser
  Les rigueurs de votre justice!

MARS.

Quelle indigne pitié calme votre courroux!
  Mais je veux bien vous satisfaire;
  Et les transports de ma colère
Dédaignent d'éclater par de si foibles coups.
  C'est peu d'une seule victime :
  Pour calmer mon ressentiment,
Il faut à mon injure un vaste châtiment.
Les peuples de ces bords ont partagé son crime,
  Par leur lâche applaudissement :
Ils vont tous éprouver la fureur qui m'anime.

SCÈNE IV.

MARS, seul.

C'en est fait : le dépit vient d'éteindre mes feux.
Après un tourment rigoureux,
Qu'il est doux de pouvoir punir une volage!
Trop heureux un cœur outragé,
Qui jouit du bonheur de sortir d'esclavage,
Et du plaisir d'être vengé!
Venez, implacable Bellone!
Obéissez aux lois que ma fureur vous donne.
Sauvez-moi de l'affront d'immoler des ingrats,
Indignes de périr sous l'effort de mon bras.
Secondez ma jalouse rage :
Portez dans ces tristes climats
L'effroi, la mort et le carnage.
Que ce peuple odieux, de coups mortels frappé,
Sous ses murs abattus périsse enveloppé;
Et qu'un fleuve de sang, inondant ce rivage,
Aille par cent canaux divers
Annoncer ma vengeance au bout de l'univers.

SCÈNE V.

MARS, BELLONE.

BELLONE.

Par mes empressements connois quel est mon zèle;
Je vole où ta fureur m'appelle.

Bientôt mes cruautés, appuyant ton courroux,
    Vont détruire un peuple coupable.
Pour le cœur de Bellone est-il un bien plus doux,
    Qu'une vengeance impitoyable?
Vous, qui m'accompagnez dans l'horreur des combats,
    Hâtez-vous de suivre mes pas.
Servons d'un Dieu vengeur la haine impatiente;
    Courons, unissons nos efforts :
Répandons en ces lieux l'horreur et l'épouvante;
    Ravageons ces funestes bords.
Que ces murs embrasés, que la terre sanglante
    Signalent nos cruels transports.
Servons d'un Dieu vengeur la haine impatiente;
    Courons, unissons nos efforts.

SCÈNE VI.

MARS, BELLONE, SUITE DE BELLONE.

CHOEUR.

Servons d'un Dieu vengeur la haine impatiente;
    Courons, unissons nos efforts :
Répandons en ces lieux l'horreur et l'épouvante;
    Ravageons ces funestes bords.
Que ces murs embrasés, que la terre sanglante
    Signalent nos cruels transports!
Servons d'un Dieu vengeur la haine impatiente :
    Courons, unissons nos efforts.

(Les suivants de Bellone, un poignard dans une main, et des torches allumées dans l'autre, portent le ravage dans Amathonte, et en poursuivent les habitants.)

CHOEUR.

Vengeons-nous de l'amour fatal
D'un trop heureux rival.
De ce coupable objet il faut purger la terre.
Que sa mort couronne à nos yeux
Les maux qu'ont faits en ces lieux
La flamme et la guerre.
Vengeons-nous de l'amour fatal
D'un trop heureux rival.

MARS.

Arrêtez ; suspendez l'ardeur qui vous anime,
Et ne vous chargez point d'une indigne victime.
Le sort d'un rival odieux,
S'il tomboit sous vos coups, seroit trop glorieux.
Je veux que sa mort soit l'ouvrage
Du plus vil habitant des bois.
O toi ! dont ce perfide ose trahir les lois,
Diane, si ton cœur est sensible à l'outrage
Que ses feux t'ont fait recevoir,
Sers-toi pour le punir de ton fatal pouvoir.
Qu'un monstre furieux s'arme pour son supplice ;
Et par cet affreux sacrifice
Instruisons à jamais les cœurs audacieux
Du respect qu'ils doivent aux Dieux.

FIN DU QUATRIÈME ACTE.

ACTE V.

Le théâtre représente les ruines d'Amathonte, et les campagnes voisines.

SCÈNE PREMIÈRE.

MARS, Chœur de Peuples, derrière le théâtre.

MARS.

Enfin je vais bientôt voir punir qui m'offense !
Diane a satisfait à mon impatience :
Et, sans intéresser la gloire de mon bras,
Elle a de mon rival préparé le trépas.

LE CHOEUR, derrière le théâtre.

Prenez pitié de notre peine :
Dieux puissants, que nos pleurs apaisent votre haine !

MARS.

Je vois, à ces cris pleins d'horreur,
Que le monstre déjà fait sentir sa fureur.

CHOEUR, derrière le théâtre.

Prenez pitié de notre peine :
Dieux puissants, que nos pleurs apaisent votre haine !

MARS.

Que ces gémissements sont pour moi pleins d'appas !

La perfide Vénus ne triomphera pas
De mes tourments et de son inconstance.
Qu'il est doux aux cœurs méprisés
De retrouver dans la vengeance
Des plaisirs que l'Amour leur avoit refusés!

SCÈNE II.

MARS, CYDIPE.

CYDIPE.

Ciel! quel effroyable ravage!
O Mars! soyez touché d'un si funeste sort!
Un monstre, animé par la rage,
Sème de toutes parts l'épouvante et la mort.
Ah! faut-il que nos pleurs vous trouvent insensible,
Et le courroux des Dieux doit-il être inflexible?

MARS.

Non, non; rien ne peut m'attendrir:
Vos peuples insolents ne sauroient trop souffrir.
Je ne puis trop punir le criminel hommage
Dont ils ont couronné les feux d'une volage;
Mais leur juste trépas n'est qu'un degré fatal
A la perte de mon rival.
Diane a de sa mort flatté mon espérance;
Je n'ai plus qu'à quitter un séjour odieux.
Je pars; et je vais dans les cieux
Attendre le succès d'une juste vengeance.

CYDIPE, seule.

Il disparoît : ô justes Dieux !
Adonis va périr ! Ciel ! prenez sa défense.

SCÈNE III.

CYDIPE, ADONIS.

CYDIPE.
Ah ! prince, où portez-vous vos pas ?
ADONIS.
Je vais d'un monstre affreux délivrer ces climats.
CYDIPE.
Ah ! fuyez une mort certaine :
Diane et le dieu Mars s'arment contre vos jours.
ADONIS.
Je sais que ma perte est prochaine ;
Mais mon peuple gémit, je vole à son secours.
CYDIPE.
Tout s'unit, tout conspire à flatter votre envie :
La Fortune et l'Amour favorisent vos vœux.
   Ah ! si vous méprisez la vie,
   Que feront les cœurs malheureux ?
ADONIS.
   Quand les honneurs du diadème
   M'offriroient encor plus d'appas,
   Absent de la beauté que j'aime,
   Puis-je redouter le trépas ?

ACTE V, SCÈNE III.

Vos feux ont contre moi soulevé l'injustice
 D'un Dieu tout prêt à m'immoler :
Si pour moi votre cœur se sent encor brûler,
 Ma mort sera votre supplice.

SCÈNE IV.

CYDIPE, seule.

Il me fuit ! Dieux, quelle rigueur !
Malgré tous ses mépris, je puis l'aimer encore ?
 Il me fuit ! et mon lâche cœur
Ne sauroit étouffer l'ardeur qui le dévore ;
Venez, juste dépit, venez briser mes fers ;
 C'est à vous de finir ma peine.
L'amour livre mon cœur à mille maux divers :
Je ne puis résister au penchant qui m'entraîne ;
 Et les tourments que j'ai soufferts,
 Ne font que resserrer ma chaîne.
Venez, juste dépit, venez briser mes fers ;
 C'est à vous de finir ma peine.
Pour punir un ingrat trop digne de ma haine,
De funestes secours en vain me sont offerts :
 Hélas ! contre des jours si chers
 Je sens que ma colère est vaine.
Venez, juste dépit, venez briser mes fers ;
 C'est à vous de finir ma peine.

CHOEUR, derrière le théâtre.

Adonis a dompté le monstre et sa fureur :

De nos champs désolés il bannit la terreur.

CYDIPE.

Par ces chants de réjouissance
J'apprends qu'Adonis est vainqueur.
Quoi ! des Dieux conjurés il brave la rigueur !
Mais le peuple en ces lieux s'avance.
Je ne puis plus cacher le trouble de mon cœur :
Fuyons, évitons sa présence.

SCÈNE V.

Choeurs et Troupe de Peuples d'Amathonte et des campagnes voisines.

LE GRAND CHOEUR.

Adonis a dompté le monstre et sa fureur :
De nos champs désolés il bannit la terreur.

LE PETIT CHOEUR.

Chantons sa victoire :
Rendons hommage à sa gloire.

LE GRAND CHOEUR.

Célébrons à jamais ses efforts généreux.
C'est sa rare valeur qui va nous rendre heureux.

UNE DES FILLES DU CHOEUR.

Le ciel, attendri par nos larmes,
Fait enfin cesser nos alarmes ;
Les plaisirs, les beaux jours
Vont reprendre leur cours.

ACTE V, SCÈNE V.

LE GRAND CHOEUR.

Les plaisirs, les beaux jours
Vont reprendre leur cours.

CHOEUR DES FILLES.

Après avoir souffert des rigueurs inhumaines,
Goûtons tous le bonheur de voir finir nos peines.
On ne connoît le prix des plus parfaits plaisirs,
Qu'après avoir poussé de rigoureux soupirs.

UN DES HABITANTS.

Nous devons à notre auguste maître
Le repos que nous voyons renaître.
Quel objet est plus beau pour la valeur d'un roi,
Que le calme des cœurs qui vivent sous sa loi!

LE GRAND CHOEUR.

Nous devons à notre auguste maître
Le repos que nous voyons renaître.
Quel objet est plus beau pour la valeur d'un roi,
Que le calme des cœurs qui vivent sous sa loi!

UNE DES FILLES DU CHOEUR.

Trop heureuse immortelle,
Revenez en ces lieux!
Adonis vous appelle:
Paroissez à ses yeux.
Qu'il est doux de revoir, dans un amant fidèle,
Un vainqueur glorieux!

LE GRAND CHOEUR.

Adonis a dompté le monstre et sa fureur :
De nos champs désolés il bannit la terreur.

(Vénus, de retour de Paphos, descend de son char, au milieu des danses et des acclamations du peuple.)

SCÈNE VI.

VÉNUS, LE CHOEUR.

VÉNUS.

Qu'un triste éloignement m'a fait verser de larmes!
Que mes yeux vont trouver de charmes
A revoir en ces lieux l'objet de mon amour!
On se plaint, on languit loin d'un amant fidèle;
Mais l'absence la plus cruelle
Ne sert qu'à préparer aux douceurs du retour.
Mille voix m'ont appris les périls et la gloire
Du héros qui fait mes desirs :
Allons mêler le bruit de nos tendres soupirs
Avec les chants de sa victoire.

SCÈNE VII.

VÉNUS, CYDIPE, LE CHOEUR.

CYDIPE.

Orgueilleuse Divinité,
Pleure, pleure à jamais ta tendresse fatale :

Quitte l'aveugle espoir dont ton cœur est flatté ;
    Et connois enfin ta rivale.
C'est moi qui, pour venger mon amour offensé,
De l'implacable Mars ai réveillé la haine ;
    En vain le monstre terrassé
    Sembloit suspendre notre peine :
Diane, en le rendant à la clarté des cieux,
A su contre Adonis renouveler sa rage ;
Et le sang d'un ingrat, versé sur ce rivage,
    Venge mes tourments et les Dieux.

VÉNUS.

Il est mort! Dieux cruels!... perfide, à quel supplice....

CYDIPE.

Arrête ! je sais trop ce que j'ai mérité ;
    Et voici le coup souhaité,
Qui d'un funeste amour va te faire justice.

(Elle se tue.)

    C'en est fait ; je sens que je meurs :
Trop heureuse de voir la fin de mes malheurs,
    Tandis que le rang d'immortelle
Te condamne à souffrir une peine éternelle.

SCÈNE VIII.

VÉNUS, LE CHOEUR.

VÉNUS.

Il est mort ! ciel barbare ! ô destins ennemis !
Impitoyables Dieux, vous l'avez donc permis !

Je ne verrai plus ce que j'aime :
Le sommeil de la mort a fermé pour jamais
Ces yeux de qui l'Amour empruntoit tous ses traits !
  O disgrâce ! ô rigueur extrême !
Éclatez, mes soupirs; coulez, coulez, mes pleurs:
Je n'en puis trop verser en de si grands malheurs.
  Que toute la terre gémisse !
  Que l'air de nos cris retentisse !

LE CHOEUR.

Que toute la terre gémisse !
Que l'air de nos cris retentisse !

VÉNUS.

Le plus beau des mortels vient de perdre le jour !

LE CHOEUR.

Que toute la terre gémisse !

VÉNUS.

Vénus perd ce qu'elle aime, et le perd sans retour !

LE CHOEUR.

Que l'air de nos cris retentisse !

VÉNUS et LE CHOEUR.

Que chacun partage à son tour
L'horreur d'un si cruel supplice !

FIN DE VÉNUS ET ADONIS.

POÉSIES

EN MUSIQUE.

POÉSIES
EN MUSIQUE.

PROLOGUE

D'UN OPÉRA COMIQUE,

INTITULÉ

LES AMOURS DE PAN.

La scène est au Parnasse. On y voit les Poètes illustres de l'antiquité, assis dans le rang des Muses. Melpomène, d'un côté, paroît à la tête de ceux qui se sont rendus célèbres dans le genre sublime; et de l'autre, Thalie suivie de ceux qui ont excellé dans le style enjoué.

THALIE.

Quoi! la scène, toujours en proie à la tristesse,
N'a-t-elle à nous offrir que de pompeux malheurs?
Melpomène à nos yeux viendra-t-elle sans cesse
Étaler à grands cris ses tragiques douleurs;
 Et le Théâtre, ami de l'allégresse,
  N'est-il plus fait que pour les pleurs?
A vos jeux innocents, mortels, je m'intéresse.
Pitié, Terreur, fuyez de ces paisibles lieux!
 Du dieu Pan l'amoureuse adresse

Doit servir aujourd'hui de spectacle à vos yeux.
C'est pleurer trop long-temps la colère des Dieux :
Venez rire de leur foiblesse.

LE CHOEUR.

Thalie à nos jeux s'intéresse.
Pitié, Terreur, fuyez de ces paisibles lieux !
C'est pleurer trop long-temps la colère des Dieux :
Il faut rire de leur foiblesse.

MELPOMÈNE.

Quittez, quittez, ma sœur, une arrogance vaine.
Osez-vous comparer vos frivoles chansons
Aux nobles, aux sublimes sons
De l'héroïque Melpomène ?

THALIE.

Hé ! de grâce, ma sœur, trêve de vanité !
Vivez en paix avec Thalie.
Vous savez que vingt fois elle a déconcerté,
Par une aimable folie,
Votre ennuyeuse gravité.

MELPOMÈNE.

Ma voix ressuscite la gloire
Des plus antiques demi-dieux ;
Et je consacre la mémoire
De ceux qui brillent à nos yeux.

THALIE.

Vos chants, par leur lugubre accord,
Fatiguent souvent leur oreille.

EN MUSIQUE.

Ma flûte parfois les réveille;
Et votre lyre les endort.

MELPOMÈNE.

Croyez-vous posséder un talent fort utile,
Pour savoir rire à tout propos?

THALIE.

Vous imaginez-vous qu'il soit si difficile
De faire dormir les héros?

MELPOMÈNE.

De lauriers immortels je couronne leurs têtes.

THALIE.

Je sais les délasser par d'agréables fêtes.

MELPOMÈNE.

Je vante leurs exploits.

THALIE.

J'amuse leurs loisirs.

MELPOMÈNE.

Je prends soin de leur gloire.

THALIE.

Et moi de leurs plaisirs.

MELPOMÈNE.

Je m'étonne qu'une déesse
Des vapeurs de l'orgueil se laisse empoisonner.
L'amour-propre est une foiblesse
Qu'aux aveugles mortels on doit abandonner.

THALIE.

Ne vous y trompez pas: Jupiter, notre père,
De son orgueil nous fit présent.

L'amour-propre au Parnasse est un vice ordinaire;
    Mais le mien est vif et plaisant;
    Et le vôtre est sombre et sévère.

MELPOMÈNE.

Vous êtes ma cadette; et le rang, entre nous,
    Doit me donner quelque avantage.

THALIE.

    Si je suis plus jeune que vous,
Ne vous étonnez pas si je plais davantage.
    Apollon porte ici ses pas,
Et ses arrêts bientôt vont régler nos débats.

APOLLON.

Muses, c'en est assez. Finissez des querelles
Qui profanent en vous le titre d'immortelles.
De jalouses rumeurs le Parnasse agité,
Aux mortels chaque jour offre assez de quoi rire;
N'apprêtez point encore à leur malignité
    De nouveaux sujets de satire.
Que Thalie, en faveur des héros et des rois,
Respecte Melpomène et ses antiques droits.
Et vous, qui présidez au cothurne tragique,
Laissez à votre sœur cueillir quelques lauriers:
Vous aurez votre tour, quand l'hiver pacifique
    Aura ramené nos guerriers.

Disciples renommés des Filles de Mémoire,
Chantez, délassez-vous de vos travaux fameux.
Moissonnez dans le champ des Plaisirs et des Jeux,

Après avoir semé dans le champ de la gloire.
Chantez, réunissez vos voix;
Essayez d'accorder la lyre et le hautbois.

APOLLON, MELPOMÈNE, THALIE.

Chantez, réunissez vos voix;
Essayez d'accorder la lyre et le hautbois.

ENTRÉE DES MUSES ET DES POÈTES.

CHANSON D'ANACRÉON.

De pampres ornons notre tête :
Au Dieu du vin soyons constants.
Les plaisirs que Bacchus apprête,
Sont des plaisirs de tous les temps.

Par lui la brillante jeunesse
Entretient ses vives couleurs;
Et la paresseuse vieillesse
Reprend ses premières chaleurs.

De pampres ornons notre tête :
Au Dieu du vin soyons constants.
Les plaisirs que Bacchus apprête,
Sont des plaisirs de tous les temps.

LE CHOEUR.

Chantons, réunissons nos voix:
Essayons d'accorder la lyre et le hautbois.

PROLOGUE[*]

Chanté chez M. D'Ussé, en présence de son altesse royale monseigneur le duc d'Orléans, avant la représentation de *l'École des Maris.*

MELPOMÈNE.

Quittez, quittez, ma sœur, une arrogance vaine.
Osez-vous comparer vos frivoles chansons
    Aux nobles et sublimes sons
    De l'héroïque Melpomène?

THALIE.

    Vivez en paix avec Thalie.
Vous savez que vingt fois elle a déconcerté,
    Par une agréable folie,
    Votre ennuyeuse gravité.

MELPOMÈNE.

    Ma voix ressuscite la gloire
    De nos antiques demi-dieux;
    Et je consacre la mémoire
    De ceux qui brillent à nos yeux.

THALIE.

    Vos chants, par leur lugubre accord,
    Fatiguent souvent leur oreille :

---

[*] Ce Prologue n'est guère qu'une répétition du précédent, avec quelques légers changements.

EN MUSIQUE.

Ma flûte souvent les réveille,
Et votre lyre les endort.

MELPOMÈNE.

Croyez-vous que ce soit un talent fort utile
De badiner à tout propos?

THALIE.

Vous imaginez-vous qu'il soit fort difficile
De faire bâiller les héros?

MELPOMÈNE.

De lauriers toujours verds je couronne leurs têtes.

THALIE.

Je sais les délasser par d'agréables fêtes.

MELPOMÈNE.

Je vante leurs exploits.

THALIE.

    J'amuse leurs loisirs.

MELPOMÈNE.

Je prends soin de leur gloire.

THALIE.

    Et moi de leurs plaisirs.

MELPOMÈNE.

Je m'étonne qu'une déesse,
Qu'une muse se laisse à l'orgueil entraîner:
L'amour-propre est une foiblesse
Qu'aux malheureux mortels on doit abandonner.

THALIE.

Ne vous y trompez pas: le seul orgueil nous touche;
J'ai reçu comme vous ce dangereux penchant:

Mais le mien est vif et touchant,
Et le vôtre est sombre et farouche.
MELPOMÈNE.
Vous êtes ma cadette au jugement de tous ;
Et l'on est modeste à votre âge.
THALIE.
Si je suis plus jeune que vous,
Ne vous étonnez pas si je plais davantage.
MELPOMÈNE.
Ne profanons plus notre voix
Par une odieuse querelle :
Un prince, des héros le plus digne modèle,
Nous fournit de plus doux emplois.
Il a mille vertus dignes de sa naissance :
Les Muses dont il est l'appui,
Doivent se consacrer à lui
Par zèle et par reconnoissance.
THALIE.
A servir ce héros bornons notre desir.
MELPOMÈNE.
C'est le plus doux emploi des Filles de Mémoire.
THALIE.
Que Melpomène veille à célébrer sa gloire.
MELPOMÈNE.
Que Thalie ait le soin d'occuper son loisir.
TOUTES DEUX ENSEMBLE.
Que Melpomène veille à célébrer sa gloire ;
Que Thalie ait le soin d'occuper son loisir.

DIALOGUE

SUR L'OPÉRA

DES QUATRE SAISONS.

INTERLOCUTEURS.

COLASSE.
L'abbé PIC.
DESCHARS.
BABET DU FAUR.

L'OMBRE DE LULLI.
Chœur de Cuistres et d'Enfants de chœur.

COLASSE.

Le bruit de votre nom remplit toute la terre.

PIC.

On entend en tous lieux vos éloges divers.

COLASSE.

Chacun est charmé de vos vers.

PIC.

Vos chants enlèvent le parterre.

COLASSE.

Quelle nouveauté ! Quel bonheur !

PIC.

Voyez comme à grands flots tout le peuple s'amasse !

COLASSE.

C'est vous, illustre Pic.

PIC.

C'est vous, docte Colasse.

TOUS DEUX.

C'est vous qui partagez avec moi cet honneur.

PIC.

Cuistres, soumis à ma férule,
Chantez la gloire de mon nom.

COLASSE.

Choristes de Saint-Paul, célébrez mon renom :
Qu'il vole par-delà les Colonnes d'Hercule.

ENTRÉE DE CUISTRES ET D'ENFANTS DE CHOEUR.

DESCHARS, aux deux auteurs.

Arrêtez, petits mirmidons!
De votre vanité réglez mieux la mesure;
Et sachez que sans ma figure,
Votre maigre opéra, tout farci de lampons,
Eût paru plus glacé que la mer des Lapons.
Le peuple dans mes deux visages
Vous a reconnus trait pour trait;
Et vous ne devez ses suffrages
Qu'à ce symbolique portrait.

BABET DU FAUR.

Je ne suis point d'humeur chagrine,
Et l'orgueil n'est pas mon défaut.
Mais on sait qu'avant l'Arlequine
L'auditeur bâilloit assez haut.
Cessez donc de crier merveille

Sur votre opéra d'aujourd'hui.
Si chacun en ôtoit ce qui peut être à lui,
Vous montreriez le cul, comme fit la corneille
Qui se paroit du plumage d'autrui.

TOUS QUATRE ENSEMBLE.

Mais quel objet, ô ciel! quel surprenant mystère!
Quoi! des esprits en plein midi!

DESCHARS.

Je tremble.

BABET.

Je frémis.

COLASSE.

J'ai peur, quoique hardi.

PIC.

La crainte me sert de clystère.

DESCHARS.

Ah! monsieur l'aumônier, prenez votre missel;
Et conjurez ce spectre, à nos yeux si terrible.

PIC.

Hélas! il ne m'est pas possible;
Car je suis en péché mortel.

L'OMBRE DE LULLI, à Colasse.

Tremble, malheureux plagiaire :
C'est l'ombre de Lulli qui paroît à tes yeux.
Je viens revendiquer les vols audacieux
    Que tu m'as osé faire.
    Et toi, crains un revers fatal,
Rimeur enorgueilli des succès de ta veine.

Ton opéra dans peu va du Palais-Royal
    Passer à la Samaritaine ;
Et la chaise percée est le digne cercueil
Où tomberont enfin tes vers et ton orgueil.

LE CHOEUR.

O sort fatal ! ô chute affreuse !
O témérité malheureuse !

FIN DES POÉSIES EN MUSIQUE.

LA MANDRAGORE,

COMÉDIE EN CINQ ACTES;

TRADUITE DE L'ITALIEN DE MACHIAVEL.

PERSONNAGES.

Le docteur CACARELLE.
LUCRÈCE, sa femme.
SOSTRATE, mère de Lucrèce.
LÉANDRE, amant de Lucrèce.
SBRIGANI, homme d'intrigues.
COVIELLE, valet de Léandre.
Frère TIMOTHÉE, moine.
Une Dévote.

La scène est à Florence.

LA MANDRAGORE,

COMÉDIE.

ACTE PREMIER.

SCÈNE PREMIÈRE.
LÉANDRE, COVIELLE.

LÉANDRE.

Viens-çà, Covielle. J'ai deux mots à te dire.

COVIELLE.

Me voici.

LÉANDRE.

Tu as été surpris de me voir partir de Paris si précipitamment, et je pense que tu ne l'es pas moins de me voir oisif depuis un mois à Florence?

COVIELLE.

Vous dites vrai.

LÉANDRE.

Si j'ai différé jusqu'ici à te mettre dans ma confidence, ce n'est pas que je me sois défié de ta fidélité ; mais c'est que je suis persuadé que pour tenir une chose secrète, il est bon de n'en rien dire sans nécessité. Présentement que je puis avoir besoin de toi, je veux t'expliquer de quoi il est question.

COVIELLE.

Un valet ne doit point s'ingérer des affaires de son maître ; mais quand le maître trouve à propos de lui en faire part, son devoir est de l'écouter et de le servir loyalement. J'ai toujours pratiqué cette maxime, et j'espère ne m'en point écarter à l'avenir.

LÉANDRE.

Je le crois. Tu m'as bien ouï dire une centaine de fois (et il n'y aura pas grand mal quand je te le redirai pour la cent et unième) qu'ayant perdu mon père et ma mère à l'âge de dix ans, mes tuteurs m'envoyèrent à Paris, où j'en ai passé vingt, trouvant plus de sûreté à y rester que dans l'Italie, désolée depuis dix ans par les guerres que le roi Charles a commencé d'y porter.

COVIELLE.

La chose est ainsi.

LÉANDRE.

Et comme mon bien se trouvoit vendu, à la réserve de ma maison, je pris le parti de rester en France, où j'ai passé mes dix dernières années le plus heureusement du monde.

COVIELLE.

Je sais cela.

LÉANDRE.

Je partageois mon temps entre l'étude, le plaisir et les affaires; et cela, de façon que l'une ne nuisoit point à l'autre. Je vivois en repos, appliqué à me mettre bien avec tout le monde, et à n'offenser personne : ami du bourgeois, du gentilhomme, du citoyen, de l'étranger, du pauvre et du riche.

COVIELLE.

C'est la vérité.

LÉANDRE.

Dans ce temps-là, la fortune, jalouse de mon bonheur, fit arriver à Paris un certain Camille Calfucci.

COVIELLE.

Je commence à me douter de quelque chose.

LÉANDRE.

Il venoit souvent manger chez moi avec d'autres Florentins. Un jour la conversation tomba sur la beauté des femmes d'Italie et de France; et comme j'étois trop jeune quand je partis d'Italie pour pouvoir entrer dans leur dispute, un autre Florentin prit parti pour les Françoises contre Camille, qui, après bien des détours de part et d'autre, s'avisa de dire enfin, que quand toutes les Italiennes seroient des monstres, il avoit une parente qui toute seule étoit capable de soutenir leur réputation.

COVIELLE.

Je vois clair présentement.

LÉANDRE.

Il nous dit qu'elle s'appeloit Lucrèce, femme du docteur Cacarello Calfucci, et nous en donna un portrait si achevé, nous fit de si surprenants éloges de sa beauté, de ses grâces, de toute sa personne, que tout le monde resta immobile d'étonnement; et moi, de ce moment-là, il me prit un si furieux desir de la voir, que, sans plus songer ni à la guerre ni à la paix, je pris la résolution de venir ici, où j'ai trouvé Lucrèce encore au-dessus de sa renommée; et maintenant je suis à tel point tourmenté du desir de jouir de ses bonnes grâces, que je ne sais à quel saint me vouer.

COVIELLE.

Si vous m'aviez dit cela à Paris, je vous aurois donné un bon conseil; mais de l'heure qu'il est, je n'ai plus rien à vous dire.

LÉANDRE.

Je ne t'ai pas fait cette confidence pour te demander ton avis, mais afin de te mettre en état de me seconder dans l'occasion.

COVIELLE.

Je suis prêt à tout. Qu'espérez-vous faire?

LÉANDRE.

Hélas! je ne sais. Tout me désespère. Son naturel premièrement, honnête et peu porté à la galanterie; son mari, qui est riche et complaisant à tout ce qu'elle souhaite. Quoique ce ne soit plus un jeune

homme, il ne peut pas néanmoins passer pour
vieux. D'ailleurs elle n'a ni parente ni voisine avec
qui elle fasse aucunes parties; point de femmes
d'intrigues qui ait accès dans sa maison, point de
domestique qui ne tremble devant elle : de façon
qu'elle est entièrement à couvert de toutes tentatives.

COVIELLE.

Ce n'est donc pas la peine de rien tenter?

LÉANDRE.

Ho doucement! on vient à bout des affaires les
plus difficiles; et en amour il n'y a point d'espérances si frivoles, qu'une ferme résolution ne puisse
rendre efficaces.

COVIELLE.

Oui; mais ces espérances, qui vous les fait concevoir?

LÉANDRE.

Deux choses : l'une, la simplicité du seigneur
Cacarelle, qui, quoique docteur, est, sans contredit, l'homme le plus ingénu et le plus imbécille de
Florence; l'autre, l'extrême envie qu'ils ont d'avoir des enfants. Le bon homme, qui est fort à son
aise, se voyant sans lignée depuis six ans qu'il est
marié, a un desir si désespéré d'en avoir, qu'il s'en
meurt, aussi-bien qu'elle. J'aurois encore une autre
corde à mon arc, qui est la mère de Lucrèce;
c'étoit une commère en son temps; mais, par malheur, elle n'a besoin de rien.

COVIELLE.
Avez-vous déjà entamé quelque négociation?
LÉANDRE.
Oui; mais peu de chose.
COVIELLE.
Et quoi encore?
LÉANDRE.
Tu connois Sbrigani, qui vient tous les jours dîner chez moi. Ce drôle-là étoit en premier lieu courtier de bonnes fortunes; et depuis il s'est adonné à écumer les cuisines d'autrui. Et comme il est bon compagnon, le docteur a fait avec lui grande société. Sbrigani le tolère, et en tire volontiers quelque argent de fois à autre. J'ai fait amitié avec lui. Je l'ai intéressé dans mon amour, et il m'a promis de m'aider de tout son pouvoir.
COVIELLE.
Jusqu'à présent, que vous a-t-il promis?
LÉANDRE.
Il s'est chargé de persuader au Docteur qu'il faut envoyer sa femme aux bains dans ce mois de mai.
COVIELLE.
Qu'arrivera-t-il de là?
LÉANDRE.
Ce qui en arrivera? Je trouverai peut-être moyen par là de faire connoissance avec elle. Dans ces sortes d'endroits, on ne pense qu'à s'amuser. J'y menerai avec moi tout ce qui peut contribuer à la

ACTE I, SCENE I.

joie. Je n'oublierai rien pour paroître magnifique. Je ferai en sorte de m'insinuer auprès de son mari et auprès d'elle. Une chose en amène une autre : le temps vient à bout de tout.

COVIELLE.

Cela me plaît assez.

LÉANDRE.

Sbrigani m'a quitté ce matin pour aller entretenir le seigneur Cacarelle, et j'attends de ses nouvelles.

COVIELLE.

Les voici ensemble.

LÉANDRE.

Je veux m'éloigner, afin de prendre mon temps pour parler à mon homme, quand le Docteur s'en sera allé. Va-t'en au logis. Je t'avertirai si j'ai besoin de toi.

SCÈNE II.

LE DOCTEUR, SBRIGANI.

LE DOCTEUR.

Je vois bien que tu as raison; et je raisonnois de tout cela hier au soir avec ma femme. Elle me doit rendre réponse aujourd'hui; mais, à te parler franchement, je ne vais pas là de bon cœur.

SBRIGANI.

Pourquoi cela?

LE DOCTEUR.

Parce que je n'aime pas à m'écarter de mon nid; et puis de se transplanter avec une femme, des valets, un ménage, cela est trop embarrassant. De plus, je parlois hier à quelques-uns de ses médecins : l'un me disoit d'aller à Saint-Philippe, l'autre aux eaux de la Porette; l'autre ici, l'autre là. Veux-tu que je te dise? je crois que tous ces docteurs-là sont des ânes, qui n'y voient que par le trou d'une bouteille.

SBRIGANI.

Je crois que de tout cela, c'est la transmigration qui vous tient le plus au cœur; car vous m'avez la mine de n'être pas accoutumé à perdre de vue le clocher de votre paroisse.

LE DOCTEUR.

Tu te trompes. Dans ma jeunesse j'étois un drôle alerte, toujours par voie et par chemin. Sais-tu bien qu'il n'y avoit pas une foire à Prato où je ne me trouvasse? J'ai vu tout ce qu'il y a de châteaux autour de Florence, tel que tu me vois; et je te dirai bien autre chose : j'ai été à Pise et à Livourne, moi qui te parle!

SBRIGANI.

Malepeste! vous avez donc vu la mer?

LE DOCTEUR.

Oui, je l'ai vue.

SBRIGANI.

Est-elle plus grande que l'Arne?

LE DOCTEUR.

Bon! plus de quatre fois, plus de six, plus de sept, Dieu me pardonne. Tiens : imagine-toi qu'on ne voit que de l'eau, et puis encore de l'eau, et toujours de l'eau.

SBRIGANI.

Je suis surpris, comme ayant vu tant d'eau, vous avez si grande peur du bain.

LE DOCTEUR.

Ah! que tu es idiot! Tu t'imagines que ce n'est rien, que de déménager toute une maison! Cela ne va pas comme ta tête; mais cependant j'ai tant d'envie d'avoir un petit enfant, qu'il n'y a rien que je ne fasse pour cela. Informe-toi : demande où il faut aller pour le mieux; et si on ne peut pas faire autrement, nous irons où l'on voudra, ma femme et moi.

SBRIGANI.

C'est bien dit : allez, ne vous mettez pas en peine.

(Le Docteur sort.)

SCÈNE III.

SBRIGANI, LÉANDRE.

SBRIGANI.

Je crois que sous le ciel on ne trouveroit pas un plus sot ni un plus heureux homme que celui-là. Il est riche : il a une femme belle, sage, bien morigénée ; une femme capable de gouverner un royaume. Pour moi, je trouve qu'on a grand tort de dire que Dieu fait les hommes, et que les hommes s'apparient ; car on ne voit autre chose que des maris bien civilisés, qui ont de sottes bêtes de femmes ; et des femmes bien apprises, qui ont des maris impertinents ; mais ce qu'il y a de bon, c'est que l'impertinence de celui-ci avancera les affaires de Léandre. Mais le voici lui-même..

LÉANDRE.

Je t'ai vu avec le Docteur ; et j'attendois qu'il partît, pour savoir où nous en sommes.

SBRIGANI.

Vous savez quel homme c'est ; irrésolu, timide : il a toutes les peines du monde à se résoudre de quitter Florence. Je l'ai un peu réchauffé, et j'espère que nous en viendrons à bout ; mais quand nous en serons là, je ne sais si nous en ferons mieux nos affaires.

LÉANDRE.

D'où vient?

SBRIGANI.

Que sais-je! Vous savez qu'à ces bains on trouve des gens de toutes façons, et il pourroit par hasard s'y rencontrer tel homme, à qui madame Lucrèce plairoit comme à vous ; qui seroit plus riche que vous, et qui auroit meilleur air que vous ; de manière que vous risquez, ou de battre les buissons pour autrui, ou que la concurrence des rivaux ne la rende plus difficile; ou que, s'apprivoisant avec le monde, elle ne prenne du goût pour quelque autre que vous.

LÉANDRE.

Tu dis vrai. Mais que faire? quel parti prendre? Il faut bien que je tente quelque entreprise, quelque grande, quelque périlleuse, quelque désespérée qu'elle puisse être : j'aime mieux mourir que de vivre comme je vis. Si je pouvois dormir la nuit, si je pouvois manger, si je pouvois me distraire en voyant le monde; s'il m'étoit possible enfin de trouver le moindre soulagement, je prendrois patience. Mais le mal est sans remède; et si je n'étois bercé de quelque espérance, je serois un homme mort. Mourir pour mourir, je n'ai rien à ménager, et je ne craindrai point de prendre les résolutions les plus outrées et les plus extravagantes.

SBRIGANI.

Doucement! modérez votre impétuosité.

LÉANDRE.

Je me modère; mais en me modérant, il me passe mille pensées tragiques par la tête. C'est pourquoi tenons-nous-en au parti des bains, ou cherchons-en quelque autre qui puisse me repaître de quelque espérance, soit réelle, soit chimérique, et qui m'empêche de sécher, comme je fais, d'angoisse et d'inquiétude.

SBRIGANI.

C'est bien dit. Je suis votre homme.

LÉANDRE.

Écoute. Je sais que ceux de ta profession ne font pas beaucoup de conscience de se moquer d'autrui. Mais je ne pense pas que tu veuilles me mettre au rang de tes dupes, d'autant que je suis homme à m'en apercevoir; et en ce cas-là, tu perdrois non-seulement la récompense que je t'ai promise, mais encore l'entrée de ma maison pour toute ta vie.

SBRIGANI.

Vous auriez tort de me soupçonner. Quand même je n'aurois aucun bien à espérer de votre part, j'ai une si grande sympathie pour vous, que vos intérêts me sont chers comme les miens propres. Laissons tout cela. — Le docteur m'a chargé de lui chercher quelque bon médecin qui sache à quel bain il faut envoyer sa femme. Je veux que ce soit vous qui fassiez ce médecin. Je dirai que vous venez de Paris, où vous avez fait je ne sais combien de belles expériences. C'est un homme crédule; et avec quelques mots de grammaire que vous avez appris au collége, nous lui ferons accroire tout ce que nous voudrons.

LÉANDRE.

A quoi cela nous servira-t-il ?

SBRIGANI.

A l'envoyer aux bains que nous jugerons les plus

commodes; et peut-être à faire réussir quelque autre expédient que j'ai imaginé, qui sera plus prompt, plus sûr et plus facile que les bains.

LÉANDRE.

Que dis-tu?

SBRIGANI.

Je dis que si vous avez du cœur et de la confiance en moi, je vous garantis votre affaire faite, avant qu'il soit demain jour. Et quand le seigneur Cacarelle seroit homme, ce qui n'est pas, à approfondir si vous êtes médecin ou non, la nature de la chose et la brièveté du temps ne lui laisseront pas le loisir de troubler notre dessein.

LÉANDRE.

Tu me rends la vie. J'ai peur que tu ne me donnes une trop belle espérance. Comment feras-tu?

SBRIGANI.

Vous le saurez, quand il sera temps. Ayons le loisir d'agir, nous aurons celui de parler. Rentrez chez vous, et m'y attendez. Je vais trouver le docteur; et si je vous l'amène, vous avez de l'esprit : vous écouterez ce que je dirai, et vous accommoderez vos réponses au sens de mes paroles.

LÉANDRE.

Allons donc. Dieu veuille que de si belles espérances ne se tournent point en fumée!

FIN DU PREMIER ACTE.

ACTE II.

SCÈNE PREMIÈRE.

LE DOCTEUR, SBRIGANI.

SBRIGANI.

Comme je vous dis, je crois que c'est Dieu qui nous a envoyé cet homme-là pour vous tirer d'embarras. Il a fait à Paris des expériences admirables; et il ne faut pas vous étonner, s'il ne fait pas profession de son art à Florence. C'est un homme qui a du bien, et qui est à tout moment sur le point de retourner en France.

LE DOCTEUR.

Qu'il s'en garde bien ! Cela est de conséquence. Je ne serois pas bien aise qu'il me fît venir l'eau à la bouche, pour me laisser mâcher à vuide.

SBRIGANI.

Ho, ne vous embarrassez pas de cela. Priez Dieu seulement qu'il entreprenne votre affaire. S'il fait tant que de s'en mêler, il ne vous quittera point qu'il n'ait mis l'ouvrage à sa perfection.

LE DOCTEUR.

De ce côté-là, je m'en rapporte à toi. Mais pour

ACTE II, SCÈNE I.

ce qui est de sa science, dès que je lui aurai un peu tâté le pouls, je te dirai bien quel homme c'est. On ne me fera pas passer des vessies pour des lanternes.

SBRIGANI.

C'est pour cela que je veux que vous l'entendiez raisonner; et si vous ne le trouvez pas un homme à soutenir la coupelle devant tous les docteurs du monde, dites que je ne suis pas Sbrigani.

LE DOCTEUR.

A la bonne heure, de par saint Jean! Allons le trouver. Où demeure-t-il?

SBRIGANI.

Au bout de cette place; à la porte qui est devant vous.

LE DOCTEUR.

Bon. Va heurter.

SBRIGANI.

Holà, quelqu'un!

COVIELLE, à la fenêtre.

Qui est là?

SBRIGANI.

Léandre est-il là-haut?

COVIELLE.

Oui.

LE DOCTEUR, à Sbrigani.

Que ne dis-tu maître Léandre?

SBRIGANI.

Il ne s'arrête pas à ces fadaises-là.

LE DOCTEUR.

Cela ne fait rien. Il faut rendre l'honneur à qui il appartient.

SBRIGANI.

S'il ne le trouve pas bon, c'est son affaire.

SCÈNE II.

LÉANDRE, en médecin, LE DOCTEUR, SBRIGANI.

LÉANDRE.

Qui est-ce qui me demande?

LE DOCTEUR.

Bonà dies, domine magister.

LÉANDRE.

Et vobis, monsieur le docteur.

SBRIGANI, à part, au Docteur.

Qu'en dites-vous?

LE DOCTEUR.

Fort bien, par mon chef!

SBRIGANI.

Si vous voulez que je demeure avec vous, messieurs, il faut que vous parliez de manière que je vous entende : autrement nous ferons bande à part.

LÉANDRE.

Quelle bonne affaire vous fait venir?

LE DOCTEUR.

Deux mauvaises, qu'un autre seroit peut-être bien-aise d'éviter. Je cherche à m'intriguer et à intriguer autrui ; je n'ai point d'enfants, et je voudrois en avoir ; et c'est pour me donner cet embarras-là, que je viens vous embarrasser.

LÉANDRE.

Ce ne sera jamais un embarras pour moi de vous rendre service, à vous et à tous les gens de bien. Je n'aurois pas employé tant de veilles à étudier à Paris, si ce n'étoit afin de me rendre utile aux personnes d'honneur comme vous.

LE DOCTEUR.

Dieu vous le rende ! Quand vous aurez besoin de mon ministère, je vous servirai d'aussi bon cœur. Mais revenons *ad rem nostram.* Croyez-vous que le bain soit bon pour préparer ma femme à devenir grosse ? Car je sais que Sbrigani vous a conté de quoi il s'agit.

LÉANDRE.

Il est vrai. Mais avant que de vous répondre, il est nécessaire de savoir la cause de la stérilité de votre femme, d'autant qu'il peut y en avoir plusieurs. *Nam causæ sterilitatis sunt aut in semine, aut in matrice, aut in instrumentis seminariis, aut in virgâ, aut in causâ extrinsecâ.*

LE DOCTEUR.

Mort non d'un diable ! voilà le plus habile homme que j'aie vu de ma vie.

LÉANDRE.

Outre cela, sa stérilité pourroit être causée par quelque impuissance de votre part ; et en ce cas-là, c'est un mal incurable.

LE DOCTEUR.

Impuissance, moi ? Ah, ah, vous me faites rire. Regardez-moi bien : il n'y a peut-être pas dans tout Florence un plus rude escarmoucheur que le seigneur Cacarelle, afin que vous le sachiez.

LÉANDRE.

Si cela est, ne vous embarrassez pas. Nous vous trouverons un bon remède.

LE DOCTEUR.

Y en a-t-il d'autre que le bain ? je serois bien-aise d'être quitte de cette incommodité-là, et ma femme aussi.

SBRIGANI.

Oui, oui ; il y en a d'autre. Le seigneur Léandre est un homme si circonspect, que rien plus. (à Léandre.) Ne m'avez-vous pas dit, monsieur le médecin, que vous saviez faire je ne sais quoi, qui rend une femme fertile du soir au matin ?

LÉANDRE.

Oui : mais je ne me sers pas de cela pour tout

ACTE II, SCÈNE II.

le monde ; car je ne veux point passer pour un charlatan.

LE DOCTEUR.

N'ayez pas peur de moi. Vous m'avez si fort émerveillé par votre savoir, qu'il n'y a rien que je ne croie et que je ne fasse, de tout ce que vous direz.

SBRIGANI.

Monsieur le médecin, je pense qu'il seroit bon que vous vissiez un peu l'urine de la malade.

LÉANDRE.

Sans doute ; on ne peut rien faire autrement.

SBRIGANI.

Appelez Covielle, afin qu'il aille avec monsieur le docteur, et qu'il revienne au plus tôt nous en apporter chez vous.

LÉANDRE.

Hé, Covielle! va-t'en avec le seigneur Cacarelle. (au docteur.) Quand il vous plaira de revenir, je vous dirai quelque chose de bon.

LE DOCTEUR.

Comment, quand il me plaira? Tout à l'heure. J'ai plus de confiance en vous, qu'un Suisse dans son espadon.

SCÈNE III.

LE DOCTEUR, COVIELLE.

LE DOCTEUR.

Ton maître est un grand génie d'homme!

COVIELLE.

Ah, ah! vous ne sauriez croire.

LE DOCTEUR.

Je m'imagine que le roi de France en fait grand cas?

COVIELLE.

Beaucoup.

LE DOCTEUR.

Et voilà pourquoi il aime tant à demeurer en ce pays-là?

COVIELLE.

Sans doute.

LE DOCTEUR.

Il fait fort bien. Dans celui-ci il n'y a que des cancres qui n'estiment point la vertu. J'en sais plus de nouvelles que personne. Il n'y a point de légiste, sans vanité, mieux alimenté de paragraphes que moi; et avec tout cela, si j'attendois après ma science pour dîner, je pourrois bien dire mes grâces avant le *benedicite*.

COVIELLE.

Gagnez-vous bien cent ducats par an?

ACTE II, SCÈNE III.

LE DOCTEUR.

Bon! pas cent francs, pas cent sous. Oh! en ce pays-ci, si vous n'avez pas de quoi vivre selon votre état, vous ne trouveriez pas du feu sur une tuile. Toute la vie d'un docteur se passe à assister à des thèses, ou à se chauffer au soleil dans la place publique. Baste, je n'ai besoin de personne, grâce à Dieu. Je voudrois que le plus pauvre de la ville me ressemblât. Je serois pourtant fâché de dire cela tout haut; car on pourroit me mettre quelque maltôte sur le corps, qui me feroit suer plus que je ne voudrois.

COVIELLE.

Cela pourroit bien être.

LE DOCTEUR.

Nous voici à la maison. Attends-moi là, je vais revenir.

COVIELLE.

Allez.

SCÈNE IV.

COVIELLE, seul.

MA foi, si tous les docteurs ressembloient à celui-là, nous pourrions bien vider nos différends à coups de pierres. J'ai bien peur que mon maître, avec sa folie, et que Sbrigani, avec sa fourberie, ne lui fassent ici quelque vergogne à quoi il ne s'attend pas:

et véritablement je n'en serois pas fâché, pourvu qu'on n'en sût rien ; car moi et mon maître pourrions bien en payer les pots cassés! Le voilà déjà devenu médecin. Je ne sais pas trop où cela nous menera. — Mais voici le docteur qui revient avec une fiole pleine d'urine. Ah, ah! qui ne riroit d'un oison bridé comme celui-là!

SCÈNE V.

LE DOCTEUR, COVIELLE.

LE DOCTEUR, se tournant vers sa maison.

Ho bien, j'ai toujours fait jusqu'ici à votre guise : je prétends en cette occasion-ci que vous fassiez à la mienne. Ouais! si je croyois n'avoir point d'enfant, j'aurois plutôt épousé une paysanne. Ah! te voilà, Covielle. J'ai eu toutes les peines du monde à faire pisser ma sotte de femme; elle a encore plus d'envie que moi de faire un enfant ; mais quand il faut qu'elle fasse quelque chose, c'est une histoire.

COVIELLE.

Prenez patience! Avec de bonnes paroles on vient à bout des femmes.

LE DOCTEUR.

Comment faire? Elle me fait enrager. Va vite dire à ton maître et à Sbrigani que je les attends.

COVIELLE.

Les voici qui viennent.

SCÈNE VI.

LE DOCTEUR, LÉANDRE, SBRIGANI.

SBRIGANI, à Léandre.

Le docteur est facile à persuader : toute la difficulté ne roule que sur la femme.

LÉANDRE.

Avez-vous là de l'urine?

LE DOCTEUR.

En voilà une fiole toute pleine.

LÉANDRE.

Donnez. Cette urine-là dénote une grande débilité dans la partie des reins.

LE DOCTEUR.

Oui, elle me paroît trouble : elle ne fait pourtant que de sortir.

LÉANDRE.

Cela n'est pas extraordinaire. *Nam mulieris urinæ sunt semper majoris grossitici et albedinis, et minoris pulchritudinis quàm virorum; et cela, propter amplitudinem canalium, et mixtionem eorum quæ exeunt ex matrice.*

LE DOCTEUR.

Vertu non pas de ma vie! je suis tout extasié d'entendre cet homme-là.

LÉANDRE.

J'ai peur que votre femme ne soit pas bien couverte la nuit, et que ce ne soit là ce qui engendre ces crudités dans son urine.

LE DOCTEUR.

Elle a pourtant une bonne couette [1], avec encore une couverture. Mais c'est qu'elle est toujours quatre heures tous les soirs à enfiler des patenôtres ; et elle est toute gelée, quand elle se met au lit.

LÉANDRE.

Enfin, seigneur docteur, ou vous avez confiance en moi, ou vous ne l'avez point ; ou mon remède est bon, ou il ne l'est pas. Quant à mon remède, je vous le donnerai ; et si vous vous fiez en moi, vous vous en servirez ; et si d'aujourd'hui en un an vous ne voyez pas votre femme avec un petit enfant sur son giron, je suis prêt à consigner deux mille ducats.

LE DOCTEUR.

Dites hardiment ; je ferai tout ce que vous m'ordonnerez. Je vous crois comme mon confesseur.

LÉANDRE.

Il faut que vous sachiez que, pour faire devenir une femme grosse, il n'y a point de recette plus sûre qu'un julep, composé d'une infusion de Mandragore. C'est une chose que j'ai expérimentée cent

---

[1] Un bon lit de plumes : en italien, *un buon coltrone*.

fois, et qui n'a jamais manqué; et sans cela, de l'heure que je vous parle, la reine de France seroit stérile, et une infinité de princesses du sang.[1]

LE DOCTEUR.

Est-il possible?

LÉANDRE.

Cela est comme je vous le dis; et ce qu'il y a d'heureux pour vous, c'est que j'ai avec moi tous les ingrédiens qui entrent dans cette potion-là, de manière que vous pourrez l'avoir quand vous voudrez.

LE DOCTEUR.

Quand me la donnerez-vous?

LÉANDRE.

Ce soir, après souper, parce que le croissant est très-bien disposé, et le temps ne sauroit être plus convenable.

LE DOCTEUR.

Qu'à cela ne tienne : donnez-moi la potion, et je la ferai prendre à ma femme.

LÉANDRE.

Il est bon de vous dire une chose. C'est qu'après qu'une femme a pris cette drogue-là, le premier

---

[1] Le grand Mogol l'avoit avec succès,
Depuis deux ans, éprouvé sur sa femme.
Mainte princesse et mainte et mainte dame
En avoient fait aussi d'heureux essais.
LA FONTAINE.

homme qui a affaire avec elle, meurt au bout de huit jours sans pouvoir réchapper.[1]

LE DOCTEUR.

Malepeste! je ne tâte pas de cela. Gardez votre médecine. Vous me la baillez bonne.

LÉANDRE.

Là, là, remettez-vous. Il y a bon remède.

LE DOCTEUR.

Et quel remède?

LÉANDRE.

C'est de faire sur-le-champ coucher avec elle quelqu'un, qui tire tout le poison de cette Mandragore : après quoi il n'y a plus de danger.

LE DOCTEUR.

Je n'en ferai rien.

LÉANDRE.

Pourquoi?

LE DOCTEUR.

Comment, vertubleu! ma femme seroit grosse, et je serois cocu, moi?

---

[1]   Il faut auparavant
  Vous dire tout : Un mal est dans l'affaire ;
  Mais ici-bas peut-on jamais tant faire,
  Que de trouver un bien pur et sans mal ?
  Ce jus, doué de vertu tant insigne,
  Porte d'ailleurs qualité très-maligne :
  Presque toujours il se trouve fatal
  A celui-là qui le premier caresse
  La patiente, et souvent on en meurt.
        LA FONTAINE.

LÉANDRE.

Que dites-vous là, monsieur le docteur? Je vous croyois plus sage que vous n'êtes. Comment! vous faites façon de faire une chose que le roi de France et tous les grands seigneurs ont faite?

LE DOCTEUR.

Comment voulez-vous que ce jeu-là puisse réussir? Si je le dis à ma femme, elle ne voudra pas. Si je ne le dis point, elle s'apercevra de la supercherie : et puis si la justice vient à savoir cela : hé! c'est un cas véreux, que de causer la mort à un homme.

LÉANDRE.

Si ce n'est que cela qui vous tient, vous n'avez qu'à me laisser faire.

LE DOCTEUR.

Et comment ferez-vous?

LÉANDRE.

Je vais vous le dire. Je vous donnerai ce soir la potion; vous la ferez prendre à votre femme; et tout aussitôt vous la ferez mettre au lit, et vous attendrez jusqu'à neuf heures et demie, dix heures. Quand cela sera fait, nous nous travestirons, vous, Sbrigani, Covielle et moi. Nous nous mettrons en sentinelle quelque part autour d'ici; et le premier malotru que nous verrons passer, nous nous jetterons sur lui; et, le bâton à la main, nous le conduirons chez vous dans l'obscurité. Quand il sera là, vous le mettrez dans le lit de la malade, et vous lui direz ce qu'il faudra qu'il fasse; et puis le matin nous le mettrons dehors avant le jour. Vous ferez bien laver votre femme, et vous pourrez faire avec elle ce que bon vous semblera.

LE DOCTEUR.

Puisque le roi et les princes ont passé par là, j'en suis content; mais surtout prenez garde que la justice n'en sache rien !

LÉANDRE.

Qui voulez-vous qui l'aille dire?

LE DOCTEUR.

Reste une chose difficile et importante.

LÉANDRE.

Laquelle ?

LE DOCTEUR.

C'est de résoudre ma femme. Je ne crois pas que nous en puissions venir à bout.

LÉANDRE.

J'entends bien cela; mais je ne voudrois pas être le mari, pour n'être pas le maître de ma femme.

SBRIGANI.

Attendez : il me vient une bonne pensée.

LE DOCTEUR.

Quoi ?

SBRIGANI.

Si nous la faisions exhorter par son confesseur?

LÉANDRE.

Oui : mais le confesseur, qui est-ce qui l'exhortera?

SBRIGANI.

Belle demande! vous, moi, l'argent, sa perversité, la nôtre.

LE DOCTEUR.

Je crains que, par défiance de moi, elle ne veuille point encore aller trouver son confesseur.

SBRIGANI.

Il y a encore un moyen.

LE DOCTEUR.

Dis donc vite.

SBRIGANI.

C'est de l'y faire mener par sa mère.

LE DOCTEUR.

Hom! sa mère a bien du pouvoir sur son esprit.

SBRIGANI.

Tant mieux. Je suis sûr qu'elle sera de notre avis. Or sus! ne perdons point de temps; il se fait tard. Allez prendre l'air, seigneur Léandre, et faites que nous vous retrouvions sur les huit heures chez monsieur le docteur. Nous allons tâcher de persuader la mère, nous en viendrons à bout, je la connois. Après cela nous irons trouver ce bon religieux, et nous vous rendrons compte de ce qui se sera passé.

(Le Docteur sort.)

LÉANDRE.

Au nom de Dieu, Sbrigani, ne me quitte point.

SBRIGANI.

Qu'est-ce? Vous voilà bien ébaubi!

LÉANDRE.

Que faire, que devenir, où aller?

SBRIGANI.

De ce côté-là, de celui-ci : la ville est si grande!

LÉANDRE.

Je suis sur les charbons.

FIN DU SECOND ACTE.

ACTE III.

SCÈNE PREMIÈRE.

SOSTRATE, LE DOCTEUR, SBRIGANI.

SOSTRATE.

J'ai toujours ouï dire que de deux maux qu'on a à choisir, il est de la prudence de prendre le moindre. Si vous n'avez que cet expédient-là pour avoir des enfants, et que vous le puissiez pratiquer en conscience, je vous conseille de vous en servir.

LE DOCTEUR.

Il n'y en a point d'autre.

SBRIGANI.

Nous allons, le seigneur Cacarelle et moi, consulter frère Timothée, pendant que vous irez prendre votre fille, pour venir le trouver avec elle.

SOSTRATE.

C'est bien dit. Je vais la chercher tout à l'heure.

SCÈNE II.

LE DOCTEUR, SBRIGANI.

LE DOCTEUR.

Tu t'étonnes peut-être qu'il faille tant de cérémonies pour faire entendre raison à ma femme; mais si tu savois les choses, tu ne serois plus surpris.

SBRIGANI.

Ha! c'est que toutes les femmes sont défiantes?

LE DOCTEUR.

Ce n'est pas cela. C'étoit la femme du monde la plus complaisante de son naturel : mais une de ses voisines lui ayant mis en tête que, si elle faisoit vœu d'entendre quarante jours de suite la première messe au couvent de Saint-Dominique, elle deviendroit grosse infailliblement; elle le fit, et y alla bien une vingtaine de fois. Crois-tu qu'un gros cafard de moine faisoit déjà la pirouette autour d'elle; et cela de façon qu'elle n'a plus voulu y retourner? Cela est bien vilain, au moins, que ceux qui devroient nous donner l'exemple fassent de ces choses-là.

SBRIGANI.

Ah! mon Dieu, cela fait trembler.

LE DOCTEUR.

Depuis ce temps-là, au moindre mot elle dresse

les oreilles comme un lièvre, et tout ce qu'on lui propose lui fait peur.

SBRIGANI.

Vraiment! je ne m'en étonne plus. Et son vœu?

LE DOCTEUR.

Elle s'en est fait relever.

SBRIGANI.

Elle a bien fait. Or çà, si vous avez là vingt-cinq ducats, donnez-les-moi; car il est bon de faire quelque petit présent au père, pour le mettre dans nos intérêts.

LE DOCTEUR.

Tu as raison. Prends-les. Je tâcherai d'épargner cela sur autre chose.

SBRIGANI.

Ces moines sont fins et madrés, et cela est naturel; car ils savent leurs péchés et les nôtres. Ainsi, à moins qu'on ne prenne bien ses mesures, on ne fait pas avec eux tout ce qu'on voudroit. C'est pourquoi j'appréhende qu'en lui parlant, vous ne disiez quelque chose qui gâte nos affaires. Un homme comme vous qui étudie toujours, entend ses livres : mais dans les choses du monde, il se trouve tout désorienté. (à part.) Je meurs de peur que ce lourdaud-là ne nous fasse quelque chose de travers!

LE DOCTEUR.

Dis-moi donc ce qu'il faut que je fasse.

SBRIGANI.

Laissez-moi parler tout seul, et n'ouvrez pas la bouche, que quand je vous ferai signe.

LE DOCTEUR.

Je le veux bien. Quel signe me feras-tu?

SBRIGANI.

Je me mordrai une lèvre, je fermerai un œil. Souvenez-vous bien de cela. — Combien y a-t-il que vous n'avez parlé à ce bon père?

LE DOCTEUR.

Il y a plus de dix ans.

SBRIGANI.

Bon. Je lui ferai croire que vous êtes devenu sourd, et vous ne répondrez ni ne sonnerez mot, à moins qu'on ne vous parle bien haut.

LE DOCTEUR.

Soit.

SBRIGANI.

Ne vous inquiétez pas, si vous m'entendez dire quelque chose qui vous paroisse hors de propos. Tout cela viendra à notre but.

LE DOCTEUR.

A la bonne heure.

SCÈNE III.

.ÈRE TIMOTHÉE, UNE DÉVOTE.

FRÈRE TIMOTHÉE.

vous voulez que j'entende votre confession, n'avez qu'à dire.

LA DÉVOTE.

n pas pour aujourd'hui. On m'attend, et je ns toute soulagée depuis que je vous ai parlé. vous dit ces messes de Notre-Dame?

FRÈRE TIMOTHÉE.

i, ma chère sœur.

LA DÉVOTE.

nez, voilà un florin : je vous prie de dire les lundis la messe des morts pour l'âme de ion mari : encore que j'aie bien souffert avec ion sang ne peut mentir; je ne saurois m'en nir sans pleurer. Mais m'assurez-vous bien est en purgatoire?

FRÈRE TIMOTHÉE.

1s doute.

LA DÉVOTE.

n'en sais rien. Vous savez comme il me touroit la nuit : les propositions.... hélas! je m'en nois tous les jours à vous. J'avois beau dire que voulois pas, il étoit si importun! O mon ! ayez pitié de moi.

FRÈRE TIMOTHÉE.

Ne vous affligez pas! la miséricorde de Dieu est grande; et quoiqu'un homme soit grand pécheur, il ne lui faut qu'un moment pour se repentir.

LA DÉVOTE.

Croyez-vous que le Turc vienne cette année en Italie?

FRÈRE TIMOTHÉE.

Oui, si vous ne faites pas dire des prières.

LA DÉVOTE.

Ah! le bon Dieu nous assiste! j'ai grand'peur de ces infidèles, qui empalent les femmes toutes vives. Mais je vois dans l'église une de mes voisines à qui j'ai affaire. Je vous donne le bonjour, mon père.

FRÈRE TIMOTHÉE.

Votre bon ange vous conduise!

SCÈNE IV.

FRÈRE TIMOTHÉE, LE DOCTEUR, SBRIGANI.

FRÈRE TIMOTHÉE.

Il n'y a point de personnes plus charitables, plus incommodes que les femmes: en les chassant, vous évitez l'ennui et le profit; en les écoutant, vous trouvez le profit et l'ennui. Mais on n'a point de miel sans mouches. Que faites-vous là, gens de bien? Ne vois-je pas le seigneur Cacarelle?

ACTE III, SCÈNE IV.

SBRIGANI.

Parlez haut. Il est si sourd qu'il n'entend goutte.

FRÈRE TIMOTHÉE, au Docteur.

Vous, soyez le bien venu.

SBRIGANI.

Plus haut!

FRÈRE TIMOTHÉE.

Le bien venu.

LE DOCTEUR.

Et vous le bien trouvé, père!

FRÈRE TIMOTHÉE.

Comment vous portez-vous?

LE DOCTEUR.

A votre service.

SBRIGANI.

Parlez à moi, mon révérend père; car pour vous faire entendre de lui, vous mettriez toute la place en rumeur.

FRÈRE TIMOTHÉE.

Que souhaitez-vous de moi?

SBRIGANI.

Monsieur le Docteur que vous voyez, et un autre homme de bien que je vous nommerai, ont plusieurs centaines de ducats à vous mettre entre les mains pour faire des aumônes.

LE DOCTEUR.

Comment, mort de ma vie!

SBRIGANI.

Taisez-vous, de par tous les diables. — Ne soyez pas surpris, mon père, de tout ce qu'il dira; car il n'entend point, et quelquefois il croit entendre, et répond tout à rebours.

FRÈRE TIMOTHÉE.

Poursuivez, et laissez-lui dire ce qu'il voudra.

SBRIGANI.

De cet argent-là, j'en ai une partie sur moi, et ils ont dessein, comme je vous ai dit, que ce soit vous qui en fassiez la distribution.

FRÈRE TIMOTHÉE.

Hélas! volontiers.

SBRIGANI.

Mais il faut auparavant que vous nous aidiez dans un malheur qui est survenu à monsieur le Docteur, et qui intéresse l'honneur de toute sa famille. Il n'y a que vous qui puissiez nous rendre ce service-là.

FRÈRE TIMOTHÉE.

Qu'est-ce qu'il y a?

SBRIGANI.

Je ne sais si vous connoissez un seigneur Camille Calfucci, neveu de monsieur, que voilà?

FRÈRE TIMOTHÉE.

Je le connois.

SBRIGANI.

Ce seigneur Camille partit, il y a environ un an,

ACTE III, SCÈNE IV.

pour aller en France, où il avoit quelques affaires ; et comme il y a quelque temps qu'il est veuf, n'ayant personne à qui confier une grande fille qu'il a toute prête à marier, il l'a mise, pour jusqu'à son retour, dans un couvent, dont je ne puis pas vous dire encore le nom.

FRÈRE TIMOTHÉE.

Qu'est-il arrivé?

SBRIGANI.

Il est arrivé, soit par la négligence des religieuses, soit par l'extravagance de la fille, qu'elle se trouve aujourd'hui enceinte de quatre mois ; de manière que si on ne remédie à cet accident-là, les religieuses, le couvent, le Docteur, la fille, le père, et toute la maison des Calfucci, vont être déshonorés ; et monsieur le Docteur a tant de peur que cette affaire n'éclate, qu'il a fait vœu, en cas qu'elle n'éclate point, de donner trois cents ducats pour l'amour de Dieu.

LE DOCTEUR.

Quel diable de galimatias!

SBRIGANI.

(Au Docteur.)

Paix donc! — Et c'est vous, comme je vous dis, sur qui ils ont jeté les yeux ; car il n'y a que vous et l'abbesse qui puissiez les secourir.

FRÈRE TIMOTHÉE.

Par quel moyen?

SBRIGANI.

En persuadant à l'abbesse de laisser prendre à la fille un breuvage pour précipiter sa délivrance.

FRÈRE TIMOTHÉE.

Le cas demande réflexion.

SBRIGANI.

Songez à tout le bien qui résultera de cette bonne action-là. Vous conservez l'honneur à tout un couvent, à une demoiselle, et à toute sa parenté. Vous rendez une fille à son père, le repos à un Docteur; la paix à une famille. Vous faites du bien à un nombre infini de pauvres; et de l'autre côté, vous ne faites tort qu'à une chétive masse de chair, qui n'est pas encore vivante, qui ne sent rien, et qui peut se détruire en mille manières. Pour moi, je crois que quand on trouve une occasion de faire du bien, il ne la faut pas manquer.

FRÈRE TIMOTHÉE.

Dieu soit loué! Je suis d'accord de ce que vous souhaitez pour l'amour de Dieu et du prochain. Dites-moi le nom du couvent : donnez-moi le breuvage; et si vous l'avez agréable, quelque argent pour commencer à faire la charité.

SBRIGANI.

On me l'avoit bien dit que vous étiez un bon religieux. Tenez, voilà toujours douze ducats en attendant. Le monastère s'appelle.... mais attendez:

voilà un homme qui me fait signe. Je vous rejoins dans un moment : ne vous en allez pas, je vous en prie.

SCÈNE V.

FRÈRE TIMOTHÉE, LE DOCTEUR.

FRÈRE TIMOTHÉE.

Cette fille, à combien est-elle de son terme?

LE DOCTEUR, à part.

J'étouffe!

FRÈRE TIMOTHÉE.

Je vous demande de combien elle est enceinte?

LE DOCTEUR.

De cinq cents diables qui t'emportent.

FRÈRE TIMOTHÉE.

Pourquoi dites-vous cela?

LE DOCTEUR.

Parce que j'enrage.

FRÈRE TIMOTHÉE.

Ouais! je me doute de quelque fourberie. J'ai affaire à un fou et à un sourd; l'un s'enfuit, et l'autre ne répond point. Mais en tout cas, si ce n'est point là de la fausse monnoie, elle me fera plus de profit qu'à eux. Voici mon drôle qui revient.

SCÈNE VI.

SBRIGANI, FRÈRE TIMOTHÉE, LE DOCTEUR.

SBRIGANI.

Grandes nouvelles, mon père, grandes nouvelles.

FRÈRE TIMOTHÉE.

Qu'y a-t-il donc?

SBRIGANI.

Cet homme, à qui je viens de parler, m'a dit que notre demoiselle s'est délivrée toute seule.

FRÈRE TIMOTHÉE.

Fort bien : l'aumône s'en ira à tous les diables !

SBRIGANI.

Que dites-vous là ?

FRÈRE TIMOTHÉE.

Je dis que vous en êtes plus obligés de faire l'aumône, pour remercier Dieu.

SBRIGANI.

L'aumône se fera, pourvu que vous rendiez un service au Docteur dans une autre affaire.

FRÈRE TIMOTHÉE.

Quelle affaire?

SBRIGANI.

Une chose de moindre peine, de moindre scandale, plus convenable pour nous, plus utile pour vous.

FRÈRE TIMOTHÉE.

Dites-moi ce que c'est. J'ai conçu tant d'amitié pour vous, qu'il n'y a rien que je ne fasse pour votre service.

SBRIGANI.

Entrons dans l'église : je veux vous le dire tête à tête ; et si monsieur le Docteur veut bien nous attendre, nous reviendrons tout à l'heure.

LE DOCTEUR.

Voilà ce qui s'appelle un coup d'épée dans la muraille.

FRÈRE TIMOTHÉE.

Allons.

SCÈNE VII.

LE DOCTEUR, seul.

Est-il jour ? est-il nuit ? rêvai-je ? suis-je fou, ou imbriaque ? Je n'ai pourtant pas trop bu d'aujourd'hui. Ce nigaud de Sbrigani laisse là mon affaire, pour conter des balivernes. Au lieu de parler d'une chose, il parle d'une autre. Il me fait faire le sourd, et je ne sais pourquoi. J'aurois voulu l'être, pour ne point entendre toutes ces sottises-là. Je me trouve vingt-cinq ducats moins que je n'avois : je n'ai pas encore entendu un mot de mon affaire, et me voilà tout seul à garder le mulet ! — Mais les voici qui reviennent : à la maleheure pour eux, s'ils n'ont point parlé de ce qui me regarde !

SCÈNE VIII.

FRÈRE TIMOTHÉE, LE DOCTEUR, SBRIGANI.

FRÈRE TIMOTHÉE.

Faites venir Lucrèce et sa mère. Je sais ce que j'ai à dire; et si mon crédit ne me manque au besoin, je vous réponds du succès avant le jour de demain.

SBRIGANI.

Fort bien. Seigneur Docteur, voilà frère Timothée qui consent à tout.

LE DOCTEUR.

Ah! que je suis aise! Je me sens tout transporté d'allégresse. Sera-ce un garçon?

SBRIGANI.

Un garçon.

LE DOCTEUR.

Oh, oh, oh, je pleure de joie!

FRÈRE TIMOTHÉE.

Tenez-vous dans l'église, tandis que je parlerai à ces dames, et prenez garde qu'elles ne vous voient. Quand elles seront parties, je vous dirai leur réponse.

SCÈNE IX.

FRÈRE TIMOTHÉE, seul.

ne sais qui de nous trois est le plus trompé. atois de Sbrigani est venu me tâter le pouls une histoire fausse, ne voulant pas risquer, s de refus, de me découvrir la vraie. Il est que j'ai donné tout du long dans le panneau ; je n'y ai pas de regret. Léandre et le Docteur tous deux riches, et j'espère tirer parti de t de l'autre. D'ailleurs je n'ai rien à craindre ; s ont autant d'intérêt que moi à garder le t. Toute la difficulté est de persuader la femme ; lle est sage et de bonne conduite. Mais je la lrai du côté de la conscience. Les femmes ont de cervelle ; et quand il s'en trouve une qui ire quatre mots, on l'admire comme quelque de beau, parce qu'au royaume des aveugles orgnes sont rois. La voici avec sa mère, qui ne bonne bête, et qui me sera d'un grand se- ; pour conduire sa fille où j'ai envie de la r.

se retire un moment à l'écart, pour régler ensuite ses iscours sur ce qu'il va leur entendre dire.)

SCÈNE X.

SOSTRATE, LUCRÈCE.

SOSTRATE.

Vous devez être persuadée, ma fille, que votre honneur m'est aussi cher que le mien propre ; et que je ne voudrois pas vous conseiller une chose où il y auroit du mal. Je vous le redis encore : si frère Timothée vous assure qu'il n'y a point de péché, vous ne devez pas balancer un moment.

LUCRÈCE.

Je me suis toujours défiée que la passion que mon mari a d'avoir des enfants lui feroit faire quelque extravagance ; et c'est pour cela que toutes les fois qu'il m'a proposé quelque chose, j'ai toujours été sur mes gardes, surtout depuis ce que vous savez qui m'est arrivé au couvent de Saint-Dominique. Mais, véritablement, de toutes les imaginations qui lui ont passé par la tête, celle-ci est la plus surprenante. Vouloir que je m'abandonne à une chose si infâme? que je consente qu'un homme meure pour me déshonorer? Non : quand je serois toute seule dans le monde, et qu'il n'y auroit que moi pour conserver la nature humaine, je ne crois pas que je pusse me résoudre à prendre un parti si honteux.

ACTE III, SCÈNE X.

SOSTRATE.

Je ne saurois tant disputer, pour moi. Vous parlerez au père : vous verrez ce qu'il vous dira; et après cela, si vous êtes sage, vous vous rendrez à l'avis de ceux qui veulent votre bien.

SCÈNE XI.

FRÈRE TIMOTHÉE, SOSTRATE, LUCRÈCE.

FRÈRE TIMOTHÉE.

Soyez la bien venue, ma chère fille. Je sais ce qui vous amène, le Docteur m'en a instruit. Il y a plus de deux heures que je suis à feuilleter mes livres, pour examiner le cas dont il s'agit; et, tout examiné, je trouve bien des choses, tant en général qu'en particulier, qui autorisent l'expédient qu'on vous a proposé.

LUCRÈCE.

Parlez-vous sérieusement, ou si c'est pour vous railler?

FRÈRE TIMOTHÉE.

Ah! ma fille, sont-ce là des choses susceptibles de raillerie? Est-ce d'aujourd'hui que vous me connoissez?

LUCRÈCE.

Non : mais voilà la plus étrange proposition dont on ait jamais ouï parler.

FRÈRE TIMOTHÉE.

Je ne suis pas pour vous contredire; mais il ne faut pas que vous disiez cela. Il y a des choses qui, du premier coup d'œil, paroissent terribles, extraordinaires, impossibles; et, quand on les approfondit, on trouve qu'elles sont aisées, innocentes, praticables. C'est pour cela qu'on dit que la peur est toujours plus grande que le mal. L'affaire dont nous parlons est de cette nature-là.

LUCRÈCE.

Dieu le veuille!

FRÈRE TIMOTHÉE.

Et pour revenir à ce que je vous disois, il y a une règle générale qu'il faut toujours avoir devant les yeux pour assurer sa conscience : c'est que quand d'un côté vous voyez un bien sûr, et de l'autre un mal incertain, il ne faut jamais se désister du bien par l'appréhension du mal. Ici le bien est certain : vous deviendrez enceinte, et par là vous acquerrez une âme à Notre-Seigneur. Le mal n'est pas sûr; car ce n'est pas une nécessité absolue que l'homme qui aura affaire avec vous, après la potion que vous aurez prise, doive mourir. Il y a du péril; mais il s'en trouve quelquefois qui ne meurent pas. Enfin la chose est douteuse; c'est pourquoi il est bon que votre mari n'en coure pas le danger. Quant à l'action, ce ne peut pas être un péché : car qui est-ce qui fait le péché? ce n'est pas le corps, c'est la volonté. D'où vient qu'une femme pèche? c'est parce qu'elle fait tort à son mari ; et vous lui obéissez : elle pèche, parce qu'elle prend plaisir à l'acte qu'elle fait ; et vous faites celui-là malgré vous. D'ailleurs il faut considérer la fin en toutes choses. La fin que vous vous proposez est d'aller en paradis, n'est-il pas vrai? Et pour y aller, il faut contenter votre mari. La Bible nous apprend que les filles de Loth, croyant être demeurées seules dans le monde, eurent commerce avec leur propre père. Voilà bien autre chose, comme vous voyez! mais parce que leur intention fut bonne, elles n'offensèrent point Dieu.

LUCRÈCE.

Ah! que me persuadez-vous là?

SOSTRATE.

Laisse-toi persuader, mon enfant. Considère ce que c'est qu'une femme stérile. Vois quand elle devient veuve, comme tout le monde l'abandonne, lorsqu'elle n'a point d'enfants pour la soutenir!

FRÈRE TIMOTHÉE.

Je vous jure, ma fille, par le reliquaire que je porte, qu'il n'y a pas plus de mal à consentir à ce que votre mari veut de vous, qu'à manger de la viande le mercredi, qui est un péché qui s'efface avec de l'eau-bénite.

LUCRÈCE.

Hélas! mon père, où me réduisez-vous?

####### FRÈRE TIMOTHÉE.

A faire une chose qui vous obligera de prier Dieu pour moi toute votre vie, et qui vous sera encore plus agréable dans un an qu'à cette heure.

####### SOSTRATE.

Laissez, laissez, mon père : elle fera ce que nous voudrons. Je veux la mettre ce soir dans le lit, moi. De quoi as-tu peur, ma petite? Il y a cinquante femmes dans la ville qui en rendroient grâces au Seigneur.

####### LUCRÈCE.

Hé bien, j'y consens, puisqu'on le veut; mais je ne serai pas en vie demain matin.

####### FRÈRE TIMOTHÉE.

Ne vous alarmez point, ma fille. Je prierai Dieu pour vous. Je vous promets de dire l'oraison de l'ange Raphaël, qui vous accompagne. Allez à la garde de Dieu, et préparez-vous bien dévotement à ce mystère, afin de vous mettre en état de l'accomplir ce soir.

####### SOSTRATE.

Adieu, mon père. La paix soit avec vous !

SCÈNE XII.

FRÈRE TIMOTHÉE, LE DOCTEUR, SBRIGANI.

FRÈRE TIMOTHÉE.

Sbrigani, ho Sbrigani!

SBRIGANI.

Hé bien, comment cela va-t-il?

FRÈRE TIMOTHÉE.

Bien. Elles s'en sont retournées en disposition de bien faire, et la mère ne quittera point sa fille qu'elle ne l'ait mise dans le lit.

LE DOCTEUR.

Nous dites-vous vrai?

FRÈRE TIMOTHÉE.

Comment donc! Vous voilà bientôt guéri de votre surdité?

SBRIGANI.

C'est par l'intercession de saint Clément qu'il a obtenu cette grâce-là.

FRÈRE TIMOTHÉE.

Vous devriez bien nous faire peindre un petit *ex voto*, afin de faire gagner quelque chose au couvent.

LE DOCTEUR.

Laissons cela. Croyez-vous que ma femme fasse bien des difficultés?

FRÈRE TIMOTHÉE.

Point du tout, vous dis-je.

LE DOCTEUR.

Je suis le plus joyeux des hommes!

FRÈRE TIMOTHÉE.

Je le crois : vous aurez dans neuf mois un petit garçon, que vous baiserez tout votre soûl, et vous ferez les cornes à ceux qui n'en ont point.

SBRIGANI.

Or çà, mon père, retournez à vos oraisons. Si nous avons besoin de vous, nous vous le manderons. Et vous, monsieur le Docteur, allez-vous-en entretenir Lucrèce dans sa bonne disposition, pendant que j'irai faire souvenir notre médecin de nous envoyer la potion à sept heures, afin que nous ayons du loisir pour ce qui nous reste à faire.

LE DOCTEUR.

Tu as raison. Adieu.

FRÈRE TIMOTHÉE.

Le ciel vous maintienne en santé!

FIN DU TROISIÈME ACTE.

ACTE IV.

SCÈNE PREMIÈRE.

LÉANDRE, seul.

JE brûle d'impatience de savoir ma destinée. Est-il possible que je n'entende point parler de Sbrigani ? Le jour est prêt à finir, et je ne vois personne qui vienne soulager mon inquiétude. De quels tourments d'esprit n'ai-je pas été assailli ? Se peut-il que la fortune ne nous puisse accorder une faveur qui ne soit compensée par une disgrâce ? Plus mon espérance s'est accrue, plus ma crainte augmente. Malheureux que je suis ! le moyen que je vive dans le trouble qui m'agite ! Je suis un vaisseau battu par deux vents contraires, et d'autant plus en péril, qu'il est plus près du port. La simplicité du Docteur me donne de l'espérance : la dureté de Lucrèce m'inspire la crainte, et l'une et l'autre de ces deux passions me déchire et me fait perdre le repos. Je cherche quelquefois à vaincre l'amour qui me tyrannise, et je me dis à moi-même : Malheureux ! que fais-tu ? à quoi penses-tu ? Ignores-tu combien la possession des biens que l'on souhaite le plus ardemment, est au-dessous de l'image que nos passions nous en ont tracée? Arme-toi de résolution ; et si tu ne peux fuir ton malheur, tâche au moins de le supporter avec courage. Mais j'ai beau me faire ces belles remontrances, je suis assiégé de desirs qui me percent, qui me dévorent, et qui me consument des pieds jusqu'à la tête. Je n'entends plus, je ne vois plus, je ne respire plus : les forces me manquent, mes genoux s'affoiblissent, ma voix s'éteint, les bras me tombent, le cœur me bat, la cervelle me tourne. Hé, Sbrigani, Sbrigani, ne paroîtras-tu point? Mais je le vois. Enfin voici le moment qui va décider de ma vie ou de ma mort!

SCÈNE II.

LÉANDRE, SBRIGANI.

SBRIGANI, à part, en entrant.

EST-CE que je ne trouverai Léandre nulle part? Je cours de tous côtés, sans pouvoir le joindre. Si j'avois une mauvaise nouvelle à lui apporter, je l'aurois rencontré il y a une heure. Où sera-t-il caché? Ces amoureux ont du vif-argent dans les jambes, ils ne peuvent durer en place.

LÉANDRE.

Il regarde de tous côtés, il cherche, il paroît content. — Sbrigani, mon cher Sbrigani !

ACTE IV, SCÈNE II.

SBRIGANI.

Ah, vous voilà ! où diable vous fourrez-vous ?

LÉANDRE.

Quelles nouvelles ?

SBRIGANI.

Bonnes.

LÉANDRE.

Est-il vrai ?

SBRIGANI.

Admirables.

LÉANDRE.

Lucrèce est gagnée ?

SBRIGANI.

Oui.

LÉANDRE.

Le moine a fait notre affaire ?

SBRIGANI.

Il l'a faite.

LÉANDRE.

O le bon petit moine ! Que je vais prier Dieu pour lui !

SBRIGANI.

Voilà des prières bien placées ! Ce ne sont pas des prières qu'il vous demande.

LÉANDRE.

Que demande-t-il ?

SBRIGANI.

De l'argent.

LÉANDRE.

Je lui en donnerai. Qu'est-ce que tu lui as promis?

SBRIGANI.

Trois cents ducats.

LÉANDRE.

Tu as bien fait.

SBRIGANI.

Le Docteur en a donné vingt-cinq.

LÉANDRE.

Comment cela?

SBRIGANI.

Il les a donnés, suffit.

LÉANDRE.

Et la mère de Lucrèce?

SBRIGANI.

Bon! c'est elle qui a tout fait. Dès qu'elle a su que sa fille pourroit avoir une bonne nuit sans pécher, elle n'a eu ni fin, ni cesse, qu'elle ne l'ait fait venir trouver le frère Timothée; et à force de prières, de menaces, d'exhortations, elle a si bien fait, que Lucrèce a consenti à tout ce qu'on a voulu.

LÉANDRE.

O Dieu! par quels mérites ai-je pu obtenir tant de faveur? Je me sens mourir d'allégresse!

SBRIGANI.

Quel homme est ceci? Tantôt il veut mourir de

chagrin, tantôt c'est de plaisir. Avez-vous donné ordre à la potion?

LÉANDRE.

Cela est fait.

SBRIGANI.

Que lui enverrez-vous?

LÉANDRE.

Un verre d'hypocras, pour lui conforter l'estomac et lui réjouir le cerveau. Mais, malheureux que je suis, c'est fait de moi!

SBRIGANI.

Comment donc! Qu'est-ce qu'il y a?

LÉANDRE.

Je suis perdu sans ressource!

SBRIGANI, à part.

A qui diable en a-t-il?

LÉANDRE.

Tout est perdu, te dis-je. Je me suis moi-même mis la corde au cou.

SBRIGANI.

Pourquoi cela? Parlez donc, si vous voulez, sans vous cacher le visage.

LÉANDRE.

Tu ne te souviens pas que je suis convenu avec le Docteur que nous irions tous avec lui chercher quelqu'un pour le mettre cette nuit avec sa femme?

SBRIGANI.

Qu'est-ce que cela fait?

LÉANDRE.

Comment, ce que cela fait! Si je suis avec vous autres, je ne pourrai pas être choisi; et s'il ne me voit pas, il se doutera de quelque chose.

SBRIGANI.

Vous avez raison : mais n'y a-t-il point de remède?

LÉANDRE.

Je n'y en vois point.

SBRIGANI.

Laissez-moi rêver à cela.

LÉANDRE.

Tu es mon ange tutélaire. Je suis en repos, si tu veux me secourir.

SBRIGANI.

Je l'ai trouvé.

LÉANDRE.

Comment?

SBRIGANI.

Je ferai en sorte que frère Timothée, qui vous a si bien servi, vous tire cette épine-là du pied.

LÉANDRE.

De quelle façon?

SBRIGANI.

Nous devons tous nous déguiser. Je ferai travestir le moine; il contrefera sa voix, son visage, sa contenance. Je lui trouverai un habit, et nous

ACTE IV, SCÈNE II.

dirons au Docteur que c'est vous qui vous êtes ainsi déguisé.

LÉANDRE.

L'invention est bonne. Mais que ferai-je, cependant ?

SBRIGANI.

Il faut que vous vous mettiez une mandille sur le corps ; et avec une guitare, que vous tiendrez, vous viendrez de ce côté-ci, chantant une chanson.

LÉANDRE.

A visage découvert ?

SBRIGANI.

Vraiment oui. Si vous portiez un masque, cela le feroit entrer en défiance.

LÉANDRE.

Mais il me reconnoîtra.

SBRIGANI.

Point du tout : vous n'aurez qu'à faire la grimace, disloquer votre visage, vous tordre la bouche, grossir les lèvres, clignoter les yeux. Voyons un peu comme vous ferez.

LÉANDRE.

Est-ce comme cela ?

SBRIGANI.

Non.

LÉANDRE.

Ainsi ?

SBRIGANI.

Pas tout-à-fait.

LÉANDRE.

De cette façon-là?

SBRIGANI.

Bon! retenez bien cela. J'ai un nez chez moi, que vous vous appliquerez bien proprement sur le vôtre.

LÉANDRE.

Hé bien, après cela que faudra-t-il faire?

SBRIGANI.

Quand vous serez arrivé proche de nous, nous vous envelopperons, nous vous saisirons votre guitare, nous vous pousserons par les épaules dans la maison, nous vous mettrons au lit; et le reste, ce sera votre affaire.

LÉANDRE.

Tout cela est bien pensé. Il ne reste plus que l'exécution.

SBRIGANI.

Nous ferons ce qu'il faudra. Mais pour vous mettre en état d'y retourner, c'est de vous seul que cela dépend.

LÉANDRE.

Que faut-il faire?

SBRIGANI.

Il faut tâcher de gagner son esprit pendant cette nuit; vous donner à connoître avant que de par-

ACTE IV, SCÈNE II.

tir, lui découvrir votre stratagème, lui exagérer votre passion, lui remontrer que son honneur dépend du traitement que vous recevrez d'elle. Il est impossible qu'elle ne s'accorde avec vous, et qu'elle ne prenne des mesures pour faire durer votre intelligence.

LÉANDRE.

Crois-tu que cela arrive?

SBRIGANI.

J'en suis sûr. Mais nous perdons du temps, et il s'en va huit heures. Appelez Covielle; envoyez la potion au Docteur, et m'attendez chez vous. Je vais trouver notre frère Frapart, le faire déguiser, et le conduire ici; après quoi nous irons chez le Docteur, pour achever ce qui reste.

LÉANDRE.

C'est bien dit. Dépêche-toi.

SCÈNE III.

LÉANDRE, COVIELLE.

LÉANDRE.

Covielle!

COVIELLE.

Monsieur.

LÉANDRE.

Prends ce gobelet d'argent qui est dans l'armoire

de ma chambre; apporte-le moi, et prends garde de verser ce qui est dedans.

COVIELLE.

Tout à l'heure.

(Il sort.)

LÉANDRE.

Il y a dix ans que ce garçon-là est à moi, et il m'a toujours servi fidèlement. Je puis bien me fier encore à lui dans cette occasion; et quoique je ne lui aie rien dit de notre tromperie, je vois bien qu'il l'a pénétrée; car il n'est pas sot, et entre assez bien dans le fait.

COVIELLE, en rentrant.

Voilà ce que vous demandez.

LÉANDRE.

Cela est bien. Porte vitement cela au Docteur, et dis-lui qu'il le donne à sa femme immédiatement après qu'elle aura soupé, et que nous l'irons trouver quand il sera temps : va vite, et reviens de même.

COVIELLE.

J'y vais.

SCÈNE IV.

LÉANDRE, seul.

Je meurs d'impatience que Sbrigani revienne avec notre moine; et on a raison de dire qu'il ennuie bien à qui attend! Je diminue de plus de dix livres par heure, quand je pense où je suis présentement, et où je dois être dans deux heures d'ici. Je crains à tout moment qu'il ne survienne quelque diablerie qui fasse échouer notre entreprise. Si cela arrivoit, cette nuit-ci seroit la dernière de ma vie certainement; car je me jetterois dans la rivière, ou je me pendrois, ou je me précipiterois du haut de quelque fenêtre, ou je me donnerois un coup de poignard sur sa porte; enfin je ferois quelque chose pour m'empêcher de vivre. Mais je crois voir Sbrigani. C'est lui-même. Il mène avec lui un petit boiteux tout contrefait. C'est le moine sans doute : qui voit l'un, voit l'autre. Qui est celui qui les aborde? C'est Covielle apparemment, qui revient de faire sa commission. Attendons-les ici, pour concerter les mesures qui nous restent à prendre.

SCÈNE V.

LÉANDRE, SBRIGANI, COVIELLE, FRÈRE TIMOTHÉE, déguisé.

COVIELLE.

Qui est cet homme-là, Sbrigani?

SBRIGANI.

C'est un homme de bien.

COVIELLE.

Est-il boiteux, ou s'il en fait semblant?

SBRIGANI.

Tais-toi.

COVIELLE.

Il a la mine d'un grand pendard.

SBRIGANI.

Veux-tu te taire, maroufle! Où est ton maître?

LÉANDRE.

Me voici. Soyez les bienvenus.

SBRIGANI.

Ah! seigneur Léandre, faites un peu la leçon à votre Covielle. Il a déjà dit vingt extravagances.

LÉANDRE.

Écoute, j'ai une chose à te recommander : c'est de faire ce soir tout ce que Sbrigani te dira, comme si c'étoit moi-même qui te l'eût dit; et ni de ce que tu sais, ni de ce que tu vois, ni de ce que tu devines, garde-toi d'en faire le moindre semblant : il y va de ma fortune, de mon honneur, de ma vie et de la tienne.

COVIELLE.

Vous serez obéi.

LÉANDRE.

As-tu donné ce gobelet au Docteur?

COVIELLE.

Oui.

LÉANDRE.

Qu'est-ce qu'il a dit?

ACTE IV, SCÈNE V.

COVIELLE.

Que tout seroit prêt à l'heure qu'il faudra.

FRÈRE TIMOTHÉE.

Est-ce là le seigneur Léandre?

LÉANDRE.

Pour vous obéir. Nos conditions sont arrêtées : vous pouvez disposer de moi et de toute ma fortune comme de la vôtre propre.

FRÈRE TIMOTHÉE.

On me l'a dit, et je le crois. Je fais pour vous ce que je ne voudrois pas faire pour tous les hommes du monde.

LÉANDRE.

Vous n'y perdrez pas vos peines.

FRÈRE TIMOTHÉE.

Il me suffit de vos bonnes grâces.

SBRIGANI.

Laissons toutes ces cérémonies. Nous allons nous travestir, Covielle et moi. Venez avec nous, seigneur Léandre, pour en faire de même. Le père nous attendra, et nous reviendrons incessamment le rejoindre, pour aller chez le Docteur.

LÉANDRE.

C'est bien dit. Allons vite.

FRÈRE TIMOTHÉE.

Je vous attends.

SCÈNE VI.

FRÈRE TIMOTHÉE, déguisé.

On dit bien vrai, que la mauvaise compagnie conduit l'homme à la potence, et qu'on se perd aussi souvent pour être trop bon, que pour être trop méchant. Dieu m'est témoin que je ne pensois point à faire tort à personne. J'étois dans ma cellule, je disois mon office, j'entretenois mes dévotes. Il a fallu que ce diable de Sbrigani soit venu, qui m'a fait mettre un pied dans le bourbier, et puis la jambe, et puis tout le corps, sans que je puisse savoir comment je m'en tirerai. Ce qui me console, c'est que quand il y a plusieurs personnes intéressées dans une affaire, tous concourent également à la faire réussir. — Mais voici déjà Sbrigani de retour avec le valet de Léandre.

SCÈNE VII.

FRÈRE TIMOTHÉE, SBRIGANI, COVIELLE,
tous trois déguisés.

FRÈRE TIMOTHÉE.

Soyez les bien revenus.

SBRIGANI.

Nous trouvez-vous bien comme cela?

FRÈRE TIMOTHÉE.

Fort bien.

SBRIGANI.

Il ne nous faut plus que le Docteur. Acheminons-nous du côté de chez lui. Il s'en va neuf heures.

COVIELLE.

On ouvre sa porte. N'est-ce point quelqu'un de ses valets?

SBRIGANI.

Non, c'est lui. Ah, ah, ah!

COVIELLE.

De quoi ris-tu?

SBRIGANI.

Qui pourroit s'empêcher de rire? Il a une robe de chambre qui ne lui couvre pas les fesses. Que diable a-t-il là sur la tête? On diroit d'un camail. Comment! je crois qu'il a une épée. O le fat! il marmotte entre ses dents. Rangeons-nous pour écouter. C'est encore apparemment quelque grabuge de sa femme.

(Ils se tiennent à l'écart.)

SCÈNE VIII.

LE DOCTEUR, travesti.

Combien de baguenauderies n'a-t-il pas encore fallu essuyer de notre folle! Elle a commencé par envoyer coucher dehors tout le monde, les valets, la servante, le chien et le chat. Passe pour cela : la précaution est bonne. Mais ce que je n'approuve point, c'est toutes les simagrées qu'elle a faites pour entrer dans ce lit. — Je ne veux pas : que voulez-vous que je fasse ? Laissez-moi là ; pati, pata ! La peste soit de la nigaude ! Je veux bien qu'une femme soit un peu têtue ; mais aussi il y a raison partout. Je n'ai jamais vu une tête de linotte comme celle-là ; et cependant si quelqu'un lui alloit dire, je voudrois que la plus sage de toutes les femmes de Florence fût pendue, elle prendroit cela pour elle. Mais tout compté, tout rabattu, il faudra qu'elle vienne au fait ; et je ne quitterai point, comme dit l'autre, que je n'aie tout vu de mes mains. Cependant je me suis équipé comme il faut. Le diable ne me reconnoîtroit pas dans cet habit-là. Je parois plus jeune et plus délibéré de vingt ans ; et il n'y a point de dame dans la ville qui ne m'accordât la courtoisie but à but, sur ma bonne mine.

SCÈNE IX.

SBRIGANI, LE DOCTEUR, FRÈRE TIMOTHÉE, COVIELLE.

SBRIGANI.

Bonsoir, monsieur le Docteur.

LE DOCTEUR.

A l'aide !

SBRIGANI.

N'ayez pas peur. Nous sommes ce que vous cherchez.

ACTE IV, SCÈNE IX.

LE DOCTEUR.

Ah, ah! c'est vous? Vous avez bien fait de vous nommer; car j'allois vous donner de cet estoc droit au milieu de la poitrine. N'es-tu pas Sbrigani? et toi, Covielle? et celui-là, monsieur le médecin? Hé?

SBRIGANI.

Vous l'avez deviné.

LE DOCTEUR.

Oh, qu'il est bien déguisé! Par ma foi je ne l'aurois pas reconnu.

SBRIGANI.

C'est que je lui ai fait mettre deux noix dans la bouche, afin de contrefaire son visage et sa voix.

LE DOCTEUR.

Tu es un lourdaud. Que ne m'as-tu dit cela d'abord? J'en aurois mis autant. Ne sais-tu pas de quelle conséquence il est qu'on ne me reconnoisse pas à la parole?

SBRIGANI.

Tenez, tenez; mettez cela dans votre bouche.

LE DOCTEUR.

Qu'est-ce que c'est?

SBRIGANI.

Une boule de cire.

LE DOCTEUR.

Donne. Ahi! ca, ca, pu, co, cu, spu. Les mâles avives! Bourreau, que m'as-tu donné là?

SBRIGANI.

Je vous demande pardon : j'ai pris l'un pour l'autre.

LE DOCTEUR.

Ca, ca, pu, pu. Que diable est-ce là ?

SBRIGANI.

C'est un peu d'aloës.

LE DOCTEUR.

Que la fièvre te serre ! Pouah ! Vous ne dites rien, monsieur le médecin !

FRÈRE TIMOTHÉE.

C'est que Sbrigani m'a mis en colère.

LE DOCTEUR.

Oh ! que vous contrefaites bien votre voix !

SBRIGANI.

Nous perdons ici du temps : çà, mettons notre armée en bataille. Léandre sera à la corne droite : je serai à la corne gauche ; et monsieur le Docteur sera entre les deux cornes. Pour toi, Covielle, tu feras l'arrière-garde. Le mot du guet sera saint Coucou.

LE DOCTEUR.

Quel saint est-ce là ?

SBRIGANI.

C'est le plus grand saint et le plus fêté qu'il y ait en France. Allons, mettons-nous en marche. Il faudroit envoyer devant un espion, pour savoir ce

ACTE IV, SCÈNE IX.

qui se passe. Va-t'en, Covielle, et tu nous viendras dire ce que tu auras vu.

LE DOCTEUR.

Prenons garde de nous tromper, messieurs. Si nous allions écheoir à quelque pied-plat, infirme et cassé, et qu'il fallût recommencer demain, cela ne seroit point plaisant !

SBRIGANI.

Laissez faire : Covielle est habile homme. Le voici qui revient. Qu'est-ce que tu as trouvé ?

COVIELLE.

Le plus joli petit paillard que vous ayez jamais vu. Il n'a pas plus de vingt ans; et il vient de ce côté-ci avec une guitare dont il joue.

LE DOCTEUR.

Voilà notre affaire, si cela est : mais prends bien garde; car le mal retomberoit sur ton dos.

COVIELLE.

Cela est comme je vous le dis, en conscience.

SBRIGANI.

Le voici. Avançons tout doucement, afin de l'entourer.

LE DOCTEUR.

Tirez-vous de là, monsieur le médecin. Vous êtes comme une bûche de bois.

SBRIGANI.

Allons. Ferme. Tenez bien. Rends la guitare, coquin !

LÉANDRE, déguisé.

Au secours ! Qu'est-ce que je vous ai fait ?

LE DOCTEUR.

Tu le vas voir. Qu'on lui enveloppe la tête, pour empêcher qu'il ne crie.

SBRIGANI.

Faisons-lui faire la pirouette, afin qu'il ne se reconnoisse pas. Bon ! Encore une fois. Voilà qui est bien : fourrons-le dans la maison.

FRÈRE TIMOTHÉE.

Seigneur Docteur, je vais me reposer. La tête me fait un mal de mort. Je vous reverrai demain matin.

LE DOCTEUR.

Allez, allez, nous n'avons plus que faire de vous. J'ai conduit ceci bien vigoureusement !

(Ils rentrent.)

SCÈNE X.

FRÈRE TIMOTHÉE, seul.

LES voilà dans la maison. Moi, je m'en retourne au couvent. Pour vous, messieurs les spectateurs, ne critiquez rien, que vous n'ayez entendu jusqu'au bout. Notre action ne sera pas interrompue; car je vous assure que les acteurs ne dormiront point. Je dirai mon office : Sbrigani et Covielle souperont; car ils n'ont d'aujourd'hui ni bu ni mangé. Le Docteur ira et viendra, pour mettre ordre à tout; et pour ce qui est de Lucrèce et de Léandre, je ne pense pas qu'ils s'endorment : car si j'étois à la place de l'un, et vous à la place de l'autre, je suis bien sûr que nous n'aurions pas envie de dormir, ni vous, ni moi.

FIN DU QUATRIÈME ACTE.

ACTE V.

SCÈNE PREMIÈRE.

FRÈRE TIMOTHÉE, seul.

Je n'ai pas fermé l'œil de la nuit, tant j'ai d'envie de savoir ce qui s'est passé. Pour tuer le temps, je me suis occupé à je ne sais combien d'exercices différents. J'ai dit mes matines; j'ai lu une vie des saints; j'ai été dans notre chœur; j'ai rallumé une lampe qui étoit éteinte; j'ai mis une robe neuve à une Notre-Dame, qui fait des miracles.... Ahi! combien de fois me suis-je tué de dire à nos pères de la tenir propre! Ils ne s'embarrassent pas de cela; et puis on s'étonne que la dévotion se refroidisse! J'ai vu autrefois plus de cinq cents bougies allumées tout autour; et aujourd'hui vous n'en trouveriez pas quinze! Voilà ce que c'est que de ne pas maintenir sa réputation. Tous les soirs, après complies, nous avions coutume d'y faire la procession; et tous les samedis nous y allions chanter les litanies. C'étoit à qui feroit son vœu et son offrande, parce qu'on voyoit une image fraîche et bien entretenue; et dans la confession nous avions soin d'exhorter les hommes et les femmes à y faire leur vœu. Présentement, on ne fait plus rien de tout cela : aussi le tronc et le luminaire vont comme il plaît à Dieu. O quelle pauvre espèce que nos religieux d'à présent! — Mais j'entends du bruit dans la maison du Docteur. Les voilà, par ma foi, qui mettent dehors le prisonnier. Je suis encore arrivé à temps. Écoutons, sans nous montrer.

SCÈNE II.

LE DOCTEUR, SBRIGANI, COVIELLE, LÉANDRE; FRÈRE TIMOTHÉE, à l'écart.

LE DOCTEUR.

Prends-le par un bras, et moi par l'autre; et toi (à Covielle), tiens-le bien par-derrière.

LÉANDRE.

Ne me faites point de mal.

SBRIGANI.

N'aie pas peur! Qu'on le fasse tourner deux ou trois fois, afin qu'il ne sache pas d'où il sort.

LÉANDRE.

Rendez-moi donc ma guitare.

SBRIGANI.

Va-t'en, chien de paillard. Si je t'entends souffler, je te couperai le cou.

(Léandre sort.)

LE DOCTEUR.

Le voilà parti. Allons nous r'habiller, et sortons

de bonne heure, afin qu'il ne paroisse pas que nous ayons veillé cette nuit.

SBRIGANI.

C'est parler sagement.

LE DOCTEUR.

Allez-vous-en, vous autres, trouver maître Léandre, pour lui dire comment cela s'est passé.

SBRIGANI.

Que voulez-vous que nous lui disions? Nous n'avons rien vu. Vous savez bien qu'aussitôt que nous sommes entrés, nous avons été souper dans la cuisine. Vous et votre belle-mère êtes restés aux mains avec lui, et depuis nous ne vous avons revu qu'à présent.

LE DOCTEUR.

Vous avez raison. O que j'ai de belles choses à vous dire! Vous savez que ma femme étoit dans le lit dès neuf heures. J'ai donc pris mon drôle; et afin de lui faire reprendre des forces, je l'ai mené dans une petite dépense, qui est au-dessus de ma salle à manger. J'avois pris la précaution de n'y mettre qu'une petite lampe dans un coin, qui jetoit seulement un peu de lueur blafarde et obscure; car je mourois de peur qu'il ne me connût.

SBRIGANI.

C'est prudemment avisé!

LE DOCTEUR.

Je lui ai dit de se déshabiller. Il faisoit le sot. Je

me suis retourné devant lui comme un dogue ; et quand il a vu que je lui montrois les dents, cela a été bientôt fait. Il est laid de visage, à la vérité : il avoit un nez effroyable, et une bouche toute de travers : mais je n'ai jamais vu une si belle peau ; blanche, unie, ferme, et le reste à l'avenant.

SBRIGANI.

Vous l'avez donc examiné de point en point ?

LE DOCTEUR.

Quelque sot y auroit manqué ! Si, par hasard, il s'étoit trouvé avoir quelque galanterie, hé ! où en serois-je ?

SBRIGANI.

Peste, que vous êtes prévoyant !

LE DOCTEUR.

Après m'être assuré qu'il étoit bien sain, je l'ai pris par le bras, et je l'ai tiré derrière moi sans lumière jusque dans la chambre de ma femme. Je l'ai fait mettre dans le lit ; et avant de partir, afin qu'on ne m'en fît pas accroire, j'ai été bien aise de toucher la chose au doigt, pour voir si l'affaire alloit bien.

SBRIGANI.

Il faut avouer que vous avez gouverné tout cela avec une grande prudence !

LE DOCTEUR.

Après avoir bien tâté, et bien examiné, je suis sorti de la chambre, j'ai fermé la porte, et j'ai été trouver la mère de ma femme, avec laquelle j'ai passé la nuit à causer auprès du feu.

SBRIGANI.

Et de quoi avez-vous causé alors?

LE DOCTEUR.

De la sottise de Lucrèce, qui auroit beaucoup mieux fait de consentir tout d'un coup à ce que nous voulions, sans tant d'allées et de venues. Ensuite nous avons parlé de ce petit enfant que j'aurai. Il me semble que je le vois déjà, tant je suis aise! Enfin, nous avons ouï sonner cinq heures; et comme je craignois que le jour ne parût, je suis rentré dans la chambre. Crois-tu bien que ce coquin-là ne vouloit pas se lever?

SBRIGANI.

Je m'en doute bien.

LE DOCTEUR.

J'ai eu toutes les peines du monde à le faire sortir du lit. A la fin, pourtant, il a fallu qu'il se levât. Je lui ai rendu ses habits; je vous ai été appeler, et nous l'avons reconduit, de la manière que vous avez vu.

SBRIGANI.

Tout cela s'est fort bien passé.

LE DOCTEUR.

Que dirois-tu qui me fait de la peine en tout cela?

ACTE V, SCÈNE II.

SBRIGANI.

Quoi donc?

LE DOCTEUR.

C'est ce pauvre malheureux, qui mourra peut-être dans quatre jours! Voilà une nuit qui lui coûtera bien cher.

SBRIGANI.

Parbleu, il faut bien peu de chose pour vous inquiéter! Laissez-le là : c'est son affaire.

LE DOCTEUR.

Je voudrois bien voir présentement le seigneur Léandre, pour lui conter tout cela de fil en aiguille.

SBRIGANI.

Vous le verrez devant qu'il soit peu. Il commence à faire grand jour. Que faites-vous? Je m'en vais changer d'habit, pour moi.

LE DOCTEUR.

Et moi aussi. Je ferai lever et baigner ma femme, et puis la menerai à l'église, pour faire ses relevailles en quelque façon. Je voudrois bien que Léandre s'y trouvât avec toi, pour voir tous ensemble le frère Timothée, et le récompenser de ses bons offices.

SBRIGANI.

Vous avez raison. Je l'avertirai.

SCÈNE III.

FRÈRE TIMOTHÉE, seul.

J'ai entendu tous leurs raisonnements, et je ne saurois me lasser de rire de la sottise de ce bon homme. Mais la conclusion de son discours est ce qui me réjouit le plus. Puisqu'ils doivent me venir trouver, il ne faut point que je reste ici. Je veux retourner dans l'église, où ma marchandise sera de meilleur débit. — Mais qui vois-je sortir de cette maison ? C'est Sbrigani avec Léandre. Je ne veux point qu'ils me voient, pour la raison que j'ai dite; et quand ils ne viendroient point, je saurai bien les aller trouver.

SCÈNE IV.

LÉANDRE, SBRIGANI.

LÉANDRE.

Comme je t'ai dit, mon cher Sbrigani, jusqu'à une heure après minuit l'inquiétude ne m'a point quitté; et quoique je goûtasse des plaisirs inconcevables, je n'étois point encore content. Mais enfin, après m'être découvert à elle, et lui avoir exagéré l'excès de ma passion, lui remontrant combien la simplicité de son mari nous mettoit en état de vivre heureux sans honte; et lui donnant ma foi, que si Dieu venoit à en disposer un jour, je n'aurois jamais d'autre femme qu'elle; persuadée par mes discours, et éprouvant la différence des caresses d'un jeune amant et d'un vieux époux, tout d'un coup, après quelques soupirs, elle a rompu le silence, et s'est prise à me dire :

Puisque ta hardiesse et la sottise de mon mari, l'ingénuité de ma mère et la malice de mon directeur, m'ont poussée à faire une action que de moi-même je n'aurois jamais osé penser, je veux croire que c'est un ordre souverain d'en-haut qui l'a réglé ainsi; et je ne suis pas là maîtresse de m'opposer aux volontés du ciel. Ainsi je te reconnois, dès ce moment, pour mon maître, mon seigneur, mon père, mon époux, et tout ce que j'ai de plus cher au monde; et ce que mon mari a exigé de moi pour une nuit, je veux qu'il te soit acquis pour toute ta vie.

En écoutant ces mots, j'ai pensé expirer d'excès de plaisir : la joie m'a coupé la parole, et je n'ai pu lui répondre la centième partie des choses que je lui voulois dire. Enfin, je me trouve le plus heureux, le plus content de tous les hommes du monde; et si la mort ou le temps, ou quelque autre malheur, ne me fait point perdre une si douce félicité, je ne changerois pas mon bonheur contre celui des bienheureux qui sont dans le ciel!

SBRIGANI.

J'ai certainement une grande joie du bien qui vous est arrivé; et vous voyez bien que je ne m'étois pas trompé dans la prédiction que je vous avois faite. Mais que devenons-nous présentement?

LÉANDRE.

Il faut aller au couvent, où je lui ai promis de me trouver, parce qu'elle doit y venir avec sa mère et son mari.

SBRIGANI.

J'entends ouvrir leur porte : les voilà qui sortent. Le Docteur est derrière elle.

LÉANDRE.

Allons les attendre dans l'église.

SCÈNE V.

LE DOCTEUR, SOSTRATE, LUCRÈCE.

LE DOCTEUR.

Lucrèce, nous devons toujours faire les choses avec la crainte de Dieu, et non pas comme des étourdis.

LUCRÈCE.

Que faut-il encore faire?

LE DOCTEUR.

Voyez comme elle répond! Vous diriez d'un coq qui est sur ses ergots.

SOSTRATE.

Ne vous fâchez pas. Elle est encore un peu altérée, émue.

LUCRÈCE.

Que voulez-vous ?

LE DOCTEUR.

Je veux que nous allions trouver le frère Timothée, afin qu'il vous dise l'oraison des relevailles ; car il faut vous regarder d'aujourd'hui comme régénérée.

LUCRÈCE.

Allez-y donc, sans faire tant de discours.

LE DOCTEUR.

Ho, ho, ma mie, vous avez la parole bien haute ce matin ! Vous étiez hier à moitié morte.

LUCRÈCE.

C'est à vous que j'en ai l'obligation.

SOSTRATE.

Allez, allez chercher le père. Mais il n'est pas besoin ; le voilà qui sort de l'église.

SCENE VI.

FRÈRE TIMOTHÉE, LE DOCTEUR, SOSTRATE, LUCRÈCE, LÉANDRE, SBRIGANI.

FRÈRE TIMOTHÉE, à part, en entrant.

Léandre et Sbrigani m'ont dit d'aller à la rencontre du Docteur, et qu'ils nous joindroient dans le moment.

LE DOCTEUR.

Bona dies, mon révérend !

FRÈRE TIMOTHÉE.

Soyez tous les bienvenus : que bon prou vous fasse, madame, et que Dieu vous envoie dans neuf mois un beau garçon !

LUCRÈCE.

Ainsi soit-il !

LE DOCTEUR.

Ne vois-je pas Léandre et Sbrigani ?

FRÈRE TIMOTHÉE.

Oui.

LE DOCTEUR.

Faites-les venir ici.

FRÈRE TIMOTHÉE.

Avancez, avancez.

LE DOCTEUR.

Monsieur le médecin, mettez-là votre main dans celle de ma femme.

LÉANDRE.

Très-volontiers.

LE DOCTEUR.

Lucrèce, voilà celui qui sera cause que nous aurons un bâton pour soutenir notre vieillesse.

LUCRÈCE.

Je lui suis très-obligée du bien qu'il m'a fait ; et je veux qu'il soit notre compère.

ACTE V, SCÈNE VI.

LE DOCTEUR.

Ah! je suis bien-aise de vous voir raisonnable. Il faut qu'ils viennent tous deux dîner aujourd'hui avec nous.

LUCRÈCE.

J'y consens.

LE DOCTEUR.

Et je veux leur donner la clef du passage qui est sous notre galerie, afin qu'ils viennent nous voir à leur commodité ; car ils n'ont point de compagnie, et sont tout seuls dans leur maison, comme des bêtes.

LUCRÈCE.

J'en suis d'accord, puisque cela vous fait plaisir.

FRÈRE TIMOTHÉE.

Ne me donnerez-vous rien pour faire des charités?

LE DOCTEUR.

Ho, ho, Dieu sait si je vous donnerai!

SBRIGANI.

Et ce pauvre Covielle, ne lui ferez-vous pas un présent?

LE DOCTEUR.

Il n'a qu'à dire : tout ce que j'ai est à lui.

FRÈRE TIMOTHÉE.

Madame Sostrate, vous voilà toute ragaillardie! Vous avez mis un jeune rejeton sur une vieille souche.

SOSTRATE.

Qui est-ce qui ne rajeuniroit pas, à voir tout ceci?

FRÈRE TIMOTHÉE.

Entrons tous dans l'église, afin de dire les oraisons accoutumées. Je retournerai ensuite achever mon bréviaire, et chacun fera comme il l'entendra.

Vous, messieurs les spectateurs, ne vous arrêtez pas davantage. Mon office est long; et ces messieurs et ces dames ne sortiront pas par ici. Portez-vous bien, et applaudissez.

FIN DE LA MANDRAGORE.

LETTRES
DE J. B. ROUSSEAU
A L'ABBÉ D'OLIVET.

AVIS.

Ces Lettres, qui, d'ailleurs, ne font point partie de la Correspondance générale dont nous avons promis l'extrait, trouvoient naturellement leur place à la suite des pièces de théâtre de l'auteur. On y lira, sur les corrections de la *Mariamne*, *les Aïeux chimériques*, *l'Hypocondre*, et l'art dramatique, en général, quelques observations qui acheveront de compléter notre travail à cet égard.

LETTRES
DE J. B. ROUSSEAU
A L'ABBÉ D'OLIVET.

A Vienne, le 1ᵉʳ septembre 1721.

CE n'est point par ma faute, monsieur, que je réponds si tard à la lettre que vous m'avez fait l'honneur de m'écrire, du 6 mai; elle ne m'a été rendue, je ne sais pourquoi, qu'au commencement du mois dernier; et comme elle me faisoit espérer que je recevrois bientôt, dans le ballot de livres que M. Mariette envoie à M. de Saint-Saphorin, celui dont vous avez la bonté de me faire présent, et que j'attends avec tant d'impatience, je voulois pouvoir confondre dans une même lettre mes remerciements avec mes éloges, et vous mettre en état de juger du profit que j'aurois fait à la lecture d'un ouvrage dont je conçois d'avance toute l'utilité. Mais l'interdiction du commerce des marchandises de France, qui n'étoit que pour les provinces méridionales de ce royaume, étant devenue générale, j'ai tout lieu de craindre qu'il ne se passe encore bien du temps avant que je puisse profiter de vos bontés et de vos lumières; et il ne seroit ni honnête à moi, ni édifiant pour vous, que je gardasse le silence plus long-temps. Comme vous ne m'avez point donné d'adresse pour vous écrire, j'envoie ma lettre à Lyon sous le pli de M. Brossette [1], avec qui je ne doute point que vous ne continuiez d'être en commerce. Ce n'est presque plus que par lui que j'y suis encore un peu avec les Muses. Ce pays-ci n'est point leur patrie; et j'ai senti plus d'une fois la violence qu'elles se font pour y rester. Je n'aurois pas moins besoin d'elles pour écrire une histoire en prose, que pour composer des ouvrages en vers; et celle de M. le prince Eugène seroit sans contredit le plus grand sujet que je pusse choisir; mais sa modestie et ma foiblesse sont deux obstacles bien difficiles à vaincre pour moi. Ainsi, monsieur, je puis vous répondre que jusqu'à présent il n'a point été question de ce travail, et que ceux qui vous en ont parlé ont plutôt deviné ce que je voudrois faire, que ce que je fais effectivement. Permettez que j'assure ici de mes respects M. l'abbé Strikland, et faites-moi la justice de croire que personne du monde ne connoît mieux que moi le prix

---

[1] L'auteur des Commentaires sur Regnier et sur Boileau.

de votre amitié, et n'a plus d'envie de la mériter. C'est avec ce sentiment, joint à une estime et un dévouement sans bornes, que j'ai l'honneur d'être, monsieur, etc.

A Bruxelles, le 7 septembre 1722.

Je suis bien confus, monsieur, de me trouver en reste avec vous depuis si long-temps. Avant de répondre à la lettre que vous m'avez fait l'honneur de m'écrire, du 18 juillet, je voulois être en état de vous dire ma pensée sur le *Huetiana* que vous avez eu la bonté de m'envoyer, et dont je vous remercie de tout mon cœur. Je ne l'ai reçu que long-temps après ; et depuis je vous ai cru en Bourgogne, sur ce que vous me mandiez que votre départ seroit pour le 15 août. Je ne savois où vous adresser ma réponse, et je serois encore dans la même peine, si une lettre que je reçois de M. Boutet [1] ne m'apprenoit que vous êtes encore à Paris. Comme je ne sais point votre adresse, je prends le parti de lui envoyer cette lettre, pour vous la faire tenir ; il pourra vous dire combien j'ai

---

[1] M. Boutet fut constamment l'ami et le bienfaiteur de Rousseau, comme on le verra par la Correspondance même de celui-ci.

été content du *poëme Platonique*[1] de M. l'abbé Fraguier. J'ai toujours fait profession de chérir et d'honorer l'auteur, qui, de son côté, m'a toujours donné des marques de son amitié. Je ne sais si M. Perrinet, dont vous me faites les compliments, ne seroit point le même que ce coquin de Saurin a fourré dans les infâmes chansons dont j'ai été accusé; du moins je n'en connois point d'autre : encore le connois-je très-peu, quoique sa politesse et sa douceur m'aient toujours fait souhaiter de le connoître davantage. Quel qu'il soit, je vous prie, monsieur, de le remercier de ma part de l'honneur qu'il me fait de se souvenir de moi. Pour revenir au livre des pensées de M. Huet, je crois qu'on pourroit en dire avec assez de justice ce que Martial a dit du sien :

Sunt bona, sunt quædam mediocria, sunt mala plura.

C'est un livre rempli de bon et de mauvais sens, mais qui cependant mérite d'être lu, et le public doit vous être obligé du présent que vous lui en avez fait. J'ai vu, selon votre intention, celui de La Bruyère, imprimé ici en 1697; il ne contient que ce qui est dans l'édition de

[1] Ce poëme fait partie du recueil intitulé *Huetiana*. L'abbé Fraguier y développe en beaux vers latins la philosophie de Platon.

A L'ABBÉ D'OLIVET.

Paris; et les prétendus Mémoires dont on vous a parlé se réduisent au seul éloge de cet académicien, tiré du discours de son successeur à l'Académie. Je n'ai point encore écrit à M. Brossette depuis que je suis à Bruxelles; mais j'espère pouvoir lui écrire au premier jour, quand les affaires qui m'ont amené dans ce pays-ci seront un peu en règle. Elles prennent un bon acheminement, et j'en attends dans peu un succès favorable. Si la curiosité vous conduisoit jamais en ces quartiers-ci, ce seroit pour moi la plus grande satisfaction du monde de me voir en état de vous en faire les honneurs, et de profiter d'un commerce aussi agréable et aussi utile que le vôtre. Personne n'en connoît mieux le prix que moi, et personne n'est avec un dévouement plus sincère, ni avec une plus parfaite estime, etc.

A Bruxelles, le 6 novembre 1723.

JE vous plains, monsieur, car je sais combien il faut d'années et d'épreuves pour faire un véritable ami, et nous ne sommes bientôt plus en âge de songer à en faire de nouveaux. Consolez-vous pourtant de la perte de celui que vous regrettez : on nous regrettera peut-être à notre tour, *hâc lege vivitur*. Mais songeons à nous attirer ces regrets le plus tard qu'il sera possible. Je vous envoie la recette que vous me demandez, et en original, comme vous l'avez voulu; vous me la renverrez de même, à votre commodité. Nous n'avons rien compris à celle que vous avez jointe à votre lettre : notre médecine et notre chirurgie consultées y ont perdu leur latin et leur flamand, et n'y trouvent rien qui ait rapport au mal que la mienne guérit : si c'en est une autre, mandez-le-moi. Nous avons bien mieux entendu votre remerciement à l'Académie. Vertubleu! mon cher monsieur, vous n'y allez pas de main morte contre les néologues du corps; et on voit bien qu'en demandant à être leur confrère vous n'avez pas été leur dupe. Rien de plus solide, ni de mieux tourné que cette pièce : c'est un chef-d'œuvre. M. le duc d'Aremberg en a été charmé, et vous embrasse de tout son cœur; aussi fais-je. Je vous demande pareille accolade, en mon nom, pour notre ami M. Boutet. *Vale.*

A Bruxelles, le 8 décembre 1724.

La poste est fidèle, mais paresseuse. Je ne reçois qu'en ce moment, monsieur, la lettre que vous m'avez fait l'honneur de m'écrire, du 3 de ce mois, avec les pièces qui y sont jointes. Celle qui regarde l'Israélite *du Lys* finit plaisamment; mais la narration pourroit être plus serrée, et l'auteur en auroit fait une jolie épigramme, s'il eût voulu. Quant à la recette, je souhaite qu'elle opère heureusement sur le patient à qui on en fait faire l'épreuve. *Umana cosa e il mal Francese;* et pour passer du *rebus* italien au mot latin de Térence, *homo sum; humani à me nil alienum puto.* C'est pourquoi j'éviterai le plus qu'il me sera possible de tomber dans l'inconvénient où la fragilité humaine expose les foibles mortels;

> Et saurai me garder de tous les accidents
> Qui, n'étant point prévus, perdent les imprudents.

Ces vers sont de *Mariamne;* j'entends celle de Tristan : à propos de quoi je vous dirai que, depuis votre départ, à l'aide de soixante ou quatre-vingts vers corrigés, d'un pareil nombre retranchés, et de vingt ou trente au plus suppléés, je viens de rendre cette tragédie le plus beau morceau de poésie dramatique qui soit peut-être dans notre langue. C'est un prodige de voir une pièce, plus ancienne que *le Cid*, conduite avec autant de régularité qu'une pièce de Racine. Pas une scène qui ne soit placée où elle doit être, pas un personnage inutile : unité parfaite dans l'action, vérité dans les caractères; intérêt, sentiments, passions, et enfin tout ce qui peut exciter, remuer et entraîner l'âme au plus haut degré de force où vous l'ayez jamais vue[1]. Je vous en demande le secret; mais je la veux faire imprimer, et ensuite représenter ici l'année prochaine, pour faire voir que quand on a en main des ouvrages traités comme celui-là, et qu'il ne s'agit que d'en raccommoder ce que le temps a fait vieillir, ou qu'une délicatesse un peu scrupuleuse a pu rendre choquant, c'est une témérité de vouloir prétendre à en abolir la mémoire, en leur substituant d'autres ouvrages sur le même sujet, quand on n'a pas la force de faire mieux.

Je vous ai déjà dit ma pensée des *Dissertations* et de l'*OEdipe* de La Motte. Je vous dispense de m'envoyer le reste; car j'ai vu l'ode de La Faye dans un journal de Hollande qui m'est

---

[1] Voyez ce que nous avons dit, à ce sujet, tome IV, dans les notes sur la Préface de *Mariamne*.

tombé entre les mains. Pour la lettre qu'on a fait courir sous mon nom, et dont je vous remercie de m'avoir envoyé la copie, elle est fausse, ou du moins falsifiée d'un bout à l'autre, ce qu'il y a de moi étant mêlé, du commencement à la fin, avec d'autres choses qui n'en sont pas, et n'y ont été intercalées qu'afin de me faire des ennemis. Il est même bien aisé de voir que le ton de plaisanterie n'y est pas le même, et que c'est un assemblage de deux styles, qui ne se ressemblent en aucune façon. J'ai plaisanté sur les non-conformités de Hollande, et sur la loi de Vintimille; mais je n'ai parlé ni de la famille de ce nom, ni des jésuites, ni des colléges, ni de madame de Tencin, ni de l'évêque de Séez, ni de l'instruction pastorale, ni de nouvel apôtre, ne sachant même ce que c'est que tout cela. Si M. de Lasseré a encore ma lettre, vous pouvez en savoir la vérité, et il pourra en même temps apprendre de vous la raison pour laquelle je ne lui écris plus, étant néanmoins son ami comme devant; mais après trois épreuves de ma connoissance, sans ce qui ne m'est point connu, je ne suis point assez hardi pour braver un quatrième péril; et je me souviens de celui qui disoit *Dieu me garde de mes amis*, etc. Au reste, comme la *Mariamne* que j'ai barbouillée n'est point à moi, je vous prie de m'en envoyer une autre, de la même édition, qui est celle de Flahaut, en 1625 ou 26, et d'y ajouter les tragédies suivantes, qui feront un paquet que vous aurez la bonté de remettre, à votre loisir, à M. de Saint-Rambert, qui vous en rendra le prix :

Venceslas, de Rotrou ;

Cléopâtre, de La Chapelle ;

Geta, de Péchantré ;

Andronic, *Tiridate*, de Campistron ;

Polixène, *Manlius*, *Thésée*, de La Fosse ;

Absalon, de Duché.

Vous ne me dites rien de notre cher M. Boutet. Avez-vous oublié, vous qui n'oubliez rien, de l'embrasser pour moi ? N'oubliez pas, au moins, que je vous aime de tout mon cœur. *Vale.*

P. S. M. le duc, en présence de qui je vous écris, me charge de mille compliments pour vous.

J'ai lu *les Philosophes amoureux*[1] il y a plus de trois mois. O l'abominable ouvrage !

---

[1] Comédie de Destouches.

A Bruxelles, le 14 janvier 1725.

Je reçus hier au soir seulement la lettre dans laquelle vous m'accusez la réception de la *Mariamne*, que je vous ai envoyée par M. de Saint-Rambert; mais comme vous ne me parlez point de la lettre que je vous ai écrite le même jour, par une autre occasion, je juge que vous ne l'aviez point encore reçue. Ce qui m'embarrasse, c'est que vous ne me dites rien de la préface, qui est une pièce indispensablement nécessaire à l'impression de cette tragédie, que je crois pourtant avoir mise dans le même paquet, où sûrement vous la trouverez, car elle n'est point dans mes papiers. Je suis bien aise que vous approuviez les changements que j'ai faits; il n'y avoit point d'autre moyen pour conserver à la nation un ouvrage qui lui fait autant d'honneur que ses copies lui en font peu : l'exemple n'est pas nouveau. C'est ainsi que Villon et les auteurs du roman de *la Rose*, qui étoient les Corneille de leur temps, se sont conservés jusqu'à nous. Marot, par l'ordre de François 1er, les rhabilla à la mode de son temps; mais il n'y changea que ce qu'il falloit pour les rendre intelligibles, ou pour les garantir du mépris attaché à la bassesse des expressions dégradées, leur laissant d'ailleurs les grâces et le mérite de la vétusté qui rendent encore aujourd'hui le Plutarque d'Amyot si recommandable. C'est ainsi que j'en ai usé et dû user à l'égard de Tristan, et je suis persuadé que les connoisseurs n'auront pas de peine à distinguer ce que j'ai dû réformer, d'avec ce que j'ai dû laisser comme il étoit. Il n'y a que deux vers au commencement de la deuxième scène du second acte qui m'ont paru dans la vérité un peu bas, et dont je joins ici la correction, pour vous en servir, si vous le jugez à propos :

> Je m'allois retirer, vous croyant empêchée;
> Et l'on disoit aussi que vous étiez fâchée.

On pourroit les changer ainsi :

> Je craignois que pour moi l'heure ne fût indue;
> Et je vois en effet que votre âme est émue.

Quant au mot d'*infidèle* près de celui d'*infidélité*, on pourroit mettre *rebelle* à la place. Vous m'avez fait plaisir de m'en faire apercevoir.

Je suis ravi que vous soyez content de l'écrit de M. de Saint-Rambert. C'est un homme que j'aime, et il est aimable, parce qu'il est honnête homme.

Adieu, mon cher abbé; aimez qui vous aime, rien n'est si charmant.

Bruxelles, 3 février 1725.

Je reçois votre lettre du 30 : l'argument qu'on vous a fait est une pure défaite ; ainsi il ne demande point de réplique : n'y songeons plus. Je suis persuadé de la bonne volonté de celui qui vous a parlé ; mais je ne l'étois pas, comme vous avez pu voir, de celle de l'homme *sine quo non*. S'il y avoit eu quelque chose à faire de son côté, M. le comte du Luc l'auroit fait. Je n'ai besoin auprès de lui que de moi-même, et la recommandation dont vous me parlez ne feroit pas ce que mes intérêts n'ont pu faire. Si les personnes à qui vous vous êtes adressé veulent lui parler, elles auront de lui la confirmation de ce que nous avons avancé ; mais, pour ce qui est de changer les cœurs, cela ne dépend ni de lui ni de nous. J'aurai tiré au moins ce fruit de la démarche que nous avons faite, de connoître que j'ai en vous l'ami le plus solide et le plus essentiel que je puisse souhaiter.

Je ne suis point du tout fâché qu'on me devine pour l'auteur de la correction de *Mariamne* ; il n'y a qu'à ne parler de rien et laisser deviner. Puisque vous voulez bien vous charger de l'impression, je vous l'envoie à l'adresse que vous voulez bien me donner de M. Perrinet. Je souhaiterois seulement qu'on imprimât bien, et dans la même forme que l'exemplaire sur lequel j'ai fait mes corrections. Je crois que vous serez content de la préface; il en falloit une, et il falloit éviter de choquer les vivants, en louant les morts. Tâchez que cela puisse être fait pour ce carême; je vous en demande une douzaine d'exemplaires. Adieu, mon cher et illustre abbé; je vous embrasse de tout mon cœur.

J'oubliois de vous dire que M. Brossette m'a mandé, il y a quatre ou cinq mois, qu'il avoit plusieurs anecdotes touchant la personne de Molière : pour moi, qui ne suis point compilateur, je n'en ai que ce que j'ai retenu *ab hoc et ab hác*, parmi beaucoup de choses qui me sont échappées. Tout ce que je pourrois écrire aboutiroit à des réflexions sur ses ouvrages, que je suis bien sûr que M. Brossette n'a pas faites, et ne feroit peut-être pas; mais de ce qu'il sait, et de ce que je puis dire, on feroit peut-être une lecture de cent pages, au plus, assez intéressante. Je lui laisserois volontiers l'honneur du tout, si je pouvois avoir communication de ses Mémoires. Je serois trop content de voir le public désabusé des fables grossières et ridicules qu'on a ramassées dans le misérable ouvrage qui porte le titre de *la Vie de Molière*, et qui semble n'avoir été fait que pour le déshonorer.[1]

Ce 20 février 1725.

Je n'ai rien à ajouter, mon cher abbé, aux dernières lettres que je vous ai écrites, sinon de très-tendres remerciements de votre exactitude sur l'impression de notre *Mariamne*, à laquelle je vous prie de ne pas manquer de faire ajouter la préface telle qu'elle est, et que je crois vous l'avoir envoyée, et d'en corriger les épreuves, si cela ne vous donne pas trop de peine. Je vous prierai, quand l'édition sera faite, d'en donner un exemplaire de ma part à mon vieil ami Lathorillière, et à M. de Montménil, que je connois d'ici : vous pourriez même en ajouter un pour Quinault l'aîné, quoique je ne le connoisse pas. Je vous en demanderai aussi pour moi huit exemplaires, dont quatre reliés en veau, en payant s'entend.

J'ai reçu ce matin le paquet et la lettre dont

[1] Cette Vie de Molière est de Grimarest; elle se trouve à la tête des anciennes éditions de Molière.

M. Blanchard vous avoit parlé. Je prends la liberté de vous adresser la lettre que je lui écris pour l'en remercier, aussi-bien que ma réponse à madame de Castelnau, que vous cacheterez, si vous le jugez à propos. Comme vous ne payez point de port, je ne vous ménage guère; je ne sais pourtant si cela est trop bien. Adieu, mon cher abbé; mandez-moi le succès de la tisane dont je vous ai envoyé la recette.

~~~~~~~~~~~~~~~~~~~~~~~~~~~~~~~~~~~~~~~

A Hesse, le 20 mars.

Rassurez-moi, monsieur, sur la destinée des quatre ou cinq dernières lettres que je vous ai écrites à l'adresse que vous m'avez donnée de M. Mérault. J'ai lieu d'en être inquiet, connoissant votre ponctualité, et n'ayant rien reçu de vous, depuis qu'elles sont écrites, qui puisse me faire connoître que vous en ayez reçu aucune; mais la dernière est celle dont je suis le plus en peine : elle renfermoit une confidence si importante pour moi, qu'il n'est pas croyable que vous ne m'en eussiez au moins accusé la réception. Faute de mieux, je prends donc le parti de vous adresser celle-ci par M. de Saint-Rambert, qui vous la rendra en main propre, pour vous prier, au cas que vous n'ayez pu encore faire usage de cette lettre et de l'écrit qui y étoit joint, de ne point solliciter la lettre que je vous priois d'obtenir pour M. de Fénélon, parce que l'affaire pour laquelle je voulois employer le crédit de ce ministre est finie sans lui, à ma satisfaction, comme vous pourrez l'apprendre de M. l'abbé de Reyrac, que j'ai vu hier à Bruxelles, et qui en part aujourd'hui pour Paris, chargé de vous embrasser de ma part. Si vous croyez, du reste, pouvoir faire serrer les pouces à l'auteur du libelle dont je vous ai envoyé la copie [1], à la faveur de cette même copie, gardez-la, sinon renvoyez-la-moi; mais, sur toutes choses, n'oubliez pas de me faire savoir si l'adresse de M. Mérault est encore sûre, et si je dois ou non continuer à m'en servir.

Pour moi, j'ai très-bien reçu votre lettre du 6, avec les vers qui y étoient joints. Ils ne sont pas frappés à un mauvais coin, tant s'en faut; mais il faut les lire deux fois pour les entendre, et c'est là ce qui peut s'appeler enchevêtrure de style, défaut presque inévitable quand on se sert de petits vers pour la narration, n'étant pas possible d'empêcher qu'ils n'enjambent l'un sur l'autre, et de donner au sens

---

[1] *L'Éloge historique de J. B. Rousseau*, par Lenglet Du Fresnoy, sous le nom de Gordon de Percel.

le repos qu'il doit avoir, pour une parfaite clarté. A l'égard de la comédie en deux actes de La Motte[1], je suis d'avis qu'on la joue après la tragédie en sept que Crébillon prépare, à ce qu'on dit, au public. Voilà jusqu'où s'étendent les efforts d'esprit de ces grands personnages, en fait de nouveauté! Je ne doute point que cette nouvelle invention ne nous vaille quelque dissertation aussi importante que celles que vous m'avez envoyées du même auteur. Adieu, mon cher abbé : aimez-moi toujours. Vous avez pensé comme un ange sur l'affaire de Baquet, et il n'y a point à appeler de votre avis. M. le duc vous embrasse.

A Bruxelles, le 31 mai 1729.

Votre libraire, monsieur, me remit samedi dernier, avec la lettre dont vous m'avez honoré, les deux livres que vous avez eu la bonté de m'envoyer, et mon dessein étoit de ne vous en remercier qu'en vous en disant ma pensée, et en vous envoyant la petite traduction que vous me demandez. Cinq ou six jours m'au-

---

[1] *Le Magnifique*, comédie en deux actes et en prose, de La Mothe.

roient suffi pour cela; mais je me trouve engagé à aller aujourd'hui à Enghien pour jusques après les fêtes, et de là je serai obligé de passer deux ou trois jours à Anvers pour des affaires indispensables, si bien que, pour ne point tomber, par un si long retardement, dans une suspection d'ingratitude envers mon bienfaiteur, je suis obligé de faire en deux fois ce que je voulois faire en une; et de commencer, en attendant le reste, par le plus important de mes devoirs, qui est de vous remercier, monsieur, du plaisir que vous m'avez fait, en me donnant de vos nouvelles, et en ajoutant à cette grâce un présent aussi précieux que celui que vous m'avez fait. Je ne vous parlerai point des poésies de M. Huet et de M. l'abbé Fraguier, dont il y a long-temps que j'ai admiré la plus grande partie imprimée séparément. Je me suis contenté jusqu'ici de lire votre préface, dont la latinité m'a charmé, et je me suis jeté d'abord avec toute l'impétuosité d'une curiosité affamée et dévorante, sur les deux traductions de M. Boivin. J'ai commencé par celle *des Oiseaux*, parce que je la connoissois, et elle m'a emporté beaucoup plus de temps que je n'avois cru, par les charmes qui m'y ont arrêté à chaque pas, et par toutes les pauses qu'un passage continuel du brillant au solide, et du solide au brillant, m'a obligé de faire avant d'arriver à la fin. J'ai passé une matinée à la lire de cette manière, et une autre à la relire avec encore plus de plaisir; en sorte que ce n'est que d'aujourd'hui que j'ai fini l'*OEdipe,* qui m'a fait aussi tout le plaisir du monde; mais, entre nous, et je vous en demande le secret, moins que la comédie, quoique l'une et l'autre soient également bien traduites, et que les vers, qui sont comparables à ce que nous avons de plus parfait dans notre langue, soient encore plus frappants, s'il se peut, dans la tragédie, que dans la pièce comique. Comment souffre-t-on que le caprice d'un particulier prive le public d'un travail qui fait tant d'honneur à l'antiquité et à notre siècle même [1] ? Y a-t-il quelque chose dans les patentes d'érection de l'Académie, et dans les règlements autorisés par le roi, qui justifie une bizarrerie, ou, pour mieux dire, une barbarie si grossière? Et n'y a-t-il plus de chancelier ni de garde des sceaux au monde pour la réprimer? Ce n'est plus mon affaire, grâces à la bonté que vous avez eue de me faire part d'un trésor si précieux, et dont la possession me

---

[1] Ces deux pièces furent imprimées, cette même année 1729, réunies en un volume *in*-12.

donne autant de plaisir qu'elle m'a donné d'empressement. Je n'en ai pas moins pour l'histoire que vous avez faite de l'Académie. *Periculosæ plenum opus aleæ.* Je m'imagine que vous n'y aurez parlé que des morts ; et je souhaite, pour l'amour de vous, que plusieurs qui sont encore vivants, vivent assez long-temps pour vous épargner l'embarras de parler d'eux. Ce que vous me mandez au sujet de l'indisposition survenue au fils de monsieur Boutet m'alarme, quoique je ne la croie pas périlleuse. J'écris à monsieur son père, pour le prier d'éclaircir mes inquiétudes ; je conçois la sienne par la bonté de son cœur : il n'y en eut jamais un meilleur au monde. Je vous félicite de l'acquisition que vous avez faite de M. l'abbé Sallier ; je connois son mérite de réputation, et sa modestie, par une ou deux lettres que j'ai reçues de lui. Je suis bien aise de voir, par ce choix, que l'Académie préfère au moins quelquefois les perles au fumier. Honorez-moi toujours de votre amitié, et soyez persuadé de la parfaite estime, et de la considération sincère avec laquelle je serai toujours, monsieur, etc.

A Bruxelles, le 1ᵉʳ juin 1729.

Mon voyage à Enghien [1] ayant été reculé jusqu'aux fêtes, je me suis trouvé de loisir ce matin, et j'ai exécuté ce que vous m'avez demandé, monsieur, en la manière suivante :

« Si je puis, ô Titus, adoucir ta langueur,
» Et soulager l'ennui qui dévore ton cœur,
» Quel prix dois-je espérer de ta reconnoissance ?

» Car je crois, mon cher Atticus, que vous me
» permettrez bien de me servir avec vous des
» mêmes vers qu'adresse à Flaminius,

» Cet homme pauvre en biens, riche en fidélité ;

» quoique je n'ignore pas qu'il s'en faut bien
» que vous soyez, comme Flaminius,

» Jour et nuit agité de troubles et d'alarmes ;

---

[1] On voit que l'abbé d'Olivet avoit prié Rousseau de corriger, ou même de refaire la traduction en vers françois, qu'il avoit d'abord essayée, de plusieurs vers latins qui se trouvent dans les *Tusculanes* de Cicéron, et dans quelques passages du Traité *de l'Amitié* et de celui *des Devoirs*. Les vers que lui envoie Rousseau se retrouvent, à très-peu de changements près, dans le recueil des *Pensées* de Cicéron, traduites par l'abbé d'Olivet, et dans la traduction des *Tusculanes*, qu'il fit avec le président Bouhier.

A L'ABBÉ D'OLIVET.

» car je connois assez la modération et l'éga-
» lité de votre âme, etc. etc.

» Un homme, un homme seul, par de secrets moyens,
» Sut, en temporisant, sauver les citoyens :
» Touché de leur salut, méprisant leur suffrage,
» Il s'est fait un renom qui s'accroît d'âge en âge, etc.

» Tel qu'un coursier fougueux qui, jeune et plein d'ardeur,
» De l'Élide vingt fois remporta tout l'honneur,
» Par les ans accablé, sans perdre sa noblesse,
» Laisse sur ses lauriers reposer sa vieillesse, etc.

» Quel nuage a couvert vos esprits éclipsés ?
» Où vous égarez-vous, aveugles insensés? etc.

» Et certes, quand de soi la vieillesse paisible
» Ne nous affligeroit d'aucun tourment sensible,
» C'en est un assez grand de vivre assez pour voir
» Cent choses qu'on voudroit ne pas apercevoir, etc.

» C'est le plus grand malheur d'un vieillard ennuyeux
» De voir que sa présence est à charge en tous lieux, etc.

Page 12 du manuscrit.

Il me semble que le vers d'Épicharme auroit plus l'air de sentence, rendu par un seul vers que par deux; il pourroit se tourner ainsi :

Mourir peut être un mal ; mais être mort n'est rien.

Pages 23 et 24.

L'inscription pour Ennius est bien traduite.

Je ne sais si les deux premiers vers ne paroîtroient pas plus piquants tournés de cette manière :

> Aux traits de ce vieillard, reconnoissez celui
> Qui rendit vos aïeux immortels comme lui.

Et, pour les deux suivants, il me paroît indispensable d'exprimer les paroles de l'original, *volito vivu' per ora virûm*,

> » N'arrosez point de pleurs le tombeau d'Ennius :
> » Ennius vit encor dans la bouche des hommes.

Page 25.

Je crois qu'on peut donner un peu d'enflure aux paroles de Polydore, pour les rendre plus propres, comme dit Cicéron, à faire peur aux petits enfants ; et il me paroît que la traduction suivante exprime assez bien le ton d'un revenant :

> » A travers les horreurs de la nuit infernale,
> » Des bords de l'Achéron, par un affreux dédale
> » De rocs entrecoupés, d'antres fuligineux,
> » De profondes forêts, et de monts caverneux,
> » J'arrive en ce séjour, etc.

Page 43.

Je ne sais si la traduction suivante ne peindroit pas d'une couleur plus lyrique et plus gaie le renouvellement de la nature :

« On voit toujours au temps marqué

> » Une clarté plus pure
> » Embellir la nature ;
> » Les arbres reverdir ;
> » Les fontaines bondir ;
> » L'herbe tendre renaître ;
> » Le pampre reparoître ;
> » Les présents de Cérès emplir nos magasins,
> » Et les tributs de Flore enrichir nos jardins.

Page 54.

> » Au comble des trésors, etc.

Je ne sais si on peut dire *le comble des trésors*; j'aimerois mieux *au comble du bonheur*.

La désolation de Troie est fort bien exprimée à la même page, hormis ce mot *d'un bout à l'autre*, que je trouve un peu prosaïque. Il pourroit se réformer par ces deux vers :

> » J'ai vu ces murs si respectables
> » Devenir le butin des flammes effroyables.

On pourroit cependant les tourner encore mieux.

Page 67.

Il me semble que les vers adressés à Hécube par l'ombre de Polydore paroîtroient rendus plus littéralement, et plus conformément à la pensée de Cicéron, s'ils étoient traduits ainsi. Voici le passage entier.

Polydore, sortant de dessous terre, réveille Hécube, et lui dit :

» O vous, dont le sommeil tient les sens assoupis,
» Ma mère, écoutez-moi, prenez pitié d'un fils !

Quand ces vers sont récités d'un ton lugubre qui émeut tous les spectateurs, il est difficile de ne pas croire dignes de pitié ceux à qui les devoirs funèbres n'ont pas été rendus :

» Souffrez que d'un bûcher les flammes honorables
» Dérobent aux vautours mes restes déplorables.

Il craint que si ses membres sont déchirés, il ne puisse s'en servir, et il ne le craint pas si on les brûle :

» Et ne leur laissez pas, sur ces champs désolés,
» Traîner d'un roi sanglant les os demi-brûlés.

Page 68.

Je ne sais si l'imprécation de Thyeste ne seroit pas exprimée plus à la lettre dans les quatre vers ci-dessous :

» Que poussé sur un roc de pointes hérissé,
» Il meure furieux, de mille coups percé ;
» Que de leur sang impur ses entrailles livides
» Noircissent les rochers et les ronces arides.

A la même page, je crois qu'il est nécessaire d'exprimer, par le mot de tombeau, ce que le poète entend, par cet unique abri des atteintes de la Fortune. Ainsi je changerois ainsi le premier vers :

» Et qu'exclus de la tombe, il soit privé du port
» Qui seul met à l'abri des atteintes du sort.

Page 73.
Les vers d'Euripide, et ceux qui les suivent, jusqu'à la fin de ce premier livre, sont pour le moins aussi bien dans la traduction que dans l'original ; il n'y a que ce premier hémistiche *quand à de nos amis*, qui ne me paroît pas tout-à-fait françois : j'aimerois mieux mettre,

» Quand à nos vrais amis un enfant vient de naître. »

Voilà, monsieur, le petit nombre d'observations que j'ai eu à faire sur votre manuscrit. Je ne l'ai reçu qu'avant-hier, et n'ai pas eu le temps de comparer la prose avec celle de l'original ; mais on peut bien s'en rapporter à vous, et ce n'est pas de cela qu'il étoit question. Je doute même, si mes dissipations me permettoient de faire cette comparaison, que je prisse autant de plaisir en lisant le latin, que j'en ai eu en lisant le *françois*. Je ne vous dis rien des vers où je n'ai pas touché, parce qu'ils sont mieux que je n'aurois pu les faire, et je vous envoie ceci par la poste, en attendant que je puisse vous envoyer votre manuscrit par quelque occasion : elles sont assez rares en ce pays-ci; mais si vous en avez une autre copie entre les mains, vous pourrez toujours vous servir de la présente feuille, si vous la trouvez bonne à quelque chose. Je vous suis, au reste, infiniment obligé de la nouvelle édition des poésies et autres ouvrages de La Fontaine que vous m'avez envoyée. Je n'ai fait que la parcourir à la hâte, et j'y ai reconnu une infinité de pièces que j'avois lues dans ma jeunesse, en différents recueils séparés. Il y a, en vérité, des choses admirables, et en grand nombre; il y en a aussi quelques-unes que j'aurois voulu supprimer, pour l'honneur de ce grand poète; mais, à vous dire vrai, je ne crois pas qu'on puisse rien voir de plus misérable et de plus platement bourgeois que son portrait en prose, qu'on a imprimé à la tête du recueil. Si ce n'est point quelque bel esprit de l'île Notre-Dame, je ne connois que la Saintonge ou mademoiselle l'Héritier [1] à qui on puisse raisonnablement faire honneur d'une si belle production. Quant aux deux petites comédies du *Florentin* et *Je vous prends sans verd*, quoique très-jolies, elles ne sont certainement pas de La Fontaine, mais de Champmeslé. Je vous prie

---

[1] Auteur de quelques morceaux de prose et de vers, fort ignorés aujourd'hui.

de faire mes compliments à nos amis, et surtout à notre cher M. Boutet, que j'embrasse d'aussi bon cœur et aussi tendrement que je suis, monsieur, votre très-humble, etc.

Pièce insérée dans la lettre du 1ᵉʳ juin 1729.

DE OFFICIIS.

« Aux lois de la justice on doit toujours s'astreindre,
» Ce n'est que pour régner qu'un grand cœur doit l'enfreindre.

» Les rois trouvent beaucoup d'infidèles amis ;
» Peu de cœurs vertueux leur sont vraiment soumis.

» De nos sacrés serments ce grand instigateur
» En devient le premier et le seul infracteur.
» De peur d'être emmené loin de sa chère Ithaque,
» D'une feinte folie il contrefit l'attaque,
» Et s'y tiendroit peut-être encor sans rien risquer,
» Si devant Palamède il eût su se masquer.

» Vous avez violé votre serment. — Qui ? moi ?
» Je n'ai point de serment pour qui n'a point de foi.

» Mes lèvres ont juré ; mais ma pensée est libre.

DE AMICITIA.

» Du volage destin le caprice essuyé
   » Est l'épreuve de l'amitié.

» Ces vieux fous aujourd'hui par vos traits enjoués
» Ont été, devant moi, galamment bafoués. »

A Bruxelles, le 12 juin 1729.

Au retour d'Anvers, j'ai trouvé ici, monsieur, la lettre que vous m'avez fait l'honneur de m'écrire, du 6 : elle est digne de votre politesse; mais ce que j'ai fait pour vous ne l'est pas des remerciements dont vous m'honorez, et je connois trop ce que vaut votre amitié pour croire la mériter par de si foibles services. J'ai retrouvé dans mon Cicéron les vers que vous me faites remarquer, et qui m'avoient échappé. Je crois qu'on pourroit tourner ainsi ceux de Bævius :

« Comment vous êtes-vous si tôt précipités
» Du faîte de votre puissance ?

A quoi l'autre répond :

» En nommant aux emplois de jeunes éventés
» Sans cervelle et sans connoissance.

Pour celui du chapitre VII, il se fait tout seul :

» Et s'amuse à planter pour le siècle prochain.

Mais je ne sais quel est ce poète Statius, auquel il l'attribue. Voilà matière pour une note de vous, qui nous apprendra quelque chose, ou pour une dissertation de M. de Boze, qui ne nous apprendroit rien.

L'édition de mon Cicéron est de Cambin, et je l'ai suivie dans le deuxième vers du chapitre VI, qui s'y trouve exprimé ainsi :

Provehebant ad res novi stulti adolescentuli,

au lieu de

Proventabant oratores.

L'apostrophe à la vieillesse s'y trouve aussi, de même qu'en celle de Grævius; mais elle devroit être continuée dans le troisième vers, où il faudroit *multa quæ non vis vides*, au lieu de *multa quæ non vult videt*; ce qui m'a fait croire qu'il y avoit faute au commencement ou à la fin, et dans ce doute, j'ai abandonné l'apostrophe, et le tour m'en paroît plus sentencieux que si je l'y avois laissée, et même plus naturel.

Je reçois en ce moment une lettre de notre cher M. Boutet, dans laquelle il me confirme ce que vous me mandez touchant l'entière guérison de monsieur son fils. Je vous conjure de lui en faire mes compliments, et de l'embrasser pour l'amour de moi. C'est un homme digne de l'âge d'or; il me parle de la partie de campagne que vous devez faire ensemble avec M. Leclerc, notre ancien ami. Je vous trouve bien heureux, messieurs, d'être à portée de vous voir quand bon vous semble. Adieu, monsieur; je vous embrasse de tout mon cœur.

Je ne sais si vous n'aimeriez pas mieux, dans le vers qui désigne Ennius, *riche en intégrité*, que *riche en fidélité* : je vous donne le choix.

~~~~~~

A Bruxelles, le 16 juin 1729.

Dans l'appréhension où je suis, monsieur, que vous n'ayez point d'autre copie de votre traduction que celle que vous m'avez confiée, je n'ose ni attendre une occasion favorable pour vous la renvoyer, ni fier aux messageries ordinaires un volume si petit qui pourroit s'égarer aisément; mais j'ai songé que M. le prince de La Tour, me faisant l'honneur d'être de mes amis, pourroit bien vous la faire tenir par la poste sans payer de port, et, par cette voie, plus sûre et plus prompte qu'aucune, vous la recevrez en même temps que cette lettre, que je ne vous écris que pour vous en donner avis, vous ayant déjà marqué, dans ma précédente, tout ce que j'ai cru devoir vous dire, touchant les vers sur lesquels vous avez bien voulu me faire l'honneur de me consulter. Il y a pourtant un endroit où je me souviens d'avoir fait une faute ; c'est au quatrième vers de l'imprécation de Thyeste, où il y a :

Noircissent les rochers et les ronces arides.

Comme le mot de *roc* est au premier de ces quatre vers, je crois qu'il faudroit se servir de celui de *buissons* à la place de *rochers*, pour ne point tomber dans la répétition. Je vous prie de m'accuser la réception de ma première lettre et de votre manuscrit. Je suis avec toute l'estime et toute la considération possible, etc.

A Bruxelles, le 23 juin 1729.

Je vous envoie, monsieur, les vers dont vous me demandez la traduction ; à condition que vous ne m'en ferez pas envers vous un mérite plus grand que la chose ne vaut, et que vous songerez encore moins à m'en faire un envers le public, à qui il importe fort peu de savoir que vous m'avez consulté sur une bagatelle que vous auriez beaucoup mieux faite que moi, si vous en aviez voulu prendre la peine. Ceux que j'ai laissés en leur entier dans votre manuscrit en peuvent faire foi, et la comparaison ne m'en seroit pas avantageuse, quoiqu'il me le fût infiniment de paroître associé avec vous dans le même travail. Épargnez-moi une confusion également glorieuse et humiliante, et faites-moi la grâce de me mander si vous avez reçu votre manuscrit, que je vous ai renvoyé par la poste, franc de port, du même jour que je vous en ai donné avis.

Je ne connois personne qui se puisse acquitter mieux que vous de l'histoire que vous avez entreprise de l'Académie; car je ne connois rien de plus difficile à bien faire aujourd'hui, comme rien n'étoit plus aisé au temps que Pélisson l'a commencée :

Obsequium amicos, veritas odium parit.

Cependant il n'y a rien qui puisse rendre un ouvrage durable que la vérité : il faut être bien habile pour l'accorder avec la discrétion. De combien de Leclercs et de Boyers, bon Dieu! aurez-vous à faire l'éloge! Je suis fort curieux des autres poésies latines de feu M. l'abbé Fraguier; personne ne possédoit mieux que lui les délicatesses de cette langue. Mais ce n'est pas une simple curiosité, c'est une impatience véritable que j'ai de voir imprimer la traduction de l'*OEdipe* de Sophocle et des *Oiseaux* d'Aristophane, que feu M. Boivin a faite. Je n'ai point connu de savant avec tant d'esprit, ni d'homme d'esprit avec tant de savoir. Je respecte sa mémoire comme celle d'un des plus grands hommes de nos jours, supérieur à tous les savants de son temps, et supérieur à son savoir même par sa modestie et la candeur de ses mœurs. Je me souviens de l'effet que produisit sa traduction des *Oiseaux* qu'il nous lut autrefois à l'Académie, où j'étois son confrère; le dialogue étoit alors en prose et les chœurs en vers. Je ne me souviens de rien qui ait fait autant de plaisir; et j'aurois de bon cœur donné tout Nicéphore Grégoras ¹, pour les dix autres pièces traduites de la même main. On ne connoît pas assez Aristophane; on pourra le connoître par l'échantillon que vous avez sauvé du naufrage de l'oubli : c'est un service que le public ne sauroit assez reconnoître. Il sera peut-être bien aise de savoir lequel des deux a meilleure grâce de l'*OEdipe* de Sophocle, ou de celui de La Motte, tous deux en prose. Je sais bon gré à ce dernier de son déchaînement contre la versification des pièces de théâtre; il sait bien ce qu'il fait :

> Prenant le parti de la prose,
> Il prend le parti de ses vers.

Ce pourroit être la fin d'une épigramme dont

---

¹ Boivin a donné la traduction de l'*Histoire byzantine* de Nicéphore Grégoras.

je laisse le commencement à faire à qui voudra s'en donner la peine; car, en vérité, c'est battre un homme à terre que d'attaquer un poète si extravagant et si décrié.

Mille compliments à notre cher M. Boutet. Je vous embrasse de tout mon cœur, et suis, monsieur, plus à vous qu'à moi-même.

A Bruxelles, le 23 octobre 1730.

C'est ici, monsieur, le premier usage que je fais de l'adresse que vous m'avez donnée. M. Boutet le fils m'adresse les deux lettres que je vous envoie, et que j'ai reçues ce matin, quatre heures après votre départ [1]. Vous les trouverez sans doute à votre arrivée, et je me flatte que vous m'en accuserez la réception, en m'apprenant des nouvelles de votre voyage et de votre santé. Ce sera ma lettre de crédit auprès de tous ceux dont vous vous êtes acquis le cœur et l'estime pendant le séjour que vous avez fait ici. Ne laissez pas chômer votre résident, et donnez-moi, je vous en conjure, le plus souvent qu'il vous sera possible, des occa-

[1] L'abbé d'Olivet venoit de faire un voyage en Hollande; il s'étoit arrêté à Bruxelles, où il avoit donné à Rousseau des témoignages de son vif intérêt.

sions de vous témoigner le véritable attachement et la parfaite considération avec laquelle je suis, monsieur, entièrement à vous.

A Bruxelles, le 4 janvier 1731.

Je partois pour Louvain, dans le temps qu'on m'a remis votre lettre, après avoir pris congé de M. de Kœnigsek. Je suis resté deux jours à Hesse avec M. le duc d'Aremberg. Je n'ai point de termes pour vous bien exprimer à quel point je suis sensible à ce que votre amitié a fait pour moi auprès de M. le garde des sceaux, ni combien je suis touché des sentiments que ce ministre vous a fait voir en ma faveur. Ma reconnoissance, pour être partagée, n'en est pas moins vive, et je n'aurois jamais pu résister à la tentation de l'en assurer moi-même dans les termes les plus convenables au respect qui lui est dû, si je ne savois que le sort des lettres est de tomber, pour l'ordinaire, du cabinet à la secrétairerie, où les secrets ne sont pas toujours le plus fidèlement gardés : vous êtes bon pour y suppléer, et vous avez déjà assez fait pour moi, pour faire encore cela. Rien n'est plus sage que les deux objections qu'il vous a faites. Cependant permettez-moi de vous expliquer quelle a été mon idée, et j'espère que vous y trouverez une réponse décisive et concluante. Je n'ai pas prétendu que le ministre qui vouloit bien se charger de tirer du scélérat en question l'aveu d'un crime inconnu, par la conviction d'un assemblage certain de crimes et de scandales, risquât de l'épouvanter par des menaces en l'air et sans effet; j'ai compris qu'en commençant par remontrer au roi et au premier ministre que cet homme, diffamé dans toute l'Europe par des crimes publics, et reconnus par lui-même, jette une tache sur le gouvernement qui l'honore des grâces et des pensions de Sa Majesté, et le souffre dans un corps respectable comme celui de l'Académie, on pourroit aisément obtenir du roi qu'il fût chassé et dépouillé de ces mêmes grâces qu'il a surprises, à moins que, par un aveu sincère d'un crime que Sa Majesté veut savoir, il ne rachetât le secret et la punition des autres, qu'elle sait déjà. En ce cas, ou il avoueroit, et c'est ce qu'on demande; ou la menace seroit exécutée dans toute son étendue, et le public au moins seroit vengé aussi-bien que le gouvernement. Quel avantage en tirerois-je? me dira-t-on. Un beaucoup plus grand que celui de faire imprimer et ses lettres et sa vie, composée par un ministre mort depuis quinze ans, toutes choses contre lesquelles le criminel et le parti qui l'a soutenu contre moi, ne manqueroient pas de s'inscrire en faux, et de crier à l'imposture. Qui est-ce qui se donneroit la peine de venir vérifier chez un notaire de Hollande l'écriture de ses lettres, et cette vérification ne seroit-elle pas, au contraire, fort aisée à faire à Paris, même sur des pièces de comparaison qu'il est fort facile d'avoir d'un homme dont le métier est d'écrire et de déposer des Mémoires dans une Académie dont il est membre? Ne pourroit-on pas commencer par là? et qu'est-ce que je demande autre chose, sinon qu'on s'assure bien du fait avant de rien commencer? Or, peut-on s'en mieux assurer, que par la confession écrite de la main du coupable? Ajoutez à cela le témoignage du comte du Luc, qui, pendant son ambassade en Suisse, n'a entendu autre chose que le récit des friponneries de ce malheureux : n'en est-ce pas plus qu'il n'en faut, pour établir le droit de parler et d'agir sous l'autorité du roi, sans laquelle je sais fort bien qu'on ne peut rien faire? Réfléchissez à cela, mon cher abbé; si l'occasion se retrouve de parler encore au ministre de cette affaire, ayez la bonté de le lui faire entendre, avec cette netteté et cette précision que Dieu vous a donnée en partage, et qui n'est pas moins rare dans un académicien, que la fidélité et le zèle pour la justice dans les amis du siècle. N'oubliez rien de tout ce qui pourra convaincre cet illustre et digne organe du plus puissant roi de l'Europe, de l'admiration que j'ai pour sa vertu, de mon attachement à sa personne, et de ma reconnoissance pour ses bontés. *Vale.*

Monsieur le duc et madame la duchesse d'Aremberg, le comte et la comtesse de Lanoi, sans oublier votre serviteur, vous souhaitent toute sorte de biens en ce monde, et la vie éternelle en l'autre : embrassez bien notre cher monsieur Boutet.

A Bruxelles, le 5 de l'année 1731.

Après tout ce que je vous ai dit dans ma lettre d'hier, je trouve encore nécessaire, mon cher abbé, de vous avertir d'une chose que j'ai oubliée, c'est que j'ai lieu de craindre que le cardinal, votre premier ministre, sans me connoître, ne soit pas prévenu en ma faveur. Deux raisons me confirment dans cette pensée : la première, c'est que ceux qui ont le plus d'intérêt à empêcher l'éclaircissement en question ont pris les devants, en lui inspirant l'envie d'être leur confrère à l'Académie, afin de pouvoir plus facilement s'emparer de son esprit. C'est ainsi qu'ils en ont usé avec tous ceux du ministère ou de la faveur, qui étoient ou pouvoient devenir mes amis, comme monsieur d'Argenson, M. le cardinal Dubois et bien d'autres : car pour ceux qui étoient déjà mes ennemis, comme le duc de Noailles et le chancelier, quoique du bois dont on fait les académiciens, ils ont regardé cette précaution comme inutile, et n'y ont pas pensé; la seconde raison est encore mieux marquée. Une personne de la première considération, et fort amie de ce prélat, ayant tenté auprès de lui la même chose que vous tentez aujourd'hui pour moi, a échoué au premier mot, et m'a écrit nettement qu'elle avoit trouvé les accès fermés. Ajoutez à cela le silence que M. le comte du Luc, qui a toujours été intimement avec lui, garde avec moi sur ce chapitre, que je ne saurois douter qu'il n'ait autant à cœur que moi-même, et vous jugerez sans peine que ma crainte est bien fondée; d'où je conclus que, quelque ascendant que votre ami puisse avoir sur son esprit, il faut que l'affaire soit conduite avec toute la précaution et toute la délicatesse imaginables, pour la lui faire goûter, au cas qu'il veuille bien l'entreprendre;

mais j'ose dire que, s'il vient à bout de cette difficulté, toutes les autres seront très-légères; et que, quelque fin et quelque audacieux que soit le scélérat[1] qu'il s'agit de confondre, il ne tiendra jamais contre une conviction, accompagnée d'une menace qui lui présentera sa perte infaillible et celle de sa famille. Il doit avoir aujourd'hui soixante-douze ans; on n'est plus si ferme à cet âge qu'à cinquante-deux, surtout quand on voit le précipice ouvert; et si on peut venir à bout de le faire parler, je puis vous assurer, mon cher abbé, qu'on apprendra bien des choses curieuses, et auxquelles on ne s'attend pas; car, comptez sur ma parole, qu'il n'est pas le seul qui ait conduit la machine, et que bien d'autres que lui sont du même complot. *Vale.*

A Bruxelles, le 23 janvier 1731.

UNE amitié aussi agissante que la vôtre, mon cher abbé, n'a besoin que d'occasions; et d'après celle que vous avez déjà fait naître, on peut bien se reposer sur vous de toutes les autres. Le grand point seroit de désabuser l'éminence[2], sans laquelle on ne peut rien faire; et je conçois bien que rien n'est plus difficile, ni plus

[1] Saurin. — [2] Le cardinal de Fleury.

délicat même à entreprendre ; mais rien n'est impossible à la bonne volonté dirigée avec un peu d'art, et celui de manier les esprits n'est pas, ou je me trompe fort, le moindre talent de votre illustre ami. Quoi qu'il arrive, je n'oublierai jamais ce que vous faites pour moi.

Je vous suis bien obligé du soin que vous avez eu de me faire chercher les bagatelles que je vous ai demandées, mais nullement du refus que vous avez fait d'en recevoir le déboursé. Ce n'est point comme cela qu'on fait les commissions d'un ami ; vous ne m'y rattraperez plus, et, à moins qu'il ne s'agisse de choses de la dernière confiance, vous n'aurez plus aucune commission de moi.

Je vous prie d'assurer madame de Castelnau de mes respects, et de lui dire que j'attends, pour lui faire réponse, que je puisse la satisfaire sur ce qu'elle m'a ordonné : je n'y perdrai pas un moment.

Quand je serois capable de vous garder le secret sur les marques d'amitié que vous donnez à M. le duc d'Aremberg, vous croyez bien que M. de Saint-Rambert ne les lui laisseroit pas ignorer. Je vous réponds que notre chère altesse y est sensible autant qu'elle le doit, et qu'elle connoît, comme moi, tout ce que vaut un ami comme vous ; c'est beaucoup dire.

Je n'examinerai point en détail la validité des cinq objections qu'on vous a faites sur les trois psaumes ; vous en pouvez juger mieux qu'un autre. Prévention d'auteur à part, elles m'ont paru peu solides : j'y ferai pourtant attention ; et aux premières heures de loisir, je vous en dirai ma pensée plus au long. A propos d'objections, connoissez-vous M. Blanchard ? je lui ai écrit le 16 du mois passé à l'adresse qu'il m'avoit donnée, chez *M. Le Poivre, rue du Petit-Carreau*, et en satisfaisant à une prière qu'il m'avoit faite, je lui en avois fait une autre qui étoit d'envoyer à l'abbé de Saint-Pierre un petit carré de papier, endossé de ma réponse à deux ou trois objections sur des vers qu'il m'avoit fait remettre ici. Comme j'ai connu de la politesse à M. Blanchard, j'ai été surpris qu'il ne m'ait pas seulement accusé la réception de ma lettre, et je vous prie, mon cher abbé, de savoir ce qui en est.

Nous avions déjà vu l'arrêt calotin rendu sur le *Brutus* de Voltaire. M. de Kœnigsek me l'avoit donné à son passage ici. On m'a depuis envoyé à ce sujet une petite épigramme assez jolie, qui fait allusion au 209e vers de la première épître du second livre d'Horace :

Ille per extentum funem mihi posse videtur
Ire poëta, meum qui pectus inaniter angit, etc.

Voilà le troisième habit retourné que cet auteur vend comme neuf au public, après y avoir fait deux ou trois points d'aiguille. Le parodiateur pourroit lui appliquer fort à propos le vers que Molière met à la bouche de Vadius :

Allez, fripier d'écrits, impudent plagiaire.

Je suis bien aise qu'on songe à procurer une bonne édition des comédies de Molière : nous n'avons rien en notre langue qui fasse autant d'honneur à la nation. Je travaillerai avec plaisir au discours historique et critique dont je vous ai parlé sur cet auteur ; mais je ne pourrai commencer de quelque temps d'ici : c'est pourquoi je serois bien aise que l'édition qui en est projetée fût précédée de celle de Racine. Je ferai imprimer *Mariamne* ce carême, et je vous l'enverrai. *Vale.*

Votre lettre, qui est du 16, ne m'a été rendue qu'avant-hier 21.

A Bruxelles, le 31 mai 1731.

JE vous remercie, monsieur, des pièces nouvelles que vous avez eu la bonté de m'envoyer. Rien de plus tragique que la première ; rien de plus plaisant que la seconde. Le sujet de toutes les deux m'étoit déjà bien connu : ceux qui en sont les héros auroient été bien heureux de ne savoir point écrire; mais il y a moins de danger à faire de mauvais vers qu'à écrire des lettres aussi funestes que celles dont on m'a envoyé les copies. Le parallèle qu'on a fait de Francœur[1] et de Voltaire est juste, et il est bien clair que le coup d'archet trouve plus de faveur que la rime. J'apprendrois à jouer du violon, si j'étois plus jeune : peut-être qu'alors messieurs vos ministres trouveroient plus de facilité à me faire justice d'un faquin. Si les gens de son espèce leur sont précieux, ceux de la mienne doivent leur être fort indifférents : Je n'ai garde de m'en plaindre. Il me suffit de savoir à quoi m'en tenir, après une pareille épreuve; ce sera la dernière, et la dernière fois que je vous importunerai pour rien obtenir d'eux. Je vois bien que ce n'est pas leur faire sa cour que d'être de mes amis, et *Jonville* l'entend mieux que vous. Pour moi, qui n'ai nul besoin de leur faire la mienne, et qui actuellement ne suis rien moins qu'en disposition d'écrire, j'espère que votre ami me dispensera du discours préliminaire dont vous me parlez. Je n'ai point l'esprit assez libre pour travailler à

---

[1] Directeur de l'Opéra.

rien : c'est un barbarisme en morale qu'un discours enjoué avec un cœur chagrin ; et je vous avoue que je n'ai point l'art de concevoir d'une façon et d'accoucher d'une autre.

Croyez-moi, mon cher monsieur, les remarques de M. Brossette suffiront à l'édition du Molière projetée¹ ; il m'a expliqué son dessein, qui ne sauroit être mieux conçu, et personne n'est plus capable de le bien exécuter. Pour moi, je vous le redis : je suis actuellement incapable de penser à autre chose qu'aux exemples de perfidie, de corruption, d'injustice, d'impudence et de grossière hypocrisie qui me crèvent les yeux de cent lieues loin. Je passe les opéra et les comédies à ceux qui marchent sur les fleurs ; mais je ne leur envie point leur bonheur ; et, tout entouré d'épines que je suis, je ne me regarde point comme malheureux. Adieu, monsieur ; il est temps de finir une épître chagrine, et de vous assurer qu'on ne peut être plus à vous que je le suis.

¹ Voyez, pour de plus grands détails à ce sujet, la correspondance avec Brossette, tome V.

A Bruxelles, le 2 décembre 1731.

Je suis sensiblement touché, mon cher monsieur, du danger où vous vous êtes trouvé : M. de Saint-Rambert m'en fait une description bien plus étendue que la vôtre, et dont je suis plus frappé que je ne saurois vous dire. La nature a fait un miracle, en vous sauvant du risque où vous vous étiez exposé : gardez-vous bien de retomber dans la même faute. Je me souviens d'avoir eu le même mal que vous il y a trois ans; je fis tous les remèdes qu'on me conseilla, et heureusement ils ne me guérirent point. A la fin je m'avisai de me servir de lait chaud, coupé avec de l'eau; et ce remède, employé durant cinq ou six jours, me tira tout-à-fait d'affaire.

Je suis ravi de voir la tragédie transférée des rois aux particuliers sur le théâtre françois. Cette nouvelle poétique méritoit bien les applaudissements qu'elle a attirés à son inventeur. Voilà ce qui s'appelle du nouveau; et, sur cet exemple, je ne doute point que vos illustres modernes ne fassent bientôt voir sur la scène le brave Crillon et Lanoue-Bras-de-Fer, fondés sur ce passage d'Horace, interprété selon leurs lumières. (*Art poét.* v. 286.)

Nec minimum meruére decus, vestigia græca
Ausi deserere et celebrare domestica facta.

Il faut espérer que la muse comique de l'infatigable Destouches achevera de relever le théâtre abattu. C'est un magnifique convoi pour des comédiens, que trois pièces en cinq actes : il est bon de leur laisser consommer leurs provisions ; je souhaite qu'ils en aient pour long-temps.

Je savois déjà que la petite édition de mes œuvres avoit été faite à Chartres. Les caractères en sont très-jolis ; il n'y manque qu'un papier un peu plus grand. Je suis bien fâché que mes trois psaumes nouveaux n'y aient pas été ajoutés ; et encore plus qu'on y ait joint le supplément, qui n'a été ajouté à l'édition d'Angleterre que malgré moi, et que je n'avois permis, par une sorte de condescendance aux importunités du libraire de Hollande, d'ajouter à la sienne, qu'à condition qu'il le feroit à part et d'une forme séparée ; en quoi ce maraud-là m'a manqué, et a donné à mes ennemis la seule prise qu'ils puissent avoir sur moi raisonnablement, et à moi l'unique chagrin dont je ne puisse être consolé. J'ai fait vos compliments à monsieur le duc, qui m'a chargé de vous faire les siens. Je vous embrasse de tout mon cœur.

A Bruxelles, le 16 de l'année 1732.

L'épître en vers que vous m'avez envoyée [1], monsieur, m'a fait, je l'avoue, beaucoup de plaisir : elle est remplie de choses délicatement pensées et heureusement exprimées. L'auteur y donne des préceptes utiles, et les donne en poète, et, quoique son ouvrage soit long, il le rend court par la variété de ses tours et la diversité de ses figures : en un mot, à quelques fautes de langage près, je le regarde comme un homme digne de l'Académie; mais j'aurois voulu qu'il s'y fût frayé un chemin plus noble, que celui des louanges qu'il donne si mal à propos à quelques-uns de ceux qui en sont déjà. Il est si aisé de ne rien dire de ceux qui ne méritent point notre estime! et il marque trop de discernement en tout le reste, pour estimer de bonne foi ceux qu'il préconise. Plus son ouvrage paroît celui d'un homme d'esprit, moins il paroîtra celui d'un

[1] L'Épître à Clio, par La Chaussée.

honnête homme. L'éloge de votre bienheureux [1] ne pouvoit tomber en de meilleures mains que celles de Fontenelle, pour donner la dernière façon au ridicule du personnage. L'encens de Bavius appartient à Mœvius; et les louanges que vous entendrez feront le même honneur au vivant qu'au mort, dont l'épitaphe s'est trouvée au bout de ma plume dans une lettre que j'ai écrite, il y a quelques jours, à notre ami Saint-Rambert.

> Ci-gît, mieux vaut tard que jamais,
> Le successeur de Desmarets.

J'ai connu M. l'évêque de Luçon dans le temps qu'il étoit abbé de Bussy; je lui trouvois alors de l'esprit et de la politesse. Si la mitre ne l'a point gâté, c'est un bon sujet pour l'Académie.

Je suis bien aise que vous fassiez réimprimer votre traduction du traité *de Naturâ Deorum*; c'est un bon modèle pour la langue. Vous ne me dites point si vous avez joint des notes aux *Phénomènes* d'Aratus; ils en auroient besoin. Son altesse vous salue. *Vale.*

---

[1] La Motte, qui venoit d'être remplacé à l'Académie françoise par l'évêque de Luçon.

A Bruxelles, le 25 février 1732.

J'envoie en ce moment à la poste la copie exacte de l'ouvrage en question [1], à l'adresse que vous m'avez donnée de M. Perrinet, fermier général, sous le pli duquel j'ai mis la vôtre : ainsi il la recevra en même temps que M. Mérault recevra cette lettre-ci, que je lui adresse à l'ordinaire pour vous. Je vous prie de commencer par la bien lire en votre particulier; et, avant tout, la feuille dans laquelle j'ai écrit les caractères des personnages, et la situation des acteurs sur la scène; ce que j'ai cru indispensablement nécessaire de mettre par écrit, pour faciliter à M. Quinault l'intelligence de la pièce, et de la manière dont les acteurs doivent la jouer. Ces observations, et une ponctuation scrupuleusement exacte, jointe à de courtes notes marginales, sont tout ce que j'ai pu faire pour suppléer à ce que j'aurois eu à lui dire de vive voix, ou à lui faire entendre par la lecture, dont les sons ne se peuvent mettre sur le papier comme les tons de la musique. Je crois même qu'il devroit

---

[1] *Les Aïeux chimériques.*

donner aux acteurs qu'il choisira une copie de ce qui regarde leurs rôles, dans une première feuille que je vous prie encore une fois de lire avant tout. Vous serez surpris de voir une pièce sans son titre ; il m'en a passé plusieurs par la tête depuis qu'elle est faite, et aucun n'a satisfait mon oreille. Vous verrez, par la lecture, quel est le caractère que j'y joue, et vous serez peut-être en état, après cela, de me suggérer quelque intitulation plus à mon gré que toutes celles que j'ai imaginées, sinon je lui donnerai tout simplement le nom de mon premier personnage, à l'exemple de Térence et de notre Molière, qui en ont usé souvent ainsi. Du reste, je vous recommande ma réputation, dont messieurs les comédiens ne sont pas obligés de se soucier, mais qui ne vous doit pas être indifférente, puisque c'est à vous que je la confie : surtout ayez la bonté de répondre *articulatim* à ma précédente lettre, aussi-bien qu'à tous les articles de celle que je pourrai vous écrire ci-après sur le même sujet. Je sais par vous-même que vous n'oubliez rien que ce que vous voulez bien oublier, et je serois fort fâché d'avoir à me plaindre de votre volonté sur le fait dont il s'agit. Adieu, mon cher abbé, quand vous aurez bien lu la pièce, communiquez-la à M. Quinault, afin qu'il la lise en son particulier, et priez-le d'en faire une lecture devant vous, et en présence de notre cher ami M. Boutet, avant de la lire à ses camarades. Quatre jours suffisent pour tout cela, et ce n'est pas beaucoup de temps. Je vous embrasse de tout mon cœur, et M. le duc vous fait mille compliments. *Vale.*

A Bruxelles, le 7 mars 1732.

J'étois en peine de ne point recevoir de nouvelles de l'arrivée de mon paquet à M. Perrinet, que j'ai fait porter à la poste d'ici, le lundi gras, 25 du passé, avec les précautions que je vous ai mandées par ma lettre du même jour; mais ce n'a pas été votre faute, si vous ne l'avez reçu que le 4 du présent mois, comme vous me le marquez. J'en ai envoyé faire mes plaintes au bureau de la poste, où on a dit à mon laquais que c'étoit à celui de Paris qu'il avoit été retenu. Je serois bien aise de savoir ce qui en est, s'il y a moyen.

J'ai enfin trouvé le titre de ma pièce:

LA COMTESSE DE CRITOGNAC,
ou
LES AÏEUX CHIMÉRIQUES.

Entre sept ou huit qui me sont venus dans

l'esprit, je n'ai trouvé que ce titre double qui expliquât convenablement le caractère et le sujet dont il y est question. S'il vous en vient quelque autre, ne laissez pas de m'en faire part. Nous serons toujours à temps de choisir.

Les comédiens ne pouvoient mieux faire que de marquer à l'Académie leur reconnoissance de l'avantage que leur a procuré un de ses membres. De la façon dont tout le monde m'écrit, on n'a point vu de succès pareil à celui de la comédie de Destouches [1]. Celles qui viendront après n'ont qu'à se bien tenir. Adieu : je ne vous en dis pas davantage pour aujourd'hui. J'attends votre première lettre, et je vous embrasse de tout mon cœur. Mes amitiés à notre cher M. Boutet.

~~~~~~

A Bruxelles, le 12 mars 1732.

Vous ne m'avez jamais donné, mon cher monsieur, une preuve plus incontestable de votre amitié, que celle que je viens de recevoir

---

[1] La comédie du *Glorieux*, qui avoit été jouée pour la première fois le 17 janvier 1732. Le 2 mars suivant, l'acteur Quinault, accompagné d'une députation des comédiens françois, alla prier l'Académie de vouloir bien accepter ses entrées au Théâtre-François.

dans votre lettre du 8 de ce mois; et, plus votre sentiment est opposé au mien, plus je vous suis obligé de la sincérité courageuse et noble avec laquelle vous me le déclarez : c'est le caractère le plus essentiel d'une véritable amitié; et je puis vous assurer, avec la même franchise, que, si jamais j'ai compté sur vous, c'est dans ce moment, où, sans examiner qui de nous deux se trompe, je n'envisage que la bonne foi et le zèle qui vous sont communs avec le meilleur ami que j'aie au monde, et dont je regarde votre lettre comme une preuve convaincante. Je ne suis point surpris que vous ayez pensé comme vous faites, après ce que vous m'avez appris vous-même de la façon dont Voiture et tout l'hôtel de Rambouillet pensoient sur *Polyeucte*; je le suis seulement de ce que vous me dites qu'il n'y a point d'originaux d'*Émilie* [1], n'y ayant peut-être rien au monde d'aussi commun que l'infatuation des hommes sur leur origine, et que la chimère où une infinité de gens donnent, en la cherchant dans des rapports de noms, et dans des allusions encore plus ridicules que celles de mon généalogiste. C'est de quoi M. Le Laboureur, qu'on vient de réimprimer, se plaint en

---

[1] Personnage des *Aïeux chimériques*.

une infinité d'endroits de ses additions; et, pour peu qu'on ait lu de livres de généalogie, on y trouvera des originaux d'extravagances plus extraordinaires que tout ce que j'ai pu imaginer dans ma copie. Cela est si vrai, que la plus grande partie des bons mots de la pièce que vous avez lue sont pris de contes que j'ai autrefois ouï faire à la cour, de la feue maréchale de La Meilleraie, de la vieille madame Beaufremont et d'autres ; et, si vous en doutez, vous n'avez qu'à mettre notre amie, madame de Castelnau, sur le chapitre de cette première ; vous en reconnoîtrez plusieurs, et vous verrez que ce n'est point par le défaut d'originaux que la pièce pèche. Cela posé, par où pècheroit-elle ? Est-ce par les accompagnements de la folie qui y est représentée ? Toutes les pièces d'un tableau doivent se rapporter à l'objet principal : c'est la première règle de la peinture et de la poésie. Un généalogiste visionnaire, un intendant fourbe et intéressé, une générosité imprudente, une négligence absolue dans ses affaires, une confiance aveugle en ceux qui les conduisent, la ruine inévitable qui en résulte, ne sont-ce pas des suites nécessaires de ce fol entêtement de grandeurs, qui regarde comme une dérogeance, les détails et les soins qui occupent le commun des personnes sensées et qui prennent garde à leurs affaires? Les bornes d'une lettre ne me permettent pas de m'étendre davantage, et je ne vous dis ceci qu'afin de vous faire voir que ce n'est point d'après mon imagination, mais d'après la nature, que mes personnages sont copiés : car, quant au reste, je puis vous assurer que je ne songe plus à cet ouvrage, quoique dans mes principes je le regarde comme le plus irrépréhensible qui soit encore sorti de ma plume; persuadé que la morale d'une comédie ne doit point consister en moralités, mais en exemples agissants ; et que le devoir indispensable de ce poëme étant de faire rire, on n'y peut parvenir que par une action rendue vraisemblable par la régularité de la conduite, et risible par la rareté des originaux; ce que je crois avoir assez bien attrapé, tant par la rigide observation des règles les plus sévères du théâtre, que par la singularité de mes personnages, qui, ressemblant à ce qu'on voit tous les jours, n'ont point encore été vus, que je sache, sur aucun théâtre.

Je vous prie de remettre le paquet tel que je vous l'ai envoyé, bien cacheté et bien enveloppé, à l'adresse de M. le duc d'Aremberg, entre les mains du sieur Bal, concierge de son hôtel au Temple, lui recommandant de l'envoyer à son altesse par les premières occasions qu'il aura. Il n'est pas nécessaire de vous recommander d'oublier jusqu'au nom de la pièce, et de ne rien laisser échapper qui puisse donner la moindre idée ni du sujet, ni des caractères : je compte qu'il en sera comme si elle n'étoit jamais sortie de mes mains, et que vous n'en eussiez jamais entendu parler. Cette lettre-ci sera même brûlée, s'il vous plaît, après que vous l'aurez communiquée à notre cher M. Boutet, à qui je n'écris qu'un mot.

Reste une chose qui m'embarrasse ; c'est d'excuser auprès de M. Quinault un si long retardement à lui faire réponse, après une lettre aussi obligeante que celle qu'il m'a écrite ; car je vois bien que vous ne lui avez pas rendu celle que je vous ai adressée pour lui. Voyez si celle que je joins ici pourra y suppléer, et ayez la bonté de la lui rendre. Adieu ; vous pouvez compter que je vous aime plus que je n'ai jamais fait, et que la diversité de nos opinions en cette rencontre ne fait que confirmer celle que j'ai de l'uniformité de nos cœurs.

L'adresse de M. Viollant est toujours la plus sûre et la plus prompte. Pourquoi ne m'envoyez-vous pas le compliment de Quinault à l'Académie ?

A Bruxelles, le 19 février 1734.

Me voilà absolument déterminé à vous envoyer ma pièce[1] à Paris, et à vous en confier le sort, conjointement avec M. Quinault et notre cher M. Boutet. Je commencerai demain à la copier; et j'espère, malgré les dissipations du carnaval, que cinq ou six matinées feront l'affaire; je l'adresserai, comme vous me le marquez, à M. Perrinet, et vous en donnerai avis par une lettre à part. Tout ce que je vous demande, c'est un inviolable secret, premièrement; et, en second lieu, une attention scrupuleuse à la faire jouer comme elle est, sans rien changer, ni ajouter, ni retrancher : car, je vous avoue mon foible, je ne me sens pas capable de faire mieux, ni autrement : vous en jugerez. J'ai mis ce matin sur le papier une idée abrégée du caractère, du jeu, et des habillements de mes personnages, qui suffira à un homme comme vous, et à un acteur intelligent comme M. Quinault, pour le mettre au fait, en général, de ce que je ne pourrois exprimer en détail par écrit. Le diable est que, n'ayant jamais vu jouer

---

[1] Il s'agit vraisemblablement de *l'Hypocondre*.

aucun des acteurs qui sont présentement à Paris, je ne connois point assez leur force, pour savoir si mes rôles leur seront propres. Ce sera à M. Quinault à me tirer de cet embarras-là, et à choisir ceux qu'il trouvera le plus convenables aux caractères qu'ils auront à représenter. Je vous prie seulement de faire en sorte qu'il choisisse, sans passion ni prévention pour ou contre, ce qu'il croira de meilleur. Quant au temps de la représenter, l'après Pâques est encore une saison passable, pourvu qu'on ne tombe point dans les grandes chaleurs; mais il est certain que les grandes moissons se font en hiver, ce qui ne m'arrêtera pas, pourvu que le reste aille comme il faut; car je compte pour rien l'intérêt pécuniaire, sans l'honneur; et je vous prie d'avance d'en disposer largement au profit de M. Quinault, qui aura assez de peine à mettre la pièce sur pied, pour mériter sa part de la récolte, si récolte y a. Je vous envoie ma réponse pour lui, et vous prie d'embrasser pour moi notre adorable ami M. Boutet, à qui je n'écris point, comptant que cette lettre sera pour vous deux. Ne trouverez-vous point, comme moi, qu'il y a quelque risque à donner au public une comédie immédiatement après une autre comédie qui a réussi? Faites-y vos réflexions avec M. Quinault. Rien n'est si fantasque que le public, et le théâtre est comme le Palais; l'on y perd les bonnes causes, et l'on y gagne les mauvaises, sans savoir comment. Je ne puis croire cependant que la pièce de Destouches soit aussi méchante que vous me la représentez. Il faut bien qu'il y ait quelque chose qui ait déterminé l'approbation du public. Cet auteur n'a jamais su débrouiller une action, et ses caractères sont presque toujours forcés ou mal choisis; mais, je vous l'ai déjà dit, il a des rencontres heureuses, le tour du vers comique, et le dialogue assez naturel.

Je suis infiniment obligé à M. l'évêque de Luçon de s'être souvenu de moi, et à vous, mon cher monsieur, de l'en avoir fait souvenir : c'est une bonne acquisition que vous avez faite. Relisez, par plaisir, l'endroit de mon *Épître aux Muses*, qui commence par,

Je sais qu'enfin ses lauriers chimériques;

vous verrez si la chute de son prédécesseur [1] n'est pas prédite, il y a vingt-huit ans, aussi clairement que quand je prédisois dans le même temps qu'il feroit un jour des odes en prose; et, après cela, étonnez-vous que le mot de *vates* soit fait pour les poètes, aussi-bien

---

[1] La Motte.

que pour les faiseurs de prophéties ! Adieu. Son Altesse vous salue, et moi je vous embrasse de tout mon cœur. *Vale.*

~~~~~~~~~~~~~~~~~~~~~~~~~~~~~~~~~~

A Bruxelles, le 9 août 1735.

JE ne puis, monsieur, payer d'une reconnoissance, d'une admiration trop vive, la grandeur d'âme plus qu'héroïque de l'illustre ami qui a occasionné les démarches dont vous voulez bien m'informer, dans la lettre que vous m'avez fait l'honneur de m'écrire du 3 de ce mois : mais en conservant, comme je le ferai toute ma vie, les sentiments que je dois à cette généreuse bonté, vous trouveriez mauvais vous-même que je ne conservasse pas ceux que je me dois en propre. Il a été question des mêmes mesures dont vous me parlez, lorsque M. de Senozan, l'an passé, s'entremettoit pour mon retour : je m'y suis toujours opposé, ne voulant rien qui pût me mettre hors de portée de faire valoir, quand je voudrois, les preuves que j'ai en main de l'énorme différence qu'il y a de moi au scélérat qui m'a prêté ses crimes, parce que c'étoit le seul moyen honorable de lui imposer silence, et de lui faire racheter le mien. Mon dessein aujourd'hui ne seroit autre que de reprendre le procès, et de mettre le fils du scélérat dans la même nécessité où j'aurois mis le père, si j'eusse pu obtenir le sauf-conduit dont j'avois besoin pour cela, et que M. de Maurepas, héritier, sans doute, des préjugés et de l'inimitié de monsieur son père contre moi, m'a refusé impitoyablement, mais que je ne me lasserai jamais de demander comme condition *sine quâ non* de mon départ pour Paris. Il y a des hommes avec qui on ne peut espérer de paix qu'en les écrasant; la modération ne sert qu'à donner des armes à leur insolence. Le misérable Saurin étoit de ce caractère. Les fils tiennent ordinairement des pères. Je suis persuadé que l'unique moyen de mettre à la raison celui dont il s'agit, seroit de l'intimider. Voltaire, dont vous me parlez, est de l'espèce de ces gens dont je parle. J'ai expliqué dans ma réponse au R. P. de Marsy ce qui a pu donner lieu à sa nouvelle insolence : le tout doit vous être communiqué, et je vous suppose au fait sur ce chapitre comme moi-même. Je le supposois actuellement encore à Amsterdam, lorsque j'ai chargé Changuion, mon libraire, de lui donner mon ode, et de l'assurer que je ne conservois contre lui aucun ressentiment du passé. Changuion, comme un couard, a été prendre pour confident un correspondant de Voltaire, qui ne vaut guère mieux que lui; et si l'un ou l'autre, ou peut-être tous deux, ont prétendu tourner à ma honte une démarche à laquelle, en qualité de chrétien, je ne pouvois me refuser, vous jugez bien qu'il ne seroit pas prudent à moi de donner les mêmes armes à l'héritier d'un plus méchant homme encore que ces deux derniers. Daignez donc, mon cher monsieur, vous contenter pour moi de l'obtention du sauf-conduit que M. de Maurepas m'a refusé jusqu'ici; et, sans oublier d'assurer votre ami de ma profonde reconnoissance et de ma tendre et respectueuse admiration pour sa vertu, soyez persuadé de toute la justice que je rends à la vôtre, et de l'inviolable amitié qui m'attache à vous pour toujours.

Je verrai bientôt M. le comte de Lannoy, et je ne doute point du plaisir qu'il aura à la lecture du dernier article de votre lettre.

Ne connoîtriez-vous point, par hasard, un monsieur Langeois, qui a été, dit-on, fermier général, et qui est actuellement attaché à la maison d'Orléans? On prétend qu'il a dit à quelqu'un qu'il avoit été témoin de la fabrique des deux couplets qui regardent les La Faye, qui furent faits en sa présence chez un nommé

M. Perrinet, par La Motte. Ce seroit une chose à éclaircir tout doucement, et personne n'en seroit plus capable que vous, si vous vouliez.

~~~~~~

A Bruxelles, le 17 novembre 1736.

Je vous suis bien obligé, monsieur, du zèle que vous me témoignez pour mes intérêts; mais comme ils sont entre les mains de personnes sages, discrètes et intelligentes, je crois que le mieux que nous ayons à faire, est de les laisser agir, sans nous informer des moyens qu'elles peuvent employer, et surtout sans ébruiter leurs desseins. C'est la disposition où je suis, et je ne doute point que ce ne soit aussi la vôtre. Quant à ce qui s'est passé ici, ne vous en inquiétez point pour moi. Cette affaire ne m'y a fait aucun tort, et j'espère qu'elle ne m'en fera pas davantage ailleurs [1]. Votre *Traité de la Prosodie* n'est point encore venu jusqu'à moi. Je serai fort aise de le recevoir; c'est une des plus importantes parties de notre grammaire, et qui ne pouvoit être maniée par une plus habile main que la vôtre. Je suis, avec tous les sentiments qui vous sont dus, etc.

[1] Voyez le *Mémoire*, imprimé à la suite de ces Lettres.

A L'ABBÉ D'OLIVET.

A Bruxelles, le 8 mai 1738.

Je suis persuadé, monsieur, que votre équité vous a fait excuser mon silence à votre égard, d'après celui que vous avez gardé avec moi sur des lettres de ma part qui demandoient réponse, et auxquelles vous n'avez point répondu. J'en ai usé de même, et, malgré cela, votre persévérance à me donner part de vos productions ne s'est point rebutée, ce que je ne puis regarder que comme une preuve non-seulement de votre longanimité, mais encore de votre amitié pour moi. J'ai reçu, l'an passé, votre *Traité de la Prosodie*, sous le contre-seing de monsieur le garde des sceaux; mais, comme le nom des ministres de France n'est pas aussi respecté dans les pays étrangers que chez vous, il est bon de savoir que cette précaution que plusieurs, comme vous, ont souvent prise, n'a servi et ne sert qu'à renchérir le port des lettres et à en retarder la distribution. Du reste, le livre m'a paru extrêmement bon, et d'autant plus utile, que la seule chose qui manque présentement à notre langue, est une méthode sûre pour apprendre aux étrangers à la bien prononcer, ce qui ne se peut que par des observations telles que les vôtres, munies de l'autorité d'un corps comme l'Académie. Je ne sais pourtant si vous ne rendriez pas autant de service au public, en employant l'esprit que vous avez, et le talent que vous possédez pour mettre vos pensées au net, à rectifier dans nos excellents auteurs les hardiesses et les licences que vous y remarquez, qu'à leur faire un procès sévère et sans miséricorde. Dès qu'il s'agit de fixer un doute dans les langues, vous savez de quel poids est l'autorité, et qu'une faute de Cicéron, par exemple, seroit plus respectable que tous les beaux raisonnements qu'on pourroit faire pour la condamner : *Aliud est latinè loqui, aliud grammaticè*. Ceci, monsieur, regarde également votre sincérité dans ce livre de *la Prosodie*, et dans vos observations sur Racine, que l'on me rendit hier de votre part, et dont le peu que j'ai lu m'a déjà rappelé l'esprit et le goût de Vaugelas, dont je vois bien que vous êtes parfaitement rempli. Je pourrois vous en dire davantage de bouche, si la fortune permettoit que nous pussions nous revoir. Un quart d'heure de conversation éclaircit plus de choses, et plus facilement, que trente pages d'écriture. Je vous suis, au reste, infiniment obligé de la part que vous avez prise à ma dernière maladie; il ne m'en reste rien,

Dieu merci, qu'une tendre et immortelle reconnoissance pour toutes les bontés qui m'ont été témoignées à son occasion. Je compte sur l'assurance que vous me donnez de la continuation des vôtres, et vous pouvez aussi compter sûrement sur la sincérité de mon estime et des sentiments avec lesquels je suis, depuis si long-temps, etc.

A Bruxelles, le 1er juin 1738.

J'ai reçu hier, monsieur, des mains du secrétaire de M. de Jonville, l'excellent poëme latin dont vous avez eu la bonté de me faire présent. Je l'ai trouvé, aussi-bien que la prose qui l'accompagne, digne d'un siècle que votre goût et vos talents vous ont rendu aussi familier que celui où nous vivons. Il n'appartenoit qu'à vous de faire revivre celui de Cicéron et de Virgile, dont la mémoire s'est presque effacée aujourd'hui en France. J'ai été charmé de l'ouvrage, et je le suis encore davantage des nouvelles marques d'amitié que j'ai trouvées dans votre lettre. Permettez-moi cependant de me justifier du reproche que vous me faites d'avoir pris la mouche mal à propos sur votre silence. Si les miennes sont encore entre vos mains, vous en verrez plusieurs assez amples et très-raisonnées, sur des matières importantes, auxquelles j'ai dû être naturellement un peu alarmé de ne recevoir aucune réponse, ce que je ne pouvois attribuer qu'à une sorte de mépris ou d'indifférence, plus sensible dans un ami comme vous, que dans toute autre personne moins chère et moins digne de ma confiance. Vous savez bien qu'elle a été pour vous sans aucune réserve, et que vous êtes celui de tous mes amis sur lequel j'ai le plus compté. Si quelques doutes sont parvenus à la traverser, un quart d'heure de conversation suffiroit pour les éclaircir; mais quand et comment pourrois-je me flatter de me voir à portée de l'obtenir? C'est ce que je ne sais pas, et qu'un ami comme vous peut savoir mieux que moi, sans qu'il soit besoin que je le mette sur la voie.

J'ai fait une ode pendant ma maladie sur ma maladie même [1], et je l'ai corrigée depuis ma convalescence. Je voudrois en faire part à mes amis; et, pour éviter la multiplication des copies à la main, je me suis avisé de la donner

---

[1] C'est l'ode adressée au comte de Lannoy (tome Ier, page 314), et qui commence par ces vers:
    Celui qui des cœurs sensibles
    Cherche à devenir vainqueur.

à imprimer à mon libraire de Hollande. Je voudrois en envoyer une vingtaine d'exemplaires à Paris; mais j'aurois besoin, pour cela, d'une voie sûre, et qui me mît à couvert des chicanes, car le paquet seroit trop gros pour être confié à la poste: c'est à vous que je m'adresse, monsieur, pour me l'indiquer; et il faut, s'il vous plaît, que ce soit le plus tôt qu'il vous sera possible. Je prendrai le même parti sur ma dixième Épître[1], si monsieur le chancelier continue de me tenir à la rigueur. Au reste, j'ai trouvé la traduction que vous avez faite du passage d'Homère fort bien. Je ne vous refuse pas cependant d'y mettre la main; mais, en vérité, j'aurois peine à faire mieux.

J'en aurois encore davantage à vous exprimer combien je vous honore, et à quel point je vous suis attaché par l'esprit et par le cœur.

A Bruxelles, le 30 juin 1738.

Votre lettre du 9 de ce mois, monsieur, a cheminé encore plus lentement que la mienne, quoique le secrétaire que M. de Joñville a laissé ici soit le plus exact et le plus honnête

---

[1] Celle à L. Racine. C'est maintenant la cinquième du Livre II.

du monde, quand de pareilles occasions se présentent de m'obliger. Il n'a pu me la rendre qu'hier; et ce retardement, que nous pourrons éviter dans la suite, si vous voulez bien me donner votre adresse pour vous écrire en droiture, est cause que vous n'avez pas reçu plus tôt les traductions que vous m'avez demandées, et que vous trouverez ci-jointes, car il y a longtemps qu'elles sont faites. Je souhaite que vous en soyez content, et je me flatte que vous le serez de ma dernière ode, quand elle pourra parvenir jusqu'à vous. Comme je ne recevois point de vos nouvelles, j'ai profité d'une offre qu'un de mes amis m'a faite pour en faire passer à Paris les exemplaires que j'attends incessamment de Hollande, où elle a été imprimée très-correctement, et où ma dixième Épître le sera aussi, après quoi les libraires de Paris feront de l'une et de l'autre ce qu'il leur plaira : car vous savez bien que ce qui s'appelle intérêt pécuniaire me touche très-médiocrement. Je ne comprends pas en quoi les louanges que je donne à M. Racine ont pu paroître outrées à monsieur le chancelier, que j'ai toujours cru son souverain protecteur; qui, à ce qu'on m'assure, n'est point éloigné de devenir le mien, et qui, si ce que j'apprends de bonne part est vrai, pense aujourd'hui pour moi tout différemment de ce qu'il pensoit quand il étoit procureur général du parlement [1]. J'accepte donc, et de tout mon cœur, l'augure favorable que vous faites, touchant mon retour à Paris, où je ne souhaite rien tant que de pouvoir achever ce qui me reste de jours entre les bras de mes amis. Je n'en ai point de plus chers, ni de plus respectables que le révérend P. Tournemine et le révérend P. Brumoy. Puisqu'ils sont aussi les vôtres, faites-moi l'amitié, monsieur, de cultiver la bonté dont ils m'honorent, et de les bien assurer de mon respect et de ma tendre reconnoissance. Surtout conservez-moi votre amitié, et soyez persuadé que la mienne est accompagnée de toute l'estime due à votre mérite et à la supériorité de vos talents.

Vendredi 3o janvier 1739. [2]

Vous verrez, monsieur, par le Mémoire ci-joint, que j'ai heureusement gardé, que ce n'est pas d'aujourd'hui que Voltaire fait courir

[1] Il s'agit de M. de Pontchartrain.
[2] Cette lettre est écrite de Paris, où Rousseau étoit venu passer trois mois *incognito*, et ne se montrant qu'à quelques amis intimes. Nous étions d'avis, d'abord, de la supprimer, ainsi que le *Mémoire* qui la suit; mais les infamies, dont il y est question se trouvant reproduites et perpé-

la lettre infâme que vous m'avez communiquée. Je fus obligé d'y répondre moi-même par ce Mémoire, dont je ne doute point que vous ne fassiez l'usage que votre amitié pour moi exige de vous. Je suis au désespoir de n'avoir pu vous renouveler en personne les témoignages de la mienne; mais mon incognito a été si strict, que je n'ai pu voir la centième partie de ceux que je me proposois d'embrasser. Les illusions de mes amis qui se sont communiquées à moi, sont finies, et le songe étant dissipé, je ne pense plus qu'à retourner à Bruxelles comme j'en suis venu, avec le chagrin d'avoir donné inutilement bien de l'embarras à mes amis, qui devroient être plus puissants qu'ils ne le sont, et de n'avoir pu réussir dans leurs vues et dans les miennes, par l'unique mauvaise humeur d'un magistrat qui fait tout ce qu'il peut pour me guérir de la maladie du pays, à quoi il ne réussira pourtant jamais, tant qu'il s'y trouvera des hommes de votre mérite et de celui de quelques-uns de vos amis et des miens. Je suis très-fidèlement, monsieur, etc.

tuées, en quelque sorte, dans la *Correspondance* de Voltaire, 9 février 1754, et dans le *Siècle de Louis XIV*, article *Rousseau*, nous avons pensé que la défense devoit subsister, puisque l'accusation n'étoit pas détruite.

Extrait des nouvelles de Paris du 23 mars 1738.

Les partisans de Voltaire sèment ici quantité de copies d'une lettre des plus violentes, écrite de Bruxelles le 17 février dernier, à un nommé M. de Messy, contre le sieur Rousseau. Ce M. de Messy n'est autre, à ce qu'on croit, que Voltaire lui-même déguisé, qui a envoyé, ajoute-t-on, de l'argent à l'auteur de la lettre, détenu en prison, pour le soulager, par forme d'emprunt, et afin de le récompenser des injures lâchées contre le sieur Rousseau, qu'il taxe de la plus noire trahison à son égard, et d'être la cause unique de son emprisonnement; à quoi l'on n'ajoute aucune foi ici, chacun pensant que la lettre n'est écrite que pour attraper de l'argent à Voltaire, d'autant qu'on sait bien les raisons de l'emprisonnement de celui qui l'écrit.

MÉMOIRE.

Ces raisons, qui font depuis deux mois l'entretien et le scandale de toute la ville de Bruxelles, sont, entre plusieurs autres, la falsification de deux lettres de change que Médine a fait endosser à M. Cardos, son ami, son protecteur et son bienfaiteur, et qui, depuis trois ans, le nourrissoit chez lui, où il dînoit et soupoit tous les jours, et où il avoit fait connoissance avec les personnes les plus qualifiées de la cour, et les plus honnêtes gens de la ville. Je me suis trouvé du nombre de ces derniers ; et ce fourbe, dont l'extérieur et les manières prévenantes ont trompé tout le monde, m'a trompé comme les autres. Je le voyois tous les jours chez M. Cardos, où j'ai coutume de passer les soirées ; et, comme l'hôtel garni où je loge depuis le 17 septembre est vis-à-vis sa maison, nous revenions souvent ensemble, et quelquefois je montois à sa chambre avant que de me retirer. Un mois ou six semaines avant sa prison, il ne soupoit plus si souvent chez M. Cardos, s'étant mis à souper chez lui avec un comédien, qui depuis a changé son souper pour une somme de trois cents florins de change qu'il lui a attrapée ; mais comme je ne soupe guère, je n'ai jamais été de ces parties-là que comme spectateur, et ce petit commerce, à la vérité très-peu digne de moi, occasionné par l'ennui des soirées, a duré jusqu'au mercredi 13 février, que M. le comte de Lannoy, m'étant venu voir le matin, m'apprit que Médine étoit venu le lundi d'auparavant lui emprunter une partie de sa vaisselle d'argent, sous prétexte d'un repas qu'il avoit à donner, et l'avoit été mettre en gage chez un nommé Menu. J'appris après dîner que cinq ou six marchands, dont je sais à peine le nom, se trouvoient dans le même cas, l'un pour un écrin de diamants, les autres pour d'autres bijoux; et, le soir, étant allé chez M. Cardos, il me dit qu'il en étoit arrivé de même de la montre d'or de mademoiselle sa fille; mais que le pire étoit que lui, M. Cardos, se trouvoit à la veille de perdre dix mille florins, par deux lettres de change qu'il avoit endossées, l'une de 150 florins de change, l'autre de 33 liv. de gros, auxquelles Médine avoit transporté à la première un 6, et à l'autre 11, ce qui faisoit 650 florins de change d'une part, et 1133 livres de gros de l'autre. Je fus frappé comme d'un coup de foudre à cette nouvelle. Cependant les marchands, qui guettoient Médine, l'avoient arrêté chez lui; et, m'étant retiré à mon ordinaire à onze heures, je me couchai, et n'appris que le lendemain, que M. Cardos l'avoit fait arrêter le dernier, à une heure après minuit : c'étoit l'heure où Médine, entre les mains des archers, m'avoit envoyé éveiller pour me conjurer, au nom de Dieu, de venir lui parler; ce que je ne jugeai pas à propos de faire. Voilà toute la part que j'ai eue à l'emprisonnement de cet infâme, que je serois inconsolable d'avoir connu, si ce malheur ne m'étoit commun avec les personnes les plus illustres et les plus distinguées de ce pays-ci. Il y a quatorze ans que j'y vis avec l'estime et l'approbation des grands et des petits ; et ce ne seront point les invectives d'un homme qui, sans la générosité de M. Cardos, seroit déjà *mangé des corbeaux*, qui décideront de ma réputation. M. Cardos a eu la bonté de lui sauver la vie, et l'honneur à sa famille, par l'accommodement qu'il a fait avec elle; et j'ai été le premier à le confirmer dans cette noble résolution, qui lui a attiré les louanges de tout le monde. Il a poussé la charité jusqu'à lui fournir de quoi vivre, et du bois pour se chauffer dans la prison, ce qui a duré jusqu'à la semaine sainte, qui est le temps où il a pu recevoir l'argent de Voltaire. Ce qu'il y a de bien certain, c'est qu'il n'a rien touché de sa famille, ni ses frères, ni sa mère, n'ayant jamais seulement répondu à toutes les lettres qu'il leur a écrites.

M. Cardos m'a fait voir, ainsi qu'à plusieurs autres personnes, les lettres de change qu'il a retirées, où la falsification paroît si grossière et si évidente, qu'elle saute aux yeux les moins clairvoyants. Aussi le sieur Darin, caissier de M. Conoug, sur qui elles étoient tirées à Paris, les a renvoyées d'abord, s'étant aperçu, au premier coup d'œil, de la fausseté; ce qui peut être confirmé par le témoignage de M. Conoug, lui-même, instruit à fond de toute cette affaire, et de M. Tellez, qui se trouve actuellement ici, et qui doit retourner à Paris dans trois ou quatre jours.

A Bruxelles, le 10 avril 1738.

FIN DU TOME QUATRIÈME.

TABLE DES MATIÈRES

CONTENUES

DANS LE TOME QUATRIÈME.

Mariamne, tragédie en cinq actes.......... *Page* 1
   Avertissement de J. B. Rousseau............. 3
   Personnages................................. 8
Le Café, comédie en un acte................... 95
   Préface..................................... 97
   Personnages................................. 102
La Ceinture magique, comédie en un acte....... 143
   Au Lecteur.................................. 145
   Personnages................................. 146
Jason, ou la Toison-d'or, opéra................ 185
   Personnages................................. 186
   Prologue.................................... 187
Jason, tragédie en cinq actes................... 191
   Personnages................................. 192
Vénus et Adonis, opéra......................... 237
   Personnages................................. 238
   Prologue.................................... 239
Vénus et Adonis, tragédie en cinq actes........ 245
   Personnages................................. 246
Poésies en musique............................ 291
La Mandragore, comédie en cinq actes.......... 305
   Personnages................................. 306
Lettres de J. B. Rousseau à l'abbé d'Olivet....... 393

FIN DE LA TABLE.

www.ingramcontent.com/pod-product-compliance
Lightning Source LLC
Chambersburg PA
CBHW072113220426
43664CB00013B/2102